# 城市轨道交通
# 工程结构设计

宋成辉　宋顺龙　刘朝晖　著

清华大学出版社
北京

## 内 容 简 介

全书共分7章,第1章概论,介绍了中国城市轨道交通的发展、设计阶段及结构设计内容、工程筹划;第2章介绍了明(盖)挖法车站结构设计原则、技术标准、荷载、工法比选以及计算原理和设计实例;第3章介绍了暗挖车站工法及比选、暗挖车站结构计算原理和设计实例;第4章介绍了区间设计原则、技术标准、盾构、TBM以及矿山法区间隧道计算方法和设计;第5章介绍了高架车站结构设计原则、技术标准、荷载及组合、结构形式及比选、结构计算及设计实例;第6章介绍了高架区间结构设计原则、技术标准、荷载、桥梁结构形式比选、结构计算及设计实例;第7章介绍了装配式车站形式及设计实例。

作者均为国内城市轨道交通行业一线结构设计人员,以设计工程为背景,结合现场施工经验,按照地下结构、高架结构各类施工工法著写本书。本书可供从事城市轨道交通建设的设计、施工专业技术人员和高等院校师生学习和参考。

版权所有,侵权必究。举报: 010-62782989,beiqinquan@tup.tsinghua.edu.cn。

### 图书在版编目(CIP)数据

城市轨道交通工程结构设计/宋成辉,宋顺龙,刘朝晖著. —北京:清华大学出版社,2022.10
ISBN 978-7-302-61387-9

Ⅰ.①城… Ⅱ.①宋… ②宋… ③刘… Ⅲ.①城市铁路-轨道交通-工程设计-结构设计 Ⅳ.①U239.5

中国版本图书馆 CIP 数据核字(2022)第 124661 号

责任编辑:王向珍　刘一琳
封面设计:陈国熙
责任校对:欧　洋
责任印制:朱雨萌

出版发行:清华大学出版社
　　　网　　址: http://www.tup.com.cn, http://www.wqbook.com
　　　地　　址: 北京清华大学学研大厦 A 座　　邮　编: 100084
　　　社 总 机: 010-83470000　　邮　购: 010-62786544
　　　投稿与读者服务: 010-62776969,c-service@tup.tsinghua.edu.cn
　　　质量反馈: 010-62772015,zhiliang@tup.tsinghua.edu.cn
印 装 者: 三河市东方印刷有限公司
经　　销: 全国新华书店
开　　本: 185mm×260mm　　印　张: 16　　字　数: 386 千字
版　　次: 2022 年 10 月第 1 版　　印　次: 2022 年 10 月第 1 次印刷
定　　价: 128.00 元

产品编号: 096830-01

# 序

FOREWORD

近20年来，我国城市轨道交通发展取得了巨大的成功，运营规模、客运量、在建线路长度、规划线路长度均屡创历史新高，城市轨道交通发展日渐网络化、差异化，制式结构多元化，网络化运营逐步实现。"十三五"期间，我国城市轨道交通运营里程稳步攀升，城市轨道运营里程远超英国、德国、美国等国家，截至2020年年底，中国大陆地区累计39个城市开通城轨交通运营线路，运营线路长达7122.21km，"十四五"期间我国城市轨道交通运营里程将新增5820km，预计"十四五"累计客运量将突破千亿人次，累计完成投资额有望达到3.1万亿元（含市域铁路）。目前，我国城市轨道交通进入从大到强、从量到质的历史性转折阶段。

城市轨道交通是承运大量乘客及建设成本高的大型城市交通工程，建成后不允许中断和大规模维修，为保证安全和实现工程生命周期内价值最大化，其主体结构工程使用年限不应低于100年，这对结构的耐久性、安全性、可靠性提出更高要求；同时城市轨道交通结构具有地域性强、投资规模巨大、涉及专业面广、与市政管线部门协调多、工期长、周边环境复杂等特点，结构设计应在充分研究其特点和要求的前提下进行。作者团队以多年从事一线城市轨道交通结构设计者的身份，在相关专业理论知识的基础上，结合现场施工经验，按照地下结构、高架结构各类施工工法著写本书，从设计技术标准、施工工法选择、结构计算及设计实例四个维度，集专业性、针对性、系统性和实用性于一体，深入浅出，对城市轨道交通结构设计进行全方位、全过程的梳理和阐述。

本书是一部以城市轨道交通设计人员牵头著写的城市轨道交通结构设计类行业技术专著，本书作者宋成辉、宋顺龙、刘朝晖同志具有多年城市轨道交通设计实践经验，系统地总结了城市轨道交通结构工程设计经验。

本书结构合理、内容翔实、重点突出、实用性强，兼具理论性和实践性。目前市场上关于地铁方面的著作多以工程总结为主，但以结构设计为主要内容的专著尚不多见，希望本书的出版能够促进我国城市轨道交通规划与设计水平的不断提升，成为广大技术人员和高等院校师生学习借鉴的参考资料。

中国交通建设集团有限公司副总经理
中国交通建设股份有限公司副总裁

2022年5月

# 前言
## PREFACE

近年来我国轨道交通建设规模大、建设速度快,轨道交通运营里程已跃居世界前列。然而,由于受到城市既有建(构)筑物的影响以及所处工程地质条件的多样性,城市轨道交通建设的环境越来越复杂,增加了工程的施工难度,加大了施工风险,基坑坍塌、车站渗漏水等工程事故也越来越多,这对城市轨道交通的规划、设计提出了更高、更严格的要求。

结构工程作为城市轨道交通设计的一个重要专业,涵盖的内容包括车站、区间工程筹划设计、主体结构设计、附属结构设计、防水设计等,在城市轨道交通规划、设计、实施、运营各阶段发挥着重要作用,具有安全风险高、专业涉及面广、工艺工法多和防水要求高等特点。涉及线路、轨道、建筑、人防、通风、给排水、动力和照明、供电、通信、信号等近30个专业需求,直接影响轨道交通工程的安全、工期、建设成本控制、运营维护等。

目前国内轨道交通工程结构设计在工法、工艺的选择、方案的合理性、技术措施的可实施性、文件质量满足规范和标准等方面,仍然存在较多问题,由于结构设计原因引起的安全、质量事故亦屡有发生。如何提高轨道交通行业结构设计工程师水平,如何提高轨道交通结构设计质量一直萦绕在著者脑海中,著者总结了近年来我国城市轨道交通工程大量的修建技术成果,并以著者设计过的工程为背景,对轨道交通地下结构与高架结构采用的主要施工工法进行的结构设计做了重点介绍,并对结构设计者应具备的基本概念与结构计算方法进行了阐述,同时较详细地介绍了各工法、工艺的设计实例,希望对国内城市轨道交通工程结构设计工程师提供一些思路,对行业具有一些参考和借鉴帮助。

本书由宋成辉、宋顺龙、刘朝晖三位教授级高级工程师著写,由中国交通建设集团安爱军、李宗平两位教授级高级工程师主审,本书得到了中国轨道交通安全应急管理工作委员会廖国才主任的策划指导,同时著写过程中得到中国交通建设集团轨道交通分公司刘运生等,中交铁道设计研究总院乔春江、张海波、程小虎等,中车城市交通规划设计研究院朱家鹏等的大力支持,书中资料部分引自北京城建设计发展集团、中国铁路设计集团、中铁第四勘察设计院集团等总结资料,在此一并表示感谢。

本书的完成得到清华大学出版社的热情帮助,在此表示衷心的感谢!

本书虽然经过作者多次修改和校对,但由于经验和水平有限,不足之处在所难免,敬请读者批评指正。

著 者

2022 年 8 月

# 目录
CONTENTS

第1章 概论 ··································································································· 1
  1.1 中国城市轨道交通发展 ············································································ 1
    1.1.1 城市轨道交通发展概况 ·································································· 1
    1.1.2 轨道交通发展技术前沿 ·································································· 2
  1.2 城市轨道交通系统划分 ············································································ 4
    1.2.1 轨道交通系统划分概况 ·································································· 4
    1.2.2 城市轨道交通分类 ········································································ 4
    1.2.3 城市轨道交通线网 ········································································ 5
  1.3 城市轨道交通设计阶段及结构设计内容 ····················································· 6
    1.3.1 城市轨道交通设计阶段 ·································································· 6
    1.3.2 明挖法车站结构设计文件组成及内容 ················································ 7
  1.4 工程筹划 ································································································ 9
    1.4.1 主要设计原则 ··············································································· 9
    1.4.2 工期筹划 ···················································································· 10
    1.4.3 场地筹划 ···················································································· 11
    1.4.4 管线迁改 ···················································································· 12
    1.4.5 施工期间交通组织与交通疏解措施 ·················································· 13

第2章 明(盖)挖法车站结构设计 ······································································ 15
  2.1 设计原则和技术标准 ·············································································· 15
    2.1.1 设计原则 ···················································································· 15
    2.1.2 技术标准 ···················································································· 16
  2.2 荷载及组合 ··························································································· 17
    2.2.1 荷载 ·························································································· 17
    2.2.2 组合系数 ···················································································· 18
  2.3 明(盖)挖车站工法 ·················································································· 18
    2.3.1 施工工法选择原则 ······································································· 18
    2.3.2 明(盖)挖施工工法比选 ································································· 18
  2.4 明(盖)挖法车站围护结构选型 ································································· 20
    2.4.1 围护结构形式比选 ······································································· 20

  2.4.2 常用基坑支护形式 ································································· 21
 2.5 明(盖)挖法车站主体结构 ······················································································ 24
  2.5.1 工程材料 ···························································································· 24
  2.5.2 耐久性设计 ························································································ 25
  2.5.3 结构形式 ···························································································· 25
 2.6 明(盖)挖法车站结构计算原理 ················································································ 26
  2.6.1 围护结构设计原则 ············································································· 26
  2.6.2 围护结构设计技术标准 ······································································ 28
  2.6.3 围护结构计算 ···················································································· 29
  2.6.4 主体结构计算 ···················································································· 35
 2.7 明(盖)挖车站围护结构设计实例 ············································································ 40
  2.7.1 钻孔灌注桩围护结构设计实例 ························································· 40
  2.7.2 地下连续墙围护结构设计实例 ························································· 59
  2.7.3 其他形式围护结构设计实例 ····························································· 64
 2.8 盖挖车站设计 ······································································································ 66
  2.8.1 盖挖顺作法设计 ················································································ 66
  2.8.2 盖挖逆作法设计 ················································································ 68
 2.9 明(盖)挖法地下车站结构防水设计 ········································································ 70
  2.9.1 地下车站结构防水设计内容 ····························································· 70
  2.9.2 明(盖)挖法地下车站结构防水设防要求 ·········································· 70
  2.9.3 混凝土结构自防水设计 ····································································· 71
  2.9.4 外包防水设计 ···················································································· 72
  2.9.5 特殊部位防水设计 ············································································· 73

## 第 3 章 暗挖车站结构设计 ··························································································· 78

 3.1 浅埋暗挖法原理 ···································································································· 78
 3.2 暗挖车站工法及比选 ···························································································· 78
 3.3 暗挖车站计算 ······································································································ 81
  3.3.1 暗挖车站计算方法 ············································································· 81
  3.3.2 主要荷载 ···························································································· 82
  3.3.3 荷载计算 ···························································································· 82
 3.4 PBA 暗挖车站设计 ······························································································· 84
  3.4.1 三导洞 PBA 暗挖工法 ······································································· 84
  3.4.2 六导洞 PBA 暗挖工法 ······································································· 88
  3.4.3 两侧锚喷 PBA 车站 ·········································································· 91
  3.4.4 PBA 暗挖车站计算 ··········································································· 93
 3.5 中洞中隔壁法 ······································································································ 97
  3.5.1 单层车站设计实例 ············································································· 97
  3.5.2 两层车站设计实例 ············································································ 100

## 3.6 拱盖法车站设计实例 103
### 3.6.1 车站概况 104
### 3.6.2 拱盖法施工步序 104
## 3.7 暗挖车站防水设计 106

# 第4章 区间隧道结构设计 108
## 4.1 区间线路 108
## 4.2 设计原则和技术标准 108
### 4.2.1 设计原则 108
### 4.2.2 技术标准 109
## 4.3 荷载及荷载组合 109
### 4.3.1 荷载 109
### 4.3.2 荷载组合 110
## 4.4 施工工法及筹划 110
### 4.4.1 施工工法 110
### 4.4.2 施工筹划 111
## 4.5 区间附属结构设计 112
### 4.5.1 联络通道及泵房设计 112
### 4.5.2 人防设计 115
## 4.6 盾构、TBM 区间隧道设计 117
### 4.6.1 TBM 选型 118
### 4.6.2 TBM 法适应性评价 119
### 4.6.3 盾构选型及刀盘结构选择 119
### 4.6.4 管片结构计算方法 123
### 4.6.5 管片结构设计 126
### 4.6.6 管片结构配筋 131
### 4.6.7 盾构端头井加固设计 133
### 4.6.8 盾构区间隧道防水设计 134
## 4.7 矿山法区间隧道设计 135
### 4.7.1 软土地层暗挖法 135
### 4.7.2 岩石地层钻爆法 136
### 4.7.3 区间隧道结构设计实例 137
### 4.7.4 矿山法区间隧道防水设计 142

# 第5章 高架车站结构设计 145
## 5.1 高架车站结构设计概述 145
## 5.2 设计原则和技术标准 145
### 5.2.1 设计原则 145
### 5.2.2 技术标准 146

5.3 荷载及荷载组合 …………………………………………………………… 146
　　5.3.1 荷载 …………………………………………………………………… 146
　　5.3.2 荷载组合 ……………………………………………………………… 148
5.4 高架车站结构形式分类、比选及计算理论 ………………………………… 149
　　5.4.1 高架车站结构形式分类 ……………………………………………… 150
　　5.4.2 高架车站结构形式比选 ……………………………………………… 154
　　5.4.3 框架式高架站与桥式高架站计算理论体系 ………………………… 154
5.5 基础、区间连接及屋盖结构形式 …………………………………………… 155
　　5.5.1 基础形式 ……………………………………………………………… 155
　　5.5.2 主体结构与高架区间的连接 ………………………………………… 156
　　5.5.3 屋盖结构形式 ………………………………………………………… 157
5.6 框架式高架站结构设计 ……………………………………………………… 157
　　5.6.1 框架式高架站计算原理 ……………………………………………… 157
　　5.6.2 框架式高架站计算实例 ……………………………………………… 158
　　5.6.3 框架式高架车站结构设计实例 ……………………………………… 162
5.7 桥式高架站结构设计 ………………………………………………………… 165
　　5.7.1 结构计算 ……………………………………………………………… 165
　　5.7.2 结构设计 ……………………………………………………………… 194

## 第6章 高架区间结构设计 …………………………………………………… 198

6.1 高架区间设计原则及技术标准 ……………………………………………… 198
　　6.1.1 设计原则 ……………………………………………………………… 198
　　6.1.2 技术标准 ……………………………………………………………… 198
6.2 荷载、组合及工况 …………………………………………………………… 199
　　6.2.1 荷载 …………………………………………………………………… 199
　　6.2.2 组合 …………………………………………………………………… 201
　　6.2.3 工况 …………………………………………………………………… 201
6.3 常用区间高架桥比选 ………………………………………………………… 201
　　6.3.1 结构体系的选择 ……………………………………………………… 201
　　6.3.2 梁截面形式选择 ……………………………………………………… 202
　　6.3.3 简支梁跨度比选 ……………………………………………………… 203
　　6.3.4 常用跨度简支梁梁部施工方案比选 ………………………………… 203
　　6.3.5 常用跨度简支梁桥墩和基础 ………………………………………… 204
6.4 桥涵布置原则及方案 ………………………………………………………… 205
　　6.4.1 桥涵布置原则 ………………………………………………………… 205
　　6.4.2 高架区间桥梁布置方案 ……………………………………………… 205
　　6.4.3 高架区间桥面布置 …………………………………………………… 206
　　6.4.4 涵洞结构选型 ………………………………………………………… 206
6.5 高架区间结构设计实例 ……………………………………………………… 207
　　6.5.1 结构计算 ……………………………………………………………… 207

  6.5.2 结构设计 ············································································· 221

**第 7 章 装配式地铁车站设计** ················································································ 226
7.1 装配式地铁车站简介 ····················································································· 226
7.2 装配式地铁车站形式 ····················································································· 226
  7.2.1 施工工法划分 ········································································· 226
  7.2.2 主体结构形式划分 ··································································· 228
7.3 装配式地铁车站设计实例 ·············································································· 232
  7.3.1 全预制结构装配式地铁车站设计 ················································· 232
  7.3.2 叠合结构装配式地铁车站设计 ···················································· 237

**参考文献** ··············································································································· 242

# 第1章

# 概 论

## 1.1 中国城市轨道交通发展

### 1.1.1 城市轨道交通发展概况

目前中国大陆地区已经有44座城市获批轨道交通,截至2020年年底,共有北京、上海、广州、深圳、南京、武汉等39座城市开通211条轨道交通线路,总里程达到7122.21km,共有车站4611座(表1-1)。2020年中国大陆地区共有225条(段)轨道交通线路在建,分布在杭州、成都、重庆、深圳、北京等城市,总里程达到5333.54km,车站3025座,投资额达到37931.32亿元。未来十年轨道交通将迎来新的建设高潮。

表1-1 2020年年底中国大陆地区城市轨道交通运营线路统计

| 序 号 | 城 市 | 运营条数 | 线路里程/km | 运营车站/座 |
|---|---|---|---|---|
| 1 | 上海 | 18 | 707.36 | 431 |
| 2 | 北京 | 21 | 697.95 | 418 |
| 3 | 成都 | 12 | 513.30 | 337 |
| 4 | 广州 | 14 | 506.08 | 269 |
| 5 | 深圳 | 11 | 411.54 | 285 |
| 6 | 南京 | 10 | 377.49 | 173 |
| 7 | 重庆 | 9 | 339.43 | 203 |
| 8 | 武汉 | 11 | 338.09 | 228 |
| 9 | 杭州 | 8 | 306.96 | 189 |
| 10 | 青岛 | 6 | 243.59 | 114 |
| 11 | 西安 | 8 | 241.30 | 168 |
| 12 | 天津 | 6 | 234.29 | 165 |
| 13 | 郑州 | 7 | 206.41 | 152 |
| 14 | 苏州 | 5 | 165.49 | 134 |
| 15 | 大连 | 4 | 157.93 | 69 |
| 16 | 宁波 | 5 | 154.31 | 103 |
| 17 | 长沙 | 5 | 142.23 | 111 |
| 18 | 昆明 | 5 | 139.42 | 92 |
| 19 | 沈阳 | 4 | 115.23 | 92 |
| 20 | 合肥 | 4 | 114.82 | 100 |

续表

| 序号 | 城市 | 运营条数 | 线路里程/km | 运营车站/座 |
|---|---|---|---|---|
| 21 | 南宁 | 4 | 108.00 | 87 |
| 22 | 长春 | 5 | 98.63 | 94 |
| 23 | 南昌 | 3 | 89.04 | 74 |
| 24 | 无锡 | 3 | 88.71 | 70 |
| 25 | 厦门 | 2 | 71.90 | 56 |
| 26 | 石家庄 | 3 | 61.60 | 51 |
| 27 | 福州 | 2 | 59.58 | 47 |
| 28 | 温州 | 1 | 53.50 | 18 |
| 29 | 呼和浩特 | 2 | 49.04 | 44 |
| 30 | 济南 | 2 | 47.67 | 24 |
| 31 | 徐州 | 2 | 46.12 | 38 |
| 32 | 东莞 | 1 | 37.79 | 15 |
| 33 | 常州 | 1 | 34.24 | 29 |
| 34 | 贵阳 | 1 | 33.70 | 24 |
| 35 | 哈尔滨 | 2 | 30.83 | 28 |
| 36 | 乌鲁木齐 | 1 | 27.62 | 21 |
| 37 | 兰州 | 1 | 25.90 | 20 |
| 38 | 太原 | 1 | 23.65 | 23 |
| 39 | 佛山 | 1 | 21.47 | 15 |
| 合计 | 39座 | 211 | 7122.21 | 4611 |

### 1.1.2 轨道交通发展技术前沿

当前是中国城市轨道交通技术智慧化变革之年,主要发展技术有:全自动无人驾驶技术、轨道交通人脸识别技术、移动支付技术、5G技术、大数据云平台技术、智慧车站、智轨列车、智慧运维等一系列技术。

1) 全自动无人驾驶技术

2019年9月3日,我国第一代大运量全自动无人驾驶智慧列车——上海轨道交通14号线首列车成功下线,标志着我国城市轨道车辆在智能化方面达到一个新高度。2019年10月17日,最高等级全自动地铁列车在株洲下线,该全自动列车按照全自动驾驶标准EN 60090:2014中的最高等级GoA4进行设计,是全过程无人值守的最高等级全自动驾驶列车。随着智能化时代的到来,全自动驾驶地铁已成为全球各大城市轨道交通发展的新趋势。中国全自动无人驾驶地铁正朝着智能化、智慧化、科技化方向发展。尤其2019年12月《城市轨道交通全自动运行系统运营需求导则》的发布,更是为全自动运行线路提供了重要参考。根据国际公共交通协会(UITP)调研显示,预计到2028年,将有超过3800km的无人驾驶地铁投入运营,主要是由于中国无人驾驶地铁项目的快速发展。

2) 轨道交通人脸识别技术

在人工智能与大数据的支持下,人脸识别技术因具有生物特征不可复制的特性,具备防伪、防欺诈等优势,而飞速发展,打破了传统的地铁乘车方式,并在轨道交通行业逐步发展应用。

3）移动支付技术

2019年，中国移动支付技术迎来全面普及，二维码、NFC（近距离无线通信技术）、刷脸等移动支付技术大量应用于轨道交通。

4）5G技术

2019年6月6日，工信部向中国移动、中国联通、中国电信和中国广电发放5G牌照。2019年国家层面已多次公开表述5G产业的重要性，并给予政策支持。目前有福州、南昌、呼和浩特、大连、上海、徐州、深圳等多座城市签约轨道交通5G技术的应用，更有大连、长春、杭州、郑州、北京、深圳、石家庄、济南、太原、成都、青岛等多座城市多条线路或车站开通或启动5G技术应用计划等。未来中国城市轨道交通5G技术必将广泛应用和发展。

5）大数据云平台技术

2019年8月8日，在工业和信息化部、中国信息通信研究院、中国电子技术标准化研究院、中国电子信息产业发展研究院指导下以及多个国家级行业协会单位的支持下，首款国产通用型云操作系统安超 OS™ 在北京雁栖湖国际会展中心发布。目前深圳、广州、北京、徐州、福州、呼和浩特、昆明等多座城市的轨道交通业主单位进行了云平台搭架，共有南京、郑州、洛阳、呼和浩特、天津、北京、深圳、合肥等城市完成部分云平台采购项目招标。随着城市轨道交通智能化、智慧化、数字化的发展，未来集海量交通数据为一体的大数据分析平台建设迎来大发展。

6）智慧车站

2019年9月，全球首座AI智慧车站——广州地铁21号线天河智慧城示范站正式落成。该示范站是全球首个按智慧车站理念全新设计并正式投入运营的智慧地铁示范站，也是一个具有未来感的AI智慧车站。推行智慧地铁示范站标志着新时代广州地铁建设的起航，将为全国地铁大规模推广智能化信息技术、设备积累经验。该车站采用迭代更新的轨道交通智慧操作系统，以AI实现精准便捷安全的乘客服务，实现车站的全息感知、全景管控、智能分析进而打造出一个具有未来感的自主服务、自动化运行的无人值守智慧车站。随着"智慧化""智能化"科技的发展，未来以AI作为基础的智慧车站将迎来大发展。

7）智轨列车

2017年6月2日，智能轨道快运系统(autonomous rail rapid transit, ART, 以下简称智轨)的全新交通产品在株洲首次亮相，它融合了现代有轨电车和公共汽车各自优势，属于跨界之作，具有成本低（仅为有轨电车的三分之一）、建设周期短（全运量上线仅需一年）、运营调度灵活（最小转弯半径仅为15m）等独特优势，颠覆了人们对城市轨道交通的传统认识。2018年5月8日，首批智轨列车交付株洲市政府，并开通AI线首期运营。2019年12月5日，宜宾市智轨T1运营线正式开通，标志着我国自主研发的智轨列车正式走出商业运营的第一步，为我国城市公共交通发展提供了一种重要借鉴模式。

8）智慧运维

传统的地铁检修工作主要是通过人工方式完成，自动化、信息化水平较低。随着网络化运营时代的到来，检修生产任务剧增，管理成本大幅增加，现有的检修体系需要向精细化、智能化转变,智能检修、智能运维成为当前行业发展的重要趋势。

智能运维以设备设施精准维护为导向,结合大数据、物联网、云计算、人工智能等技术手段,进行运维体系变革,从人员、设备、物料、检修、隐患、故障、分析、决策等方面实现向多对象的主动型全域感知、电子化规范流程及场景化决策控制,促进运维精准高效,提升前台维保、后台维修及资源调配的衔接能力及网络化运营下设备设施健康管理水平。

## 1.2 城市轨道交通系统划分

### 1.2.1 轨道交通系统划分概况

轨道交通系统(轨道运输系统)指运营车辆需要在特定轨道上行驶的一类交通工具或运输系统。最典型的轨道交通系统就是传统的铁路系统,而且大多为客货共线铁路。随着火车(机车车辆)和铁路系统技术的不断创新发展和运输功能的划分,轨道交通发展越来越多元化和逐步细分,逐渐出现高速铁路、城际铁路、客货共线铁路、货运专线、市域铁路、地铁、轻轨、有轨电车(云巴)、磁浮轨道系统、单轨系统(跨座式单轨系统和悬挂式单轨系统、云轨)等。轨道运输体系按照目前的使用功能和运输性质总体上分成两大类:铁路运输系统和城市轨道交通运输系统(铁路和城市轨道交通)。从运输网络划分为:铁路运输网和城市轨道交通线网。采用专用轨道导向运行的城市公共客运交通系统是服务于城市市域范围内的轨道交通系统,是城市公共客运交通的骨干和重要组成部分。

### 1.2.2 城市轨道交通分类

城市轨道交通根据客运能力、服务范围、线路敷设方式等划分为地铁、轻轨、有轨电车(云巴)、市域铁路(通勤铁路)、单轨(跨座式轨道系统、悬挂式轨道系统、云轨)、磁浮交通等。城市轨道交通新线建设规模按线路远期单向高峰小时客运能力划分为大运量($\geqslant 3$ 万人次/h)、中大运量(1.5 万~3 万人次/h)、中运量(1 万~1.5 万人次/h)、低运量(<1 万人次/h)四个等级(参照《城市轨道交通分类》)。

1) 地铁

在城市中全封闭线路上运行的大运量或高运量城市轨道交通方式,线路通常设于地下结构内(中心城区的线路),也可延伸至地面或高架桥上(中心城区外线路)。车辆最高运行速度 80~100km/h,旅行速度 35~40km/h;平均站间距离 1.2~2km,线路长度不宜大于 35km,属于大运量城市轨道交通系统。

2) 轻轨

在全封闭或部分封闭线路上运行的中运量城市轨道交通方式,线路通常设于地面或高架桥上,也可延伸至地下结构内,属于中运量城市轨道交通系统。

3) 有轨电车(云巴)

采用电力驱动并在轨道上行驶的轻型轨道交通车辆,线路通常设在地面,按地面公交模式组织运营,属于低运量城市轨道交通系统,大多为路权优先。

云巴是行驶在高架上的电动大巴,属于有轨电车中的新系统,不利用轨道供电,车体自带电池。

4）市域铁路（通勤铁路）

位于中心城区与周边城市组团、城镇之间，服务于通勤、通学、通商等规律性客流，设计速度100～160km/h，为快速、高密度、公交化的客运专线铁路。市域铁路是服务于城市市域范围内的轨道交通系统，属于城市轨道交通范畴。

5）单轨

采用电力牵引列车在一条轨道梁上运行的中低运量城市轨道交通系统，根据车辆与轨道梁的位置关系，分为跨坐式单轨和悬挂式单轨两种。

云轨属于中运量的跨座式单轨，工程造价为地铁的1/5左右（1.5亿～2.5亿元/km）。

6）磁浮交通

通过磁力实现列车与轨道的非接触支撑、导向和驱动的轨道交通。目前我国磁浮交通建设和运营里程世界第一。

## 1.2.3 城市轨道交通线网

城市轨道交通具有运能大、效率高、安全便捷、绿色环保等优势，是城市公共交通的骨干。我国城市轨道交通建设方兴未艾，较大城市规划建设进入高速发展的新阶段。我国大部分省会城市和比较发达的地级市都在进行轨道交通的线网规划和建设规划，除了大城市中心城区修建大运量的地铁之外，中等城市大力发展中低运量轨道交通系统，多制式协调发展是未来发展趋势（表1-2～表1-4）。城市轨道交通的线网规划是根据城市总体规划、城市综合交通规划、城市经济和社会发展规划编制的。城市轨道交通工程建设应以城市轨道交通远景线网规划和近期建设规划为基础。线网规划思路：市区为"网"，是线网的核心；市域为"线"，是市区客流向外辐射的线路走廊；都市圈为"网"和"线"的组合。城市轨道交通线网规划年限应与城市总体规划年限一致，远景规划年度根据城市具体发展情况确定。

表1-2 轨道交通运输体系分类对比

| 等级 | 铁路网系列 | 城市轨道交通网系列 |
|---|---|---|
| | 铁路运输模式（时刻表、站内候车、长大距离运输） | 城市轨道交通模式（小编组、高密度、公交化、站台候车、高峰不超5min、平峰不超10min） |
| 国家级 | 高速铁路（客运专线）：路网干线，设计速度为250～350km/h | |
| 区域级（城市群） | 城际铁路（客运专线）：城市之间铁路，设计速度为120～200km/h | 地铁、轻轨、单轨、有轨电车等，位于城市中心区，设计速度为80～100km/h |
| 国家级、区域级 | 客货共线铁路：设计速度为200km/h及以下，共分为Ⅰ、Ⅱ、Ⅲ、Ⅳ级 | 市域铁路，位于市域范围（城市中心区与外围组团之间，客流特点明显），设计速度为100～160km/h |
| 国家级、区域级 | 重载铁路：货运专线，设计速度为80～100km/h | |

表 1-3 城际铁路与市域铁路的区别

| 主要差异 | 城际铁路 | 市域铁路 |
| --- | --- | --- |
| 服务范围 | 相邻城市之间或城市群,线路较长,大多在100km以上 | 中心城区与城市组团之间,线路长度60km左右,100km之内 |
| 设计速度 | 设计速度较高,为120~200km/h;时间目标为2h之内 | 设计速度较低,为100~160km/h,时间目标为1h之内 |
| 客流特点 | 城市间或城市群的直通客流为主 | 早晚高峰通勤、通学客流为主,公交化程度高 |
| 换乘方式和网络连接 | 一般与铁路网互联互通或重要节点换乘 | 与轨道交通多点换乘、多点衔接,与铁路不互通 |
| 运行模式 | 采用铁路运输模式 | 城市轨道交通运输模式,高密度、小编组、公交化 |
| 旅行速度与站间距 | 旅行速度高,站间距离大 | 旅行速度低、站间距离小 |

表 1-4 市域铁路与地铁的区别

| 主要差异 | 地 铁 | 市 域 铁 路 |
| --- | --- | --- |
| 服务范围 | 位于城市中心区,线路长度一般不超过35km | 位于中心城区与城市组团之间,服务范围大,线路可延伸到不同行政区,线路长度一般不超过100km |
| 设计速度 | 设计速度较低,为80~100km/h | 设计速度较高,为100~160km/h,时间目标为1h之内 |
| 客流特点 | 城市中心区客流,属于大运量或高运量 | 城市外围的通勤、通学客流为主,同城化效应明显,属于中运量 |
| 换乘方式和网络连接 | 一般与铁路网不连通,但在重要节点换乘 | 与轨道交通多点换乘、多点衔接,与铁路不互通 |
| 旅行速度与站间距 | 旅行速度低,站间距离小,旅行速度为35~40km/h;平均站间距离为1~2km | 旅行速度高、站间距离大,旅行速度为50~80km/h;平均站间距离为2~8km |
| 线路敷设方式 | 一般为地下线路 | 多为地面线和高架线 |

## 1.3 城市轨道交通设计阶段及结构设计内容

### 1.3.1 城市轨道交通设计阶段

城市轨道交通设计按阶段划分为:线网规划阶段、建设规划阶段、可行性研究阶段、总体设计阶段、初步设计阶段、施工图设计阶段,其中初步设计阶段和施工图设计阶段是结构设计主要阶段,根据场地情况、工程地质以及水文地质、管线、交通以及当地施工经验选择工法以及围护结构形式,最后设计可实施的工程图。明挖法施工车站的结构设计流程应按施工阶段和正常使用阶段进行设计。施工阶段主要考虑基坑开挖和围护结构设计,按图 1.1 进行设计;正常使用阶段主要是内部主体结构设计,按设计流程图 1.2 进行设计。

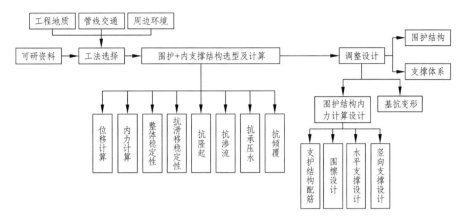

图 1.1 施工阶段结构设计流程

图 1.2 正常使用阶段主体结构设计流程

## 1.3.2 明挖法车站结构设计文件组成及内容

### 1.3.2.1 围护结构设计文件组成及内容

1) 图纸目录
2) 设计说明
(1) 工程概况；
(2) 设计依据；
(3) 主要设计原则与设计标准；
(4) 初步设计审查意见执行情况；
(5) 工程地质及水文地质概况；
(6) 围护结构设计；
(7) 工程材料；
(8) 主要构造措施；
(9) 耐久性设计（围护结构兼作永久结构时）；
(10) 施工技术要求及施工注意事项；
(11) 风险工程及保护措施；
(12) 施工监控量测；
(13) 施工应急处理预案；
(14) 环境保护；
(15) 其他必要说明；
(16) 与初步设计修编（经评审中心审查调整后）的对比及修改情况（含修改依据、修改范围、修改内容）。

注：① 设计说明应结合地质详勘报告，对基坑膨胀土（岩）的特性及其工程措施、施工注意事项进行描述；

② 当围护结构图中含永久构件时，应进行相应的耐久性设计；

③ 风险工程及保护措施应对风险源进行全面辨识，包含重要管线。

3) 设计图纸
（1）车站施工总平面图　　　　　　　　　　　　1∶500～1∶200
（2）围护结构总平面图（含坐标）　　　　　　　　1∶500～1∶200
（3）围护结构左、右线围护地质纵剖面图　　　　1∶200
（4）车站围护结构平面图　　　　　　　　　　　　1∶200
（5）围护结构各道支撑平面图　　　　　　　　　　1∶200
（6）围护结构纵剖面图　　　　　　　　　　　　　1∶200
（7）围护结构横剖面图　　　　　　　　　　　　　1∶100
（8）围护结构、冠梁、混凝土支撑、挡墙配筋图　　1∶50
（9）支撑节点、围檩、接头、预埋件详图　　　　　1∶50
（10）临时立柱大样图　　　　　　　　　　　　　1∶20～1∶100
（11）地基处理设计图　　　　　　　　　　　　　1∶100
（12）施工步序图　　　　　　　　　　　　　　　自定义
（13）建（构）筑物保护措施图　　　　　　　　　1∶100
（14）监控量测平面图（带管线）　　　　　　　　1∶500～1∶200
（15）监控量测剖面图　　　　　　　　　　　　　1∶100
（16）临时路面结构图　　　　　　　　　　　　　1∶100

注：① 临时路面结构设计应纳入围护结构设计图中；
② 主体结构总平面图中应反映地质钻孔的位置（钻孔号、平面坐标）内容；
③ 设计文件中应当注明涉及工程安全质量的重点部位和环节，并提出保障工程安全质量的设计处理措施；
④ 监测图中应当包括工程及其周边环境的监测要求和监测控制标准等内容。

#### 1.3.2.2　主体结构设计文件组成及内容

1) 图纸目录
2) 设计说明
（1）工程概况；
（2）设计依据、范围；
（3）初步设计审查意见执行情况；
（4）主要设计原则及标准；
（5）工程地质及水文地质概况；
（6）车站结构形式；
（7）设计荷载及组合工况；
（8）工程材料及耐久性要求；
（9）结构主要构造措施；
（10）施工注意事项及技术要求；
（11）结构防水设计；
（12）与初步设计修编（经评审中心审查调整后）的对比及修改情况（含修改依据、修改范围、修改内容及主要工程量对比表）。

3) 设计图纸
（1）主体结构总平面图　　　　　　　　　　　　1∶500～1∶200
（2）各层板结构布置图（含顶板、中板、底板、夹层板）　1∶100～1∶200

(3) 车站纵剖面 　　　　　　　　　　　　　　　1∶100

(4) 车站横剖面图 　　　　　　　　　　　　　　1∶100

(5) 框架钢筋构造图 　　　　　　　　　　　　　1∶50

(6) 各层板配筋图 　　　　　　　　　　　　　　1∶100

(7) 墙体配筋图 　　　　　　　　　　　　　　　1∶100

(8) 板、墙配筋大样图 　　　　　　　　　　　　1∶50

(9) 盾构进出洞门预埋钢板图 　　　　　　　　　1∶30

(10) 污水泵房、废水池等设计图 　　　　　　　　自定

(11) 梁配筋图（含明、暗梁及孔洞边梁配筋图）　　1∶100～1∶50

(12) 柱配筋图 　　　　　　　　　　　　　　　　自定

(13) 端墙与区间隧道接口设计图 　　　　　　　　自定

(14) 防护单元隔断门、防淹门门框墙配筋图 　　　自定

(15) 楼梯、电梯井设计图 　　　　　　　　　　　1∶100

(16) 轨顶排风道及预埋件设计图 　　　　　　　　自定

(17) 自动扶梯、电梯与安装和使用相关的预埋件详图　自定

(18) 车站内部二次结构图（站台层等）

注：① 以上图纸比例可根据具体情况进行调整；

② 板配筋建议平面图表示，墙配筋建议采用立面图表示，必要时配合剖面图表示；

③ 各层板、墙、梁、柱上的预埋件图及人防结构图需要在相应的图纸中反映；

④ 图册中如果不含楼梯等后做结构，则必须表达后做结构的预埋钢筋；

⑤ 设计文件中应当注明涉及工程安全质量的重点部位和环节，并提出保障工程安全质量的设计处理措施。

## 1.4　工程筹划

### 1.4.1　主要设计原则

(1) 认真贯彻国家对工程建设的各项方针和政策，严格执行建设程序。

(2) 要统筹考虑，局部服从整体，附属服从主体。各单位工程的开竣工时间应疏密有致地布置，使工程投资呈正态分布。

(3) 遵循建筑施工工艺及其技术规律，坚持合理的施工程序和施工顺序。

(4) 尽量采用先进的施工技术、工程材料，科学制定施工方案，提高工程质量，确保安全施工，缩短施工工期，降低工程成本。

(5) 科学地安排雨季、冬季施工，保证全年生产的均衡性和连续性。

(6) 科学布置施工用地，尽量减少临时设施，节约施工用地，减少地面建筑、地下管线的拆改。施工用地尽量利用城市公共用地，力求和沿线开发地块相结合，利用已拆迁的开发空地。

(7) 合理地安排物资的储运和劳动力的调配。

(8) 在工程投资允许前提下，尽量采用工程预制的构件，充分利用现有设备，提高建筑机械化施工程度，减少对现场环境的影响，改善劳动条件。

(9) 车站施工筹划应结合盾构区间施工统一考虑地面交通疏解及施工场地面积,特别注重考虑换乘车站的同步实施方案;合理安排盾构的始发、掘进时间及工序,保证有一条线路先贯通,尽早为全线铺轨和大型设备洞内运输创造条件。

(10) 遵循"安全第一、防范结合"的原则,从制度、管理、方案、资源方面制定切实可行的措施,确保施工安全,严肃安全纪律,严格按照规章制度执行。

### 1.4.2 工期筹划

标准站土建施工工期按以下指标进行工期筹划:

(1) 标准明挖车站(主体结构):14~20个月(放坡施工可考虑12个月工期);

(2) 车站附属结构:4~6个月;

(3) 盖挖车站:24~32个月;

(4) 暗挖车站:26~34个月;

(5) 盖挖区间:18~24个月;

(6) 暗挖区间(标准断面)初次衬砌:75m/月;

(7) 暗挖区间(标准断面)二次衬砌:0.7m/d;

(8) 暗挖区间(大断面)初次衬砌:45m/月;

(9) 暗挖区间(大断面)二次衬砌:0.5m/d;

(10) 盾构区间:180~240m/月。

例如,某标准明挖围护桩车站工期筹划如表1-5所示。

表1-5 标准明挖围护桩车站工期筹划

| 序号 | 任务名称 | 工期/d | 第1年 | 第2年 |
|---|---|---|---|---|
| | | | 1 2 3 4 5 6 7 8 9 10 11 12 | 1 2 3 4 5 6 7 8 9 10 11 12 |
| 1 | 前期改移管线、交通导改、拆迁围挡施工场地 | 90 | | |
| 2 | 车站主体结构施工 | 420 | | |
| 2.1 | 施工车站主体围护结构、冠梁 | 60 | | |
| 2.2 | 土方开挖及支撑架设 | 90 | | |
| 2.3 | 施工车站主体结构、防水及土方回填 | 240 | | |
| 2.4 | 硬化地面及恢复地面交通 | 30 | | |
| 3 | 车站附属结构施工 | 150 | | |
| 3.1 | 施工附属围护结构、暗挖出入口横通道 | 60 | | |
| 3.2 | 底部垫层、防水层及结构施工 | 60 | | |
| 3.3 | 回填土方及地面恢复 | 30 | | |
| | 总工期:22个月 | | | |

### 1.4.3 场地筹划

(1) 用地指标如下：
① 盾构始发井 2500～3000$m^2$；
② 盾构接收井 1000～1500$m^2$；
③ 盾构调头井不作为出土用，可不占场地；
④ 暗挖施工竖井 700～1000$m^2$；
⑤ 明挖施工车站场地 3000～5000$m^2$。

(2) 施工围挡至基坑围护结构大于 2m，以满足围护结构机械施工的展开面积；施工围挡外侧如果贴近建筑物，结合具体情况考虑最少 3.5m 宽消防通道。

(3) 明挖施工场地 3000～5000$m^2$（不含基坑面积），用作出渣设备布置、仓库、施工用料堆放场地、临时渣土堆放用地、加工场地、工地实验室、临时道路用地、用电用水设备布置、技术人员办公生活等用地。

(4) 暗挖施工场地 700～1000$m^2$，用于施工竖井、出渣设备布置、临时渣土堆放用地、仓库、施工用料堆放场地、加工场地、工地实验室、临时道路用地、用电用水设备布置、技术人员办公生活等用地。

(5) 盾构始发井用地约 2500$m^2$，盾构井距施工围挡要求 10～15m（视盾构井具体环境而定）。用作设备放置、临时渣土堆放用地、渣土处理系统布置、管片存放、浆液搅拌站布置、用电设备布置、监控系统布置、临时道路用地、施工人员办公生活场地等用地。

(6) 盾构接收井用地 700～1000$m^2$，盾构井距施工围挡要求 8～10m（视盾构井具体环境而定）。用作设备放置、用电设备布置、临时道路用地、施工人员办公场地等用地。

(7) 盾构调头井不作为出渣施工场地，可不占场地。

(8) 车站作为盾构场地条件对比如表 1-6 所示。

表 1-6 盾构场地工程筹划对比

| 场地类型 | 场 地 条 件 | 优　点 | 缺　点 |
| --- | --- | --- | --- |
| 盾构始发 | 1. 始发井位于线路正上方；<br>2. 需具备盾构进场的运输路线；<br>3. 地面具备 2500～3000$m^2$ 施工场地；<br>4. 正常洞下始发，在始发井后需提供约 70m 长的后配套布置场地；<br>5. 地面需布置盾构施工地面附属设施；<br>6. 需提供盾构施工所需临电设施 | — | — |

续表

| 场地类型 | 场地条件 | 优点 | 缺点 |
| --- | --- | --- | --- |
| 盾构调头 | 1. 实施盾构调头的车站地面不需提供施工场地,车站顶板和中板也可不留洞;<br>2. 车站主体端部盾构扩大段内,受盾构调头影响,底板地梁需下返、中板顶梁需上返;<br>3. 站台层扩大段内主体结构柱需预留,待盾构调头完成后才能施作 | 1. 盾构主机不需解体,可缩短二次始发时间;<br>2. 地面附属设备及临电设施不需转场,减少时间及转场费用 | 1. 在第二个车站内需设置道岔,用于出土及材料运输;<br>2. 增加了运输距离及过道岔,施工存在"降效";<br>3. 需利用已完成的区间作为运输通道,因此电瓶车使用的轨枕、轨道及盾构供电的电缆、水管等无法重复用;<br>4. 区间施工期间,两端车站都持续受到盾构出土及材料运输影响 |
| 盾构转场 | 1. 需具备盾构转场的运输路线;<br>2. 盾构转场后车站在主体扩大段需预留盾构井;<br>3. 车站需提供2500～3000m²施工场地;<br>4. 需提供盾构施工附属设施布置场地;<br>5. 需设置盾构施工临电设施 | 1. 区间施工期间,只有一端车站持续受盾构施工影响;<br>2. 已完成隧道内的电瓶车轨枕、轨道及电缆、水管等可以重复用于另一条隧道,可节省材料费用;<br>3. 第二条隧道施工比调头缩短了出土及材料运输距离,可适当提高施工效率 | 1. 地面附属设备及临电设施需转场,增加转场时间及转场费用;<br>2. 比调头增加一次解体、组装,增加了二次始发时间;<br>3. 两个站的盾构井需要在盾构接受完成后才能全部封闭 |
| 盾构过站 | 1. 车站受管线、交通及环境因素影响,不具备盾构施工条件;<br>2. 车站主体需整体加宽、站台层底板整体下沉,满足盾构过站宽度及高度要求;<br>3. 盾构过站时,站台层结构应基本完成;<br>4. 施工期间,需保证出土、材料运输通道畅通 | 1. 盾构施工期间,过站车站可不考虑施工对管线、交通及周边环境的影响;<br>2. 盾构施工的地面附属设备及临电设施不需转场 | 1. 车站主体需为了盾构过站"施工临时措施"而"永久性"加宽、加深,增加土建规模;<br>2. 区间盾构过站施工期间,由于出土及材料运输需跨越车站,对车站施工干扰较严重;<br>3. 施工第二个区间时,增加了出土、运料的运输距离,施工存在"降效"现象;<br>4. 电瓶车使用的轨枕、轨道及盾构电缆、水管等需延长两个区间,增加了材料费用 |

### 1.4.4 管线迁改

城市地下管线分布着气、热、水、电力、通信等多种管线,是城市生存和发展所依赖的主要基础设施,随着城市的高速发展,各种地下管线也迅速增加,个别地段管线异常复杂且无资料可查。由于地铁工程多穿经老城区地段,在20世纪八九十年代的地下管线已明显老化,且轨道交通的车站多位于主要交通干道的交叉路口附近,而该处管线密集,市政管线管径大、埋置深,迁改难度大。规划道路的地下管线,地铁建设前期车站埋深应综合规划管线埋深统筹考虑。

**1. 规划管线处理措施**

首先应积极与规划部门进行沟通协商,从规划和市政的角度讲,地铁工程是最大的一根综合管廊,必须将地铁工程与其他市政管线同步考虑,才能为顺利实施创造条件,为此应向规划部门、道路建设管理单位及管线业主单位部门了解工程周边的规划管线的布置及建设情况,掌握控制性规划管线的埋深并结合地铁工程自身的特点协调解决,将各方的意见及时反馈到设计中,综合规划管线、规划道路以及地铁建设各个方面的意见,从设计阶段避免规划管线与地铁建设的矛盾问题的发生。

**2. 既有地下管线处理措施**

既有管线处理措施一般分为管线迁改措施、悬吊保护措施以及施工期间保护措施等。

(1) 管线迁改措施分为永久迁改及临时迁改。永久迁改管线一般主要考虑影响地铁工程埋深和工程造价高的地下管线,一次性迁改出工程实施范围可降低施工难度、施工风险,节约工程投资,但永久迁改管线的路由需与规划部门及产权单位进行确认,一般情况下永久迁改路由需在市政道路下方布置。临时迁改管线主要考虑埋深较浅,高压高爆、管线安全等级较高以及施工处理难度大的地下管线。

(2) 悬吊保护措施主要考虑迁改难度较大,管线迁改实施制约地铁工程工期以及受坡度影响无法迁改的管线。可以考虑架设钢梁及利用临时便桥的方式进行托换悬吊,对于混凝土管材的管线可临时换成钢管进行悬吊保护,对于一些安全等级相对不高,材质较软的管线,如小型电力、电信电缆也可采用悬吊保护处理。

(3) 施工期间保护措施主要指距离地铁结构工程较近,施工期间由于其管线自身安全性要求较高以及渗漏等原因给地铁结构施工带来施工风险的地下管线。具体处理措施应根据管线业主部门的意见及要求进行处理。

各种地下管线的迁改施工设计宜委托专业设计单位进行设计,亦可考虑结合地铁结构施工设置综合管廊的必要性和可实施性,以减少建设期的施工风险和后建管线的无序性。

**3. 地上管线的处理措施**

(1) 地上管线主要以电力、电信管线为主,在地铁施工期间应迁改出地铁施工范围,以保证施工安全及管线安全。

(2) 对于影响地铁运营的架空管线,在征求管线产权单位的意见后可做升高及入地处理。

### 1.4.5 施工期间交通组织与交通疏解措施

**1. 施工期间交通组织**

基本原则是"占一还一",同时考虑保留周边居民出行的通道。

(1) 机动车道一般按照 3.5m/车道考虑,施工期间非机动车道按照行人及自行车道混行考虑,一般设置 3~5m 宽。

(2) 如果挤占现有道路作为施工围挡,需布置临时道路满足交通断面要求。

(3) 在施工围挡时需考虑周边居民出行需求,设置临时道路的宽度不应小于 3.5m,以满足消防通道的需要。

(4) 施工场地占道程度对城市交通有很大的影响,地铁走向基本上是沿城市道路的走向布线,因此沿线车站的施工或多或少占用城市道路,根据车站施工占用道路的状况分为表 1-7 所示三种情况。

表 1-7 占用道路形式

| 编号 | 施工工法 | 占用道路形式 | 处 理 方 式 |
|---|---|---|---|
| 1 | 明挖法 | 车站施工完全占用道路 | 道路交通组织须进行专题研究,利用临近道路疏散车辆行人通行,并得到市交管部门的同意方可实施 |
| 2 | 盖挖法 | 车站施工短期占用部分道路 | 特别困难地段,征得交管部门同意亦可考虑适当减少机动车道 |
| 3 | 暗挖法 | 车站施工基本上不占用道路 | |

**2. 交通组织措施**

(1) 根据工程的地理位置及周围道路、车道、行向等情况,研究制定符合交通组织要求,不影响公共交通道路的施工方案和总平面布置方案。

(2) 在编制施工组织设计时,把交通组织措施列为施工组织设计内容之一,工程实施前,主动与交通主管部门联系,介绍、汇报本工程概况、施工方案、总平面布置及工程材料、土方、混凝土的运输量和运输计划,请交通主管部门给予支持和指导,改进、完善交通运输方案,制定实施细则。

(3) 施工场地采取全封闭隔离措施,工地出入口位置经交通主管部门审批同意后决定,主要出入口设置交通指令标志和示警灯,保证车辆和行人的安全。

(4) 为了减轻施工对城市道路交通造成的压力,土方尽可能安排在夜间外运,并与交通主管部门协商确定运输路线和运输时间,并在相关交通线路上布设限速、禁行、禁停等交通标志,并根据交通部门要求,安排专职人员在主要路口疏解交通。

(5) 施工期间,进出工地的车辆和人员严格遵守交通法规,服从交通管理部门的指令和管理。

(6) 设立专职的"交通纠察岗",负责指挥车辆进出工地,维持交通秩序。

(7) 接受交通管理部门和建设单位的监督检查,发现影响交通的问题,立即进行整改。

# 第2章

# 明(盖)挖法车站结构设计

## 2.1 设计原则和技术标准

### 2.1.1 设计原则

(1) 结构设计应以"结构为功能服务"为原则,满足城市规划、行车运营、环境保护、抗震、防护、防水、防火、防腐蚀及施工工艺等对结构的要求,同时做到结构安全、耐久、技术先进、经济合理。

(2) 结构设计应从各自的建设条件出发,根据不同车站类型、施工环境、工程水文地质,以及冬季气候等自然条件和城市总体规划要求,按照工程筹划的要求,考虑相邻区间隧道施工工艺和站址地面交通组织的处理方式,本着遵循技术先进、安全可靠、经济适用的原则综合评价环境影响、使用效果等,合理选择结构形式和施工方法。

(3) 结构应根据选择的结构形式、施工方法、荷载特性、耐火等级等条件进行设计,满足强度、刚度、稳定性要求,并根据确定的环境类别、环境作用等级和设计使用年限等进行耐久性设计,满足抗裂、防水、防腐蚀、防灾等要求。

(4) 结构应满足车站建筑、设备安装、行车运营、施工工艺、环境保护等要求,确保车站的正常使用。

(5) 地铁工程建设应为其他市政设施敷设预留必要的条件,位于城市主干道下车站顶板覆土不宜小于3.0m,城市次干道下车站顶板覆土不宜小于2.2m,且需考虑冻土影响。对于特殊地段,应参照规划部门的意见,覆土做相应的调整。

(6) 结构的净空尺寸应满足地铁限界和建筑功能、相邻区间施工工艺、运营维护等要求,并考虑施工误差、测量误差、结构变形及后期沉降的影响。

(7) 结构应具有足够的纵向刚度,并满足地铁长期运营条件下对结构纵向抗裂及抗差异沉降的要求。换乘车站结构设计应充分考虑车站续建工程对已建车站的影响。

(8) 结构设计应以现行国家的相关勘察规范确定的内容和范围,考虑不同施工方法对地质勘探的特殊要求,通过施工中对地层的观察和监测反馈进行验证。

(9) 结构计算模型应符合实际工况条件,切实体现结构所处的边界条件,并视具体情况考虑选用与其相符或相近的现行国家有关规范和标准进行设计。当受力过程中体系、荷载形式等有较大变化时,宜根据构件的施工顺序及受力条件,按结构的实际受载过程进行分析,考虑结构体系变形的连续性。结构设计时应按结构整体或单个构件可能出现的最不利荷载组合进行计算,并应考虑施工过程中荷载变化情况分阶段计算。

(10) 地下结构应进行横断面方向的受力计算,对下列情况还应进行纵向强度和变形分析:

① 覆土荷载沿其纵向有较大变化时;

② 结构直接承受建、构筑物等较大局部荷载时;

③ 地基或基础有显著差异时;

④ 地基沿纵向产生不均匀沉降时;

⑤ 地震作用时。

(11) 当变形缝的间距较大时,应考虑温度变化和混凝土收缩对结构纵向的影响。空间受力作用明显的区段,应按空间结构进行分析。

(12) 抗震设计应按照相应规范进行设计,并进行抗震专项论证。

(13) 地下结构在安全、适用、环保的基础上,人防要求由城市主管部门根据具体情况确定,必要时应保证具有平战转换、战时防护功能。

(14) 地下结构应根据现行《地铁杂散电流腐蚀防护技术标准》(CJJ/T 49—2020)采取防止杂散电流腐蚀的措施,钢结构及钢连接件应进行防锈与防火处理。

(15) 地下结构设计中严格控制施工引起的土体变形,依据沿线不同的环境条件确立相应的变形允许值和安全等级。并根据需要,对周边主要的建(构)筑物和地下管线采取各种加固保护措施,确保周边环境的安全和正常使用。

(16) 地下结构宜采用信息化设计和施工方法,为此需建立严格的监控量测和信息反馈制度。监控量测的目的、内容和技术要求应根据施工方法、结构形式、环境条件等综合分析确定。

(17) 地下结构应采取防水措施,并依据工程水文地质条件、市政管线、地下结构形式等进行技术经济综合比较,确定设计方案,以同时满足结构和防水的设计要求。

(18) 规划线路的换乘节点应依据近期线路同步实施、远期规划线路预留的原则进行。但应考虑远期实施难度、线路稳定性等综合因素最终确定。

(19) 城市轨道交通地下工程建设应进行风险识别、风险控制等风险管理,保障人员安全,减小对周边环境影响,将建设风险造成的各种不利影响、破坏和损失降到合理、可接受的水平。

## 2.1.2 技术标准

(1) 结构设计使用年限要求如下:

① 主体构件及内部构件的设计使用年限为 100 年。

② 基坑支护设计应规定其设计使用期限,基坑支护的设计使用期限不应小于一年。

③ 围护结构参与使用阶段永久受力时,在考虑刚度、强度折减的基础上,其设计使用年限为 100 年。

(2) 地下结构中主要构件的安全等级为一级。按荷载效应基本组合进行承载能力计算时,相应的结构构件重要性系数取 1.1,其他构件取 1.0;按荷载效应的偶然组合进行承载力计算时,结构重要性系数取 1.0;矿山法隧道的初期支护其重要性系数取 1.0。

(3) 按荷载效应基本组合进行承载能力计算时,基坑支护结构构件的重要性系数根据是否作为永久结构使用确定。对于作为永久构件使用的支护结构,其重要性系数取 1.1,对于作为临时构件使用的支护结构,其重要性系数可根据《建筑基坑支护技术规程》(JGJ 120—2012)确定。

(4) 地下结构中承重构件的耐火等级为一级,其他构件应满足相应的室内防火规范要求;钢结构应做防腐防锈防火设计。

(5) 确定人防工程抗力等级。

(6) 确定抗震设防区,设计基本地震加速度、抗震等级,进行抗震验算,应根据设防要求、场地条件、结构类型和埋深等因素选用能较好反映其地震工作性状的分析方法,并在结构设计时采取必要的构造处理措施,以提高结构的整体抗震能力。当明(盖)挖结构与地面建筑物合建时,地铁结构应与上部结构抗震等级一致,且不低于地铁结构自身抗震等级要求。抗震设防等级应根据现行《中国地震动参数区划图》,结合项目《地震危险性分析报告》确定。

(7) 地下车站、人行通道和机电设备集中区段的防水等级为一级。

(8) 结构设计应按最不利地下水位情况进行抗浮稳定验算,在不考虑侧壁摩阻力时,施工期抗浮安全系数不得小于 1.05,使用期抗浮安全系数不得小于 1.1。当结构抗浮不能满足要求时,应采取相应的工程措施。

(9) 与地面线相接的车站出入口、风亭和区间隧道入口处应作防洪设计。

# 2.2 荷载及组合

## 2.2.1 荷载

作用于地下结构的荷载按表 2-1 分类,荷载值大小按现行《建筑结构荷载规范》(GB 50009—2012)确定(表 2-1)。

表 2-1 荷载分类

| 荷载类型 | | 荷载名称 |
|---|---|---|
| 永久荷载 | | 结构自重 |
| | | 地层压力 |
| | | 结构上部和破坏棱体范围的设施及建筑物压力 |
| | | 水压力及浮力 |
| | | 预加应力 |
| | | 混凝土的收缩和徐变 |
| | | 设备自重 |
| | | 地层抗力 |
| 可变荷载 | 基本可变荷载 | 地面车辆荷载及其动力作用 |
| | | 地面车辆荷载引起的侧向土压力 |
| | | 人群荷载 |
| | 其他可变荷载 | 温度变化影响 |
| | | 施工荷载 |
| | | 盾构过站对底板荷载,按 30kPa/m$^2$ 计算 |

续表

| 荷 载 类 型 | 荷 载 名 称 |
|---|---|
| 偶然荷载 | 地震荷载 |
|  | 人防荷载 |

注：①设计中要求考虑的其他荷载可根据其性质分别列入上述三类荷载中；②表中所列荷载本节未加说明者，可按国家有关规范或根据实际情况确定；③施工荷载包括设备运输及吊装荷载、施工机具及人群荷载、施工堆载、相邻隧道施工的影响、盾构法的千斤顶顶力及压浆等荷载。

### 2.2.2 组合系数

地下结构荷载组合系数按表 2-2 选取。

表 2-2 荷载组合系数

| 荷载种类组合 | 永久荷载 | 可变荷载 | 地震荷载 | 人防荷载 |
|---|---|---|---|---|
| 基本组合 | 1.35 | $\gamma_L \times 1.5$ | 0 | 0 |
| 标准组合 | 1 | 1 | 0 | 0 |
| 准永久组合 | 1 | $\psi_q \times 1.0$ | 0 | 0 |
| 地震组合 | 1.2 | $0.5 \times 1.2$ | 1.3 | 0 |
| 人防组合 | 1.2 | 0 | 0 | 1 |

注：$\psi_q$ 为准永久值系数；$\gamma_L$ 为可变荷载考虑设计使用年限的调整系数。

## 2.3 明(盖)挖车站工法

### 2.3.1 施工工法选择原则

地铁车站施工方法应根据车站的场地条件、工程地质和水文地质条件、地下管线、环境保护要求、功能要求等，综合考虑施工工艺、工期、工程造价、工程质量等各方面因素确定，地铁车站按建设经验总结出施工工法先后顺序：明挖法→盖挖顺作法→盖挖逆作法→暗挖法。根据建筑推荐方案的特点及周边环境特点，主体施工可供选择的施工方法有明挖法、盖挖法和暗挖法。

(1) 优先选择明挖法施工。

(2) 当受环境或其他因素制约，如车站通过交通繁忙、路面狭窄且不允许长时间封闭交通等地段时，宜采用盖挖法施工，并宜铺设临时路面采用盖挖顺作法(包括半盖挖顺作法)施工；需要同时严格控制基坑开挖引起的地层侧移和地面沉降时，可选择盖挖逆作法或倒边逆作法施工。

(3) 当车站结构受外部环境限制不宜采用明(盖)挖法施工的地段，从地质、地下水等条件分析，技术上满足采用矿山法施工条件的，车站主体结构或局部地段在进行经济技术比较后可采用暗挖法施工。

### 2.3.2 明(盖)挖施工工法比选

#### 2.3.2.1 明挖施工工法

明挖施工工法是根据设计施工图，由地面人工、机械放坡或护壁开挖土方，然后在基坑中修建地铁车站、区间隧道、附属建筑的整体式钢筋混凝土结构(图2.1)。明挖施工工法具有施工简单、工期短、造价低等特点,但占用场地大,对管线、交通影响大。采用明挖施工时,场地要有管线改移、交通导改的条件。明挖施工根据水文地质条件、埋深、周边条件采用不同的基坑围护方式,常用的基坑围护方式有:土钉墙、排桩、地下连续墙、SMW工法桩等。明挖顺作法一般适用于结构覆土浅、有条件敞口开挖且有足够施工场地的情况,站位设在现状道路范围外,或站位设在现状道路内,但交通允许暂时中断或有条件临时改道,使地面交通客流有条件疏解。

图2.1 明挖车站施工示意

#### 2.3.2.2 盖挖施工工法

盖挖法又分盖挖顺作法和盖挖逆作法两种。

1)盖挖顺作法

盖挖顺作法(铺盖法)是先将现状地面开挖,建临时维持地面交通的路面及支撑,然后自上而下开挖土方,直至基坑底板的设计标高,然后做垫层、防水和结构底板,自下而上修筑各层结构的工法。其施工工序及工程造价除增加临时路面组合体系外,其余与普通明挖法基本相同。盖挖顺作法只有在施工中不允许长期占用路面的地段采用。该工法临时路面施工快,主体结构施工与明挖法基本相同,质量也有保证。盖挖顺作法的临时路面体系可采用军用梁+路面板结构、铺板梁及铺盖板等组合结构体系(图2.2)。

2)盖挖逆作法

盖挖逆作法施工顺序正好与明挖法施工顺序相反,其方法是先在地面开挖基坑,开挖的基坑深度到结构顶板位置时,先施工结构顶板和竖向支撑体系,恢复路面(或地面),在顶板的保护下分层开挖基坑,分层浇筑结构,直至浇筑底板(图2.3)。

图2.2 盖挖顺作法车站施工示意

图2.3 盖挖逆作法施工示意

盖挖车站一般用于场地有限、不允许长期中断或长期影响交通的地段，对地面交通的影响时间较短。相应的基坑围护结构一般选择排桩或连续墙。围护结构不仅是抵抗侧向力的构件，也是临时路面系统的竖向支座。

#### 2.3.2.3 施工方法比较

明挖法、盖挖顺作法、盖挖逆作法和暗挖法的比较如表 2-3 所示。

表 2-3 施工方法比较

| 项目 | 明挖法 | 盖挖顺作法 | 盖挖逆作法 | 暗挖法 |
| --- | --- | --- | --- | --- |
| 对地面交通影响 | 占道时间长，对交通影响大 | 占道时间短，对交通影响小 | 占道时间较短，对交通影响较小 | 对交通无影响 |
| 对地下管线影响 | 需对管线进行改移及悬吊 | 需对管线进行改移及悬吊 | 需对管线进行改移及悬吊，但可尽快恢复 | 不需改移管线 |
| 施工技术 | 成熟 | 成熟 | 成熟 | 较成熟 |
| 施工难度 | 工艺简单 | 较简单 | 较难 | 难 |
| 工程质量 | 好 | 好 | 较好 | 一般 |
| 防水质量 | 好 | 好 | 较好 | 一般 |
| 支护结构受力 | 简单明确 | 简单明确 | 较复杂 | 复杂 |
| 施工条件 | 机械化施工条件好 | 分块盖挖时可机械化施工，两次影响地面交通和大量使用临时路面系统、支撑系统 | 空间狭小不适宜机械化施工 | 利用导洞施工，空间狭小，机械化程度低 |
| 施工工期 | 短 | 较短 | 较长 | 长 |
| 土建造价 | 低 | 较低 | 偏高 | 高 |

## 2.4 明(盖)挖法车站围护结构选形

### 2.4.1 围护结构形式比选

根据表 2-4 考虑因素进行围护结构选型：
(1) 基坑深度；
(2) 土的性状及地下水条件；
(3) 基坑周边环境对基坑变形的承受能力及支护结构失效的后果；
(4) 主体地下结构和基础形式及其施工方法、基坑平面尺寸及形状；
(5) 支护结构施工工艺的可行性；
(6) 施工场地条件及施工季节；
(7) 经济指标、环保性能和施工工期。

表 2-4 各类围护结构的适用条件

| 支护形式 | | 安全等级 | 适用条件：基坑深度、环境条件、土类和地下水条件 | |
|---|---|---|---|---|
| 支挡结构形式 | 锚拉式结构 | 一级 二级 三级 | 适用于较深的基坑 | 1. 排桩适用于可采用降水或截水帷幕的基坑；<br>2. 地下连续墙宜同时用作主体地下结构外墙，可同时用于截水；<br>3. 锚杆不宜用在软土层和高水位的碎石土、砂土层中；<br>4. 当邻近基坑有建筑物地下室、地下构筑物等，锚杆的有效锚固长度不足时，不应采用锚杆；<br>5. 当锚杆施工会造成基坑周边建（构）筑物的损害或违反城市地下空间规划等规定时，不应采用锚杆 |
| | 支撑式结构 | | 适用于较深的基坑 | |
| | 悬臂式结构 | | 适用于较浅的基坑 | |
| | 双排桩 | | 当锚拉式、支撑式和悬臂式结构不适用时，可考虑采用双排桩 | |
| | 支护结构与主体结构结合的逆作法 | | 适用于基坑周边环境条件很复杂的深基坑 | |
| 土钉墙 | 单一土钉墙 | 二级 三级 | 适用地下水位以上或降水的非软土基坑，且基坑深度不宜大于12m | 当基坑潜在滑动面内有建筑物、重要地下管线时，不宜采用土钉墙 |
| | 预应力锚杆复合土钉墙 | | 适用地下水位以上或降水的非软土基坑，且基坑深度不宜大于15m | |
| | 水泥土桩复合土钉墙 | | 用于非软土基坑时，基坑深度不宜大于12m；用于淤泥质土基坑时，基坑深度不宜大于6m；不宜用在高水位的碎石土、砂土层中 | |
| | 微型桩复合土钉墙 | | 适用于地下水位以上或降水的基坑，用于非软土基坑时，基坑深度不宜大于12m；用于淤泥质土基坑时，基坑深度不宜大于6m | |
| 重力式水泥土墙 | | 二级 三级 | 适用于淤泥质土、淤泥基坑，且基坑深度不宜大于7m | |
| 放坡 | | 二级 三级 | 1. 施工场地满足放坡条件；<br>2. 放坡与上述其他支护结构形式结合 | |

注：①当基坑不同部位的周边环境条件、土层性状、基坑深度等不同时，可在不同部位分别采用不同的支护形式；
②支护结构可采用上下部不同结构类型组合的形式。

### 2.4.2 常用基坑支护形式

#### 2.4.2.1 基坑围护

1) 放坡开挖

放坡开挖是明挖法中常采用的围护方式，该方法利用土体的自稳能力开挖土体，加适当表面护坡形成稳定边坡，施工空间大、开挖速度快、在地质较好的条件下费用较低。该方法的缺点是需要较大的施工场地，只适用于较浅的基坑。

2) 水泥土重力式挡土墙

该方法利用深层搅拌机将软土和固化剂（水泥、石灰等材料）强制搅拌，使土体形成具有一定整体性、水稳定性和强度的水泥土桩体；并通过水泥土桩体相互搭接形成格栅状、壁状等形式的连续重力式挡土止水墙体。该方法也可采用高压旋喷桩进行土体加固。搅拌桩适宜于各种成因的软黏土加固,高压旋喷桩适用于各类土质。水泥土重力式挡土墙广泛用于5~7m深的二、三级基坑围护结构。其特点为:施工简单、速度快、造价低,具有挡土、截水双重功能,无泥浆污染,外运土量较少,需要一定的施工宽度。

3) 土钉墙支护

该方法是边开挖基坑,边对两侧基坑土体壁面设钢筋网,喷混凝土,通过打入式或钻孔注浆式设置土钉,土钉通过滑裂面将坑周土体加固,约束土体变形,保持土体稳定,必要时可增加一至两道预应力锚索,用以抵抗土体变形。

优点:施工简单,不用横撑,施工空间大,造价低,施工速度快。

缺点:基坑越深,土钉长度越长,造价越高,而且土钉支护结构不能作为永久结构的一部分,只能作为临时受力体,施工时需要坑内外同时降水。土钉墙适用的基坑深度一般为12~15m。

4) 型钢水泥土挡墙

型钢水泥土挡墙(SMW 工法桩)是在水泥土重力式挡土墙基础上发展而来的围护结构,通过在水泥土墙体中插入型钢等芯材形成具有更高承载力与防渗功能的劲性复合围护结构。其适用范围和特点与水泥土重力式挡土墙相同,造价受型钢摊销次数影响较大,摊销次数越多,造价越低。由于能够架设支撑,基坑深度可达 10m 以上。

SMW 工法桩较适宜于软土地区,但对于饱和粉土、粉砂土的成桩效果略差。目前国内 SMW 主流搅拌设备二轴搅拌机成桩深度为 15~18m,三轴搅拌机成桩深度为 30m,因此 SMW 工法桩使用深度受到一定限制。SMW 工法桩因其施工速度快、造价低,现已作为一种主要基坑围护结构形式,在杭州、上海等城市应用较为成功。

5) 钻孔灌注桩

钻孔灌注桩是一种施工工艺简单、技术成熟、安全可靠并且适应性很强的基坑支护结构,被广泛使用于各种复杂地层和不同类型基坑工程。该方法围护结构是钻孔灌注桩,桩与桩之间采用钢筋网喷射混凝土。其优点是:桩体刚度较大,控制基坑变形好,施工工艺较简单,桩体可以作为永久结构的一部分,地层适用性较强,适用于深的基坑。对于需要止水帷幕的基坑可采用以下两种形式。

(1) 钻孔灌注桩+止水帷幕。该方法是利用钻孔灌注桩承受侧压力和外侧水泥土桩起止水作用的围护结构形式,可用于沿线多种复杂地质条件,包括填土、黏性土、淤泥质黏土等地层,其施工速度取决于地层的软硬程度。其优点为:成孔好,刚度较大,抗弯强度高,变形较小,安全性好,设备简单,施工方便,噪声低,振动小。其缺点是:增加设置止水帷幕工序,造价较高;泥浆对周边环境有一定影响。

(2) 咬合式钻孔灌注桩。随着施工技术的发展,在分离式钻孔灌注桩的基础上发展了咬合式钻孔灌注桩。该方法用钻机成孔施工的相邻两桩桩心距小于其单桩直径,桩与桩呈圆周嵌入咬合状态,是一种混凝土灌注桩围护结构形式。具体过程是在预先施作的咬合排桩混凝土导墙上跳桩施工两素混凝土单桩,在这两桩混凝土初凝以前,利用套管切削两桩素混凝土并钻孔施工其间的钢筋混凝土桩,最后由两种类型的桩相互咬合形成整体连续挡土支护结构。咬合式钻孔灌注桩在桩间止水方面有着明显的优势,特别适合于饱和软土地层。适用于基坑深度<15m。

此方法的优点为:防水效果好,成孔垂直精度高,套管护壁,干孔作业,无泥浆、无振动、噪声小,能安全文明施工。缺点是:孔深大于 25m 时对设备要求高,施工难度大;小于 800mm

直径的桩成孔难度较高;基坑较深时可能会因垂直度偏差造成下端开岔,带来隐患。

咬合式钻孔灌注桩由于素混凝土桩与钢筋混凝土桩之间可能搭接不好,以及基坑侧壁的粉砂土层透水性大等原因,易产生局部管涌。因此,采用咬合式钻孔灌注桩时应注意清除杂填土中障碍物,保证桩的垂直度,使桩间能有效搭接;同时也应注意相邻桩的成孔时间,以防相邻桩的切桩或成孔时的水土流失而影响止水桩的质量。

6)地下连续墙

地下连续墙是一种工艺先进、安全可靠的基坑围护结构,被广泛应用于各种土层的基坑围护工程。由于地下墙刚度大、整体性好,它不仅可以很好地用作施工期间的基坑挡土止水围护结构,也可以作为永久结构的侧墙使用。作为永久结构的侧墙使用时,可采用单层墙,也可以内设衬墙构成叠合墙。地下连续墙适用于各种地层,一般用于较深的基坑,对于周边建(构)筑物密集或管线较多的地段,用地下连续墙可有效地保护建(构)筑物及周边管线的安全。该方法是在泥浆护壁条件下分槽段构筑地下钢筋混凝土墙体,并采用特定接头方式将各墙段连结为一道连续的钢筋混凝土墙。其地质条件的适应性比较广泛,主要用于厚的淤泥、饱和砂层等软土中,也可用于黏性土层和半土、半石地层。地下连续墙的施工速度取决于地质条件、机具设备和投入数量。随着整体施工技术水平的逐步提高,成槽等费用的降低,地下连续墙已经被越来越多地用于深基坑工程。

工法优点:墙体刚度大,整体性好、变形相对较小,施工时振动少、噪声低,且墙体有较好的抗渗止水作用;缺点是:工程造价高,施工泥浆要妥善处理。

各种围护结构形式比较如表 2-5 所示。

表 2-5 围护结构形式比较

| 序 号 | 围护形式 | 施工速度 | 适用范围 | 造价 |
| --- | --- | --- | --- | --- |
| 1 | 放坡开挖 | 很快 | 土质好、水位低、场地开阔,深度<10m | 低 |
| 2 | 水泥土重力式挡土墙 | 较快 | 5~7m 深的二、三级基坑围护结构 | 低 |
| 3 | 土钉墙支护 | 较快 | 各种软土或砂类土,深度 12~15m 的二、三类基坑 | 较低 |
| 4 | SMW 工法 | 较快 | 各种软土或砂类土,深度<15m 的二、三类基坑 | 较低 |
| 5 | 钻孔灌注桩 | 一般 | 各种土层 | 较高 |
| 6 | 地下连续墙 | 一般 | 各种土层,尤其适宜于逆作法基坑 | 高 |

#### 2.4.2.2 内支撑形式

在深基坑工程中,支护结构在基坑开挖过程中能有效地传递和平衡作用于围护结构上的侧压力。其支撑类型选择、道数、位置、强度、刚度和稳定性对于确保基坑的安全,控制围护结构变位,保护周围环境至关重要。目前在顺筑法施工的基坑中使用最多的支撑是钢筋混凝土支撑和钢管支撑;逆筑法施工时基本上采用钢筋混凝土结构板作为施工阶段的支撑系统。

(1)钢管支撑

不同材料和种类的支撑,在实践中都有各自的优点和不足之处。由于地下车站多数为条形基坑,尤为适合钢管支撑,因此目前国内地下车站多使用 $\phi 609 mm$ 和 $\phi 800 mm$ 的钢管支撑,根据地质条件和基坑深度,采用 3~5 道支撑。钢管支撑便于安装和拆除,材料的消耗量小(钢管支撑的重复使用率高),可以施加预应力以合理控制基坑变形,钢管支撑的架设速度快,有利于缩短工期。

### (2) 钢筋混凝土支撑

钢筋混凝土支撑用于基坑平面宽度大、难以设置对撑,或周边环境要求严格控制变位的情况。钢筋混凝土支撑的整体刚度好、变形小、安全可靠,但施工制作时间长于钢支撑,拆除工作比较繁重,材料的回收利用率低,但由于钢筋混凝土支撑在现场浇筑的可行性和高可靠度,也得到较广泛应用。

## 2.5 明(盖)挖法车站主体结构

### 2.5.1 工程材料

#### 1) 混凝土

地铁车站所用的最大主材为混凝土。混凝土的原材料配合比、最低强度等级、最大水胶比和单位体积混凝土的胶凝材料最小用量等应符合耐久性要求,满足抗裂、抗渗、抗冻和抗侵蚀的需要。

根据《混凝土结构耐久性设计标准》(GB/T 50476—2019),设计使用年限为100年的工程,常用主体结构混凝土胶凝材料应符合下列规定:①水泥为硅酸盐水泥和普通硅酸盐水泥,混凝土矿物掺和料应为性能稳定的一级粉煤灰或一级磨细矿渣粉,高效减水剂采用聚羧酸系减水剂;②配筋混凝土最低强度等级、最大水胶比和混凝土胶凝材料用量、水泥最小用量、混凝土含碱量最大值、混凝土最大氯离子含量、一般环境下的混凝土耐久性指标如表2-6所示。

表2-6 混凝土耐久性主要指标

| 混凝土强度等级 | 最大水胶比 | 胶凝材料最小用量/(kg/m³) | 胶凝材料最大用量/(kg/m³) | 含碱最大用量/(kg/m³) | 最大氯离子含量/% |
|---|---|---|---|---|---|
| C35 | 0.50 | 300 | 400 | 3 | 0.06 |
| C40 | 0.45 | 320 | 450 | 3 | 0.06 |
| C45 | 0.40 | 340 | 450 | 3 | 0.06 |

#### 2) 钢筋

地铁车站所用的第二大主材为钢筋。普通钢筋混凝土的钢筋和预应力钢筋混凝土结构中的非预应力钢筋宜采用符合抗震性能指标且不低于HRB400级热轧钢筋;箍筋宜选用符合抗震性能指标的HPB300级热轧钢筋。钢筋的材质应分别符合国家标准,强度和弹性模量应按《混凝土结构设计规范》(GB 50010—2010(2015年版))4.2节有关热轧带肋钢筋的规定选取。

HPB300级钢筋及Q235钢的焊接采用E43系列型焊条,HRB400级钢筋的焊条采用E50系列型焊条。焊条的性能和质量应符合国家现行标准的规定。主受力钢筋的焊接性能等级为Ⅰ级,其余钢筋的焊接性能等级为Ⅱ级。单面焊的焊缝长度为$10d$、双面焊的焊缝长度为$5d$,焊缝高度为$0.3d$,焊缝宽度为$0.8d$,$d$为主筋直径(不同直径的钢筋焊接时,$d$取大值)。钢筋焊接前,必须根据施工条件进行试焊,合格后方可施焊。钢筋直径≥22mm时,钢筋连接采用机械连接;钢筋直径<22mm时,可采用机械连接或焊接连接。机械连接应符合《钢筋机械连接技术规程》(JGJ 107—2016)的要求,性能等级优先选用Ⅱ级,同一连接区段内Ⅱ级接头的接头百分率≤50%,当同一连接区段内接头百分率>50%时,钢筋接头性能等级采用Ⅰ级接头。当钢筋采用机械连接时,连接件必须是经国家有关职能部门批准合格的产品,应符合有关质量标准,并经现场试验合格后方可使用。

### 2.5.2 耐久性设计

1）使用年限

车站主体结构工程设计使用年限为100年。

2）环境等级

车站内部结构构件、中板处于Ⅰ-A环境;顶板、底板、侧墙的环境等级应根据地质勘察进行确定。

3）保护层厚度

钢筋的混凝土保护层厚度应根据结构类别、环境条件和耐久性要求等确定,构件中受力钢筋的保护层厚度不应小于钢筋的公称直径。

4）抗渗等级和裂缝等级控制

车站顶、底板、侧墙应采用抗裂防水混凝土,根据埋深确定抗渗等级,根据车站主体结构工程设计使用年限为100年,主体结构混凝土强度等级≥C35。

混凝土不允许有贯穿裂缝,钢筋混凝土构件(不含临时构件)正截面的裂缝控制等级一般为三级,即允许出现裂缝。正常使用极限状态验算的明挖结构最大裂缝宽度允许值为:干湿交替环境≤0.2mm,水中环境、土中缺氧环境≤0.3mm。

### 2.5.3 结构形式

结构形式采用矩形框架现浇钢筋混凝土结构。明挖车站布置成双层双跨、双层三跨、三层三跨框架等结构形式,标准车站为单柱或者双柱,车站中间设一条或者两条纵向纵梁,中柱的纵向柱距一般为6～10m,中柱为钢筋混凝土或钢管柱(图2.4,图2.5)。矩形框架结构的最大优点是地下空间利用较充分且适用性强,适用于各种功能要求的地下车站。

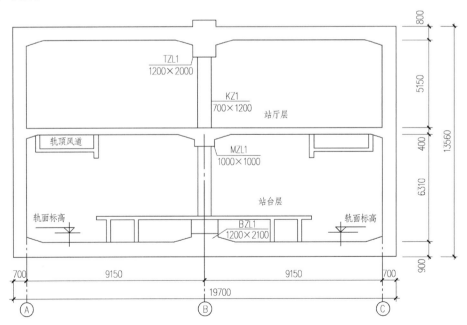

图 2.4　两跨车站横剖面结构

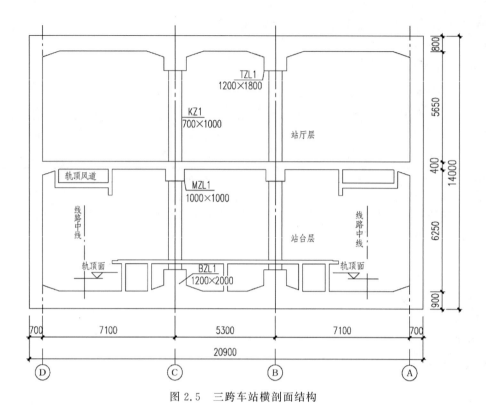

图 2.5　三跨车站横剖面结构

## 2.6　明(盖)挖法车站结构计算原理

### 2.6.1　围护结构设计原则

围护结构设计计算既要满足承载能力极限状态,也要满足正常使用极限状态。

1) 承载能力极限状态计算

(1) 计算内容

① 支护结构构件或连接因超过材料强度而破坏,或因过度变形而不适于继续承受荷载,或出现压屈、局部失稳;

② 支护结构和土体整体滑动;

③ 坑底因隆起而丧失稳定;

④ 对支挡式结构,挡土构件因坑底土体丧失嵌固能力而推移或倾覆;

⑤ 对锚拉式支挡结构或土钉墙,锚杆或土钉因土体丧失锚固能力而被拔动;

⑥ 对重力式水泥土墙,墙体倾覆或滑移;

⑦ 对重力式水泥土墙、支挡式结构,其持力土层因丧失承载能力而破坏。

(2) 计算方法

① 支护结构构件或连接因超过材料强度或过度变形的承载能力极限状态设计,应符合下式要求:

$$\gamma_0 S_d \leqslant R_d$$

式中：$\gamma_0$ 为支护结构重要性系数；$S_d$ 为作用基本组合的效应设计值；$R_d$ 为结构构件的抗力设计值。

② 对临时性支护结构，作用基本组合的效应设计值应按下式确定：

$$S_d \leqslant \gamma_F S_k$$

式中：$\gamma_F$ 为作用基本组合的综合分项系数；$S_k$ 为作用的标准组合的效应。

③ 整体滑动、坑底隆起失稳、挡土构件嵌固段推移、锚杆与土钉拔动、支护结构倾覆与滑移、土体渗透破坏等稳定性计算和验算，按下式计算：

$$\frac{R_k}{S_k} \geqslant K$$

式中：$R_k$ 为抗滑力、抗滑力矩、抗倾覆力矩、锚杆和土钉的极限抗拔承载力等土的抗力标准值；$K$ 为安全系数。支护结构构件按承载能力极限状态设计时，作用基本组合的综合分项系数不应小于 1.25，对安全等级为一级、二级、三级的支护结构，其结构重要性系数分别不应小于 1.1、1.0、0.9。

2）正常使用极限状态计算

(1) 计算内容

① 造成基坑周边建(构)筑物、地下管线、道路等损坏或影响其正常使用的支护结构位移；

② 因地下水位下降、地下水渗流或施工因素而造成基坑周边建(构)筑物、地下管线、道路等损坏或影响其正常使用的土体变形；

③ 影响主体地下结构正常施工的支护结构位移；

④ 影响主体地下结构正常施工的地下水渗流。

(2) 计算方法

由支护结构水平位移、基坑周边建筑物和地面沉降等控制的正常使用极限状态设计应符合下式要求：

$$S_d \leqslant C$$

式中：$C$ 为支护结构水平位移、基坑周边建筑物和地面沉降的限值。

3）支护结构重要性系数与作用

支护结构重要性系数与作用基本组合的效应设计值的乘积（$\gamma_0 S_d$）可采用下列内力设计值：

弯矩设计值

$$M \leqslant \gamma_0 \gamma_F M_k$$

剪力设计值

$$V \leqslant \gamma_0 \gamma_F V_k$$

轴力设计值

$$N \leqslant \gamma_0 \gamma_F N_k$$

式中：$M$ 为弯矩设计值；$M_k$ 为作用标准组合的弯矩值（kN·m）；$V$ 为剪力设计值；$V_k$ 为

作用标准组合的剪力值(kN);$N$ 为轴力设计值;$N_k$ 为作用标准组合的轴向拉力或轴向压力值(kN)。

4) 基坑支护

基坑支护应按实际的基坑周边建筑物、地下管线、道路和施工荷载等条件进行设计,设计中应提出明确的基坑周边荷载限值、地下水和地表水控制等基坑使用要求。

5) 基坑侧壁

基坑支护与主体地下结构的净空间和地下水控制应满足主体地下结构及其防水等施工要求。

6) 锚杆

采用锚杆时,锚杆的锚头及腰梁不应妨碍地下结构外墙的施工。

7) 内支撑

采用内支撑时,内支撑及腰梁的设置应便于地下结构及其防水的施工。

8) 支护结构按平面结构分析

支护结构按平面结构分析时,应按基坑各部位的开挖深度、周边环境条件、地质条件等因素划分设计计算剖面。对每一计算剖面,应按其最不利条件进行计算。对电梯井、集水坑等特殊部位,宜单独划分计算剖面。

9) 基坑支护设计

基坑支护设计应规定支护结构各构件施工顺序及相应的基坑开挖深度。

10) 季节性冻土地区,支护结构设计

在季节性冻土地区,支护结构设计应根据冻胀、冻融对支护结构受力和基坑侧壁的影响采取相应的措施。

11) 支护结构水平位移控制值

支护结构设计时,支护结构水平位移控制值应根据地区经验按工程的具体条件确定,分析判断计算参数取值和计算分析结果的合理性。

### 2.6.2 围护结构设计技术标准

(1) 基坑支护设计应规定其设计使用期限。基坑支护的设计使用期限不应小于一年。

(2) 保证基坑周边建(构)筑物、地下管线、道路的安全和正常使用。

(3) 基坑支护设计时,应综合考虑基坑周边环境和地质条件的复杂程度、基坑深度等因素,确定基坑支护结构的安全等级。

基坑围护结构安全等级确定如表 2-7 所示。

表 2-7 围护结构安全等级

| 安全等级 | 破坏后果 |
| --- | --- |
| 一级 | 支护结构失效、土体过大变形对基坑周边环境或主体结构施工安全的影响很严重 |
| 二级 | 支护结构失效、土体过大变形对基坑周边环境或主体结构施工安全的影响严重 |
| 三级 | 支护结构失效、土体过大变形对基坑周边环境或主体结构施工安全的影响不严重 |

通常地铁基坑变形控制标准如表 2-8 所示。

表 2-8 地铁基坑变形控制标准

| 保护等级 | 地面最大沉降量及围护结构水平位移控制要求 | 周边环境保护要求 |
| --- | --- | --- |
| 一级 | 1. 地面最大沉降量≤0.15%$H$,且≤30mm；<br>2. 围护结构最大水平位移≤0.15%$H$,且≤30mm | 1. 离基坑周围 $H$ 范围内设有重要干线、在使用的大型构筑物、建筑物或市政设施；<br>2. 开挖深度≥14m且在 $3H$ 范围内有重要建筑、管线等市政设施或在 $1.2H$ 范围内有非嵌岩桩基础埋深≤$H$ 的建筑物 |
| 二级 | 1. 地面最大沉降量≤0.2%$H$,且≤40mm；<br>2. 围护结构最大水平位移≤0.2%$H$,且≤40mm | 仅基坑附近 $H$ 范围外有必须保护的重要工程设施 |
| 三级 | 1. 地面最大沉降量≤0.3%$H$,且≤50mm；<br>2. 围护结构最大水平位移≤0.3%$H$,且≤50mm | 环境安全无特殊要求 |

注：①$H$ 为基坑开挖深度；②遇基坑周围有特殊要求的建(构)筑物,此表给出的沉降及基坑变形量不能满足要求时,可根据实际情况进行调整。

（4）基坑支护设计应按下列要求设定支护结构的水平位移控制值和基坑周边环境的沉降控制值：

① 当基坑开挖影响范围内有建(构)筑物时,支护结构水平位移控制值、建筑物的沉降控制值应按不影响其正常使用的要求确定,并应符合现行国家标准《建筑地基基础设计规范》(GB 50007—2011)中对地基变形允许值的规定；当基坑开挖影响范围内有地下管线、地下构筑物、道路时,支护结构水平位移控制值、地面沉降控制值应按不影响其正常使用的要求确定,并应符合现行相关标准对其允许变形的规定。

② 当支护结构构件同时用作主体地下结构构件时,支护结构水平位移控制值不应大于主体结构设计对其变形的限值。

### 2.6.3 围护结构计算

#### 2.6.3.1 分析方法

支挡式结构应根据结构的具体形式与受力、变形特性等采用下列分析方法：

（1）锚拉式支挡结构,可将整个结构分解为挡土结构、锚拉结构(锚杆及腰梁、冠梁)分别进行分析；挡土结构宜采用平面杆系结构弹性支点法进行分析；作用在锚拉结构上的荷载应取挡土结构分析时得出的支点力。

（2）支撑式支挡结构,可将整个结构分解为挡土结构、内支撑结构分别进行分析；挡土结构宜采用平面杆系结构弹性支点法进行分析；内支撑结构可按平面结构进行分析,挡土结构传至内支撑的荷载应取挡土结构分析时得出的支点力；对挡土结构和内支撑结构分别进行分析时,应考虑其相互之间的变形协调。

（3）悬臂式支挡结构、双排桩,宜采用平面杆系结构弹性支点法进行分析。

（4）当有可靠经验时,可采用空间结构分析方法对支挡式结构进行整体分析或采用结构与土相互作用的分析方法对支挡式结构与基坑土体进行整体分析。

#### 2.6.3.2 计算工况

支挡式结构应对下列设计工况进行结构分析,并应按其中最不利作用效应进行支护结构设计:

(1) 基坑开挖至坑底时的工况。

(2) 对锚拉式和支撑式支挡结构,基坑开挖至各层锚杆或支撑施工面时的工况。

(3) 在主体地下结构施工过程中需要以主体结构构件替换支撑或锚杆的状况;此时,主体结构构件应满足替换后各设计工况下的承载力、变形及稳定性要求。

(4) 对水平内支撑式支挡结构,基坑各边水平荷载不对等的各种工况。

#### 2.6.3.3 计算荷载

(1) 水土压力水平荷载计算。

① 水土合算计算公式如下:

$$p_{ak} = \sigma_{ak} k_{a,i} - 2c_i \sqrt{k_{a,i}}$$

$$k_{a,i} = \tan^2\left(45° - \frac{\varphi_i}{2}\right)$$

$$p_{pk} = \sigma_{pk} k_{p,i} + 2c_i \sqrt{k_{p,i}}$$

$$k_{p,i} = \tan^2\left(45° + \frac{\varphi_i}{2}\right) \tag{2.1}$$

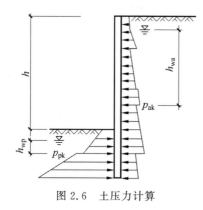

图 2.6 土压力计算

式中:$p_{ak}$ 为支护结构外侧第 $i$ 层土中计算点的主动土压力强度标准值(kPa);当 $p_{ak} < 0$ 时,应取 $p_{ak} = 0$;$\sigma_{ak}$、$\sigma_{pk}$ 分别为支护结构外侧、内侧计算点的土中竖向应力标准值(kPa);$k_{a,i}$、$k_{p,i}$ 分别为第 $i$ 层土的主动土压力系数、被动土压力系数;$c_i$、$\varphi_i$ 分别为第 $i$ 层土的黏聚力(kPa)、内摩擦角(°);$p_{pk}$ 为支护结构内侧第 $i$ 层土中计算点的被动土压力强度标准值(kPa)(图 2.6)。

② 水土分算计算公式如下:

$$p_{ak} = (\sigma_{ak} - u_a) k_{a,i} - 2c_i \sqrt{k_{a,i}} + u_a$$

$$p_{pk} = (\sigma_{pk} - u_p) k_{p,i} - 2c_i \sqrt{k_{p,i}} + u_p \tag{2.2}$$

式中:$u_a$、$u_p$ 分别为支护结构外侧、内侧计算点的水压力(kPa)。

(2) 土压力及水压力计算、土的各类稳定性验算。

土、水压力分、合算法及相应土的抗剪强度指标应符合下列规定:

① 对地下水位以上的黏性土、黏质粉土,土的抗剪强度指标应采用三轴固结不排水抗剪强度指标 $c_{cu}$、$\varphi_{cu}$ 或直剪固结快剪强度指标 $c_{cq}$、$\varphi_{cq}$,对地下水位以上的砂质粉土、砂土、碎石土,土的抗剪强度指标应采用有效应力强度指标 $c'$、$\varphi'$。

② 对地下水位以上的黏性土、黏质粉土,可采用土压力、水压力合算方法。此时,对正常固结和超固结土,土的抗剪强度指标应采用三轴固结不排水抗剪强度指标 $c_{cu}$、$\varphi_{cu}$ 或直剪固结快剪强度指标 $c_{cq}$、$\varphi_{cq}$,对欠固结土,宜采用有效自重压力下预固结的三轴不固结不排

水抗剪强度指标$c_{uu}$、$\varphi_{uu}$。

③ 对地下水位以下的砂质粉土、砂土和碎石土,应采用土压力、水压力分算方法。土的抗剪强度指标应采用有效应力强度指标$c'$、$\varphi'$;对砂质粉土,缺少有效应力强度指标时,也可采用三轴固结不排水抗剪强度指标$c_{cu}$、$\varphi_{cu}$或直剪固结快剪强度指标$c_{cq}$、$\varphi_{cq}$代替;对砂土和碎石土,有效应力强度指标$c'$、$\varphi'$可根据标准贯入试验实测击数和水下休止角等物理力学指标取值;土压力、水压力采用分算方法时,水压力可按静水压力计算;当地下水渗流时,宜按渗流理论计算水压力和土的竖向有效应力;当存在多个含水层时,应分别计算各含水层的水压力。

(3) 采用平面杆系结构弹性支点法时,宜采用图2.7所示的结构分析模型,且应符合下列规定:

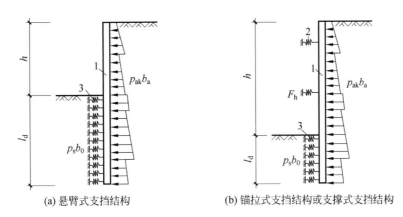

(a) 悬臂式支挡结构　　　　(b) 锚拉式支挡结构或支撑式支挡结构

1—挡土结构;2—由锚杆或支撑简化而成的弹性支座;3—计算土反力的弹性支座

图2.7　弹性支点计算模型

① 挡土结构采用排桩时,作用在单根支护桩上的主动土压力计算宽度$b_0$取值见式(2.6)、式(2.7)。

② 挡土结构采用地下连续墙时,作用在单幅地下连续墙上的主动土压力计算宽度和土反力计算宽度($b_0$)应取包括接头的单幅墙宽度。

③ 锚杆和内支撑对挡土结构的约束作用应按弹性支座考虑。

(4) 作用在挡土构件上的分布土反力应符合下列规定:

① 分布土反力可按下式计算:

$$P_s = K_s V + P_{s0} \tag{2.3}$$

② 挡土构件嵌固段上的基坑内侧土反力应符合下列条件,当不符合时,应增加挡土构件的嵌固长度或取$P_{sk}=E_{pk}$时的分布土反力公式:

$$P_{sk} \leqslant E_{pk} \tag{2.4}$$

式中:$P_s$为分布土反力(kPa);$K_s$为土的水平反力系数($kN/m^3$);$V$为挡土构件在分布土反力计算点使土体压缩的水平位移值(m);$P_{s0}$为初始分布土反力(kPa);$P_{sk}$为挡土构件嵌固段上的基坑内侧土反力标准值(kN);$E_{pk}$为挡土构件嵌固段上的被动土压力标准值(kN)。

③ 基坑内侧土的水平反力系数可按下式计算:

$$k_s = m(z-h)$$

式中：$m$ 为土的水平反力系数的比例系数($kN/m^4$)；$z$ 为计算点距地面的深度(m)；$h$ 为计算工况下的基坑开挖深度(m)。

④ 土的水平反力系数的比例系数宜按桩的水平荷载试验及地区经验取值，缺少试验和经验时，可按以下经验公式计算：

$$m = \frac{0.2\varphi^2 - \varphi + c}{v_b} \tag{2.5}$$

式中：$c$、$\varphi$ 分别为土的黏聚力(kPa)、内摩擦角(°)，对多层土，按不同土层分别取值；$v_b$ 为挡土构件在坑底处的水平位移量(mm)，当水平位移量≤10mm 时，可取 $v_b = 10$mm。

⑤ 排桩的土反力计算宽度应按式(2.6)及式(2.7)计算。

对于圆形桩(图 2.8)：

$$\begin{aligned} b_0 &= 0.9(1.5d + 0.5) \quad (d \leqslant 1\text{m}) \\ b_0 &= 0.9(d + 1) \quad (d > 1\text{m}) \end{aligned} \tag{2.6}$$

对于矩形桩或工字钢(图 2.9)：

$$\begin{aligned} b_0 &= 1.5b + 0.5 \quad (b \leqslant 1\text{m}) \\ b_0 &= b + 1 \quad (b > 1\text{m}) \end{aligned} \tag{2.7}$$

式中：$b_0$ 为单根支护桩上的土反力计算宽度(m)，当计算的 $b_0$ 大于排桩间距时，$b_0$ 取排桩间距；$d$ 为桩的直径(m)，$b$ 为矩形桩或工字形桩的宽度(m)。

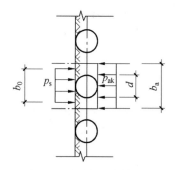
图 2.8 圆形排桩计算宽度

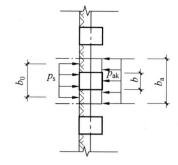
图 2.9 矩形桩计算宽度

(5) 锚杆和内支撑对挡土结构的作用力应按下式确定：

$$F_h = K_R(v_R - v_{R0}) + P_h \tag{2.8}$$

式中：$F_h$ 为挡土结构计算宽度内的弹性支点水平反力(kN)；$K_R$ 为挡土结构计算宽度内弹性支点刚度系数(kN/m)；$v_R$ 为挡土构件在支点处的水平位移值(m)；$v_{R0}$ 为设置锚杆或支撑时，支点的初始水平位移值(m)；$P_h$ 为挡土结构计算宽度内的法向预加力(kN)。$P_h$ 按以下标准选取采用锚杆或竖向斜撑时，取 $P_h = P\cos\alpha b_a/s$；采用水平对撑时，取 $P_h = Pb_a/s$；对不预加轴向压力的支撑，取 $P_h = 0$；其中：$P$ 为锚杆的预加轴向拉力值或支撑的预加轴向压力值(kN)，采用锚杆时，$P = 0.75N_k \sim 0.9N_k$，采用支撑时，$P = 0.5N_k \sim 0.8N_k$；$\alpha$ 为锚杆倾角或支撑仰角；$b_a$ 为挡土结构计算宽度(m)，对单根支护桩，取排桩间距，对单幅地下连续墙，取包括接头的单幅墙宽度；$s$ 为锚杆或支撑的水平间距(m)；$N_k$ 为锚杆轴向拉力标准值或支撑轴向压力标准值(kN)。

(6) 悬臂式支挡结构的嵌固深度($l_d$)应符合式(2.9)嵌固稳定性的要求:

$$\frac{E_{pk}a_{p1}}{E_{ak}a_{a1}} \geqslant K_e \quad (2.9)$$

式中:$K_e$ 为嵌固稳定安全系数,安全等级为一级、二级、三级的悬臂式支挡结构,$K_e$ 分别不应小于 1.25、1.2、1.15;$E_{ak}$、$E_{pk}$ 分别为基坑外侧主动土压力、基坑内侧被动土压力标准值(kN);$a_{a1}$、$a_{p1}$ 分别为基坑外侧主动土压力、基坑内侧被动土压力合力作用点至挡土构件底端的距离(m)(图 2.10)。

(7) 单层锚杆和单层支撑的支挡式结构嵌固深度($l_d$)应符合式(2.10)嵌固稳定性要求:

$$\frac{E_{pk}a_{p2}}{E_{ak}a_{a2}} \geqslant K_e \quad (2.10)$$

式中:$a_{a2}$、$a_{p2}$ 分别为基坑外侧主动土压力、基坑内侧被动土压力合力作用点至支点的距离(m)(图 2.11)。

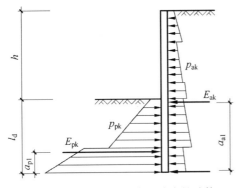

图 2.10 悬臂式结构嵌固稳定性验算

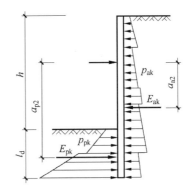

图 2.11 单支点锚拉式支挡结构和支撑式支挡结构的嵌固稳定性验算

(8) 锚拉式、悬臂式支挡结构和双排桩应按下列规定进行整体滑动稳定性验算,整体滑动稳定性可采用圆弧滑动条分法进行验算,计算公式如下:

$$\min\{K_{s,1}, K_{s,2}, \cdots, K_{s,i}\} \geqslant K_s$$

$$K_{s,i} = \frac{\sum\{c_j l_j + [(q_j b_j + \Delta G_j)\cos\theta_j - u_j l_j]\tan\varphi_j\} + \sum R'_{k,k}[\cos(\theta_k + a_k) + \psi_v]/s_{x,k}}{\sum(q_j b_j + \Delta G_j)\sin\theta_j}$$

(2.11)

式中:$K_s$ 为圆弧滑动稳定安全系数,安全等级为一级、二级、三级的支挡式结构,$K_s$ 分别不应小于 1.35、1.3、1.25;$K_{s,i}$ 为第 $i$ 个圆弧滑动体的抗滑力矩与滑动力矩的比值;抗滑力矩与滑动力矩之比的最小值宜通过搜索不同圆心及半径的所有潜在滑动圆弧确定;$c_j$、$\varphi_j$ 分别为第 $j$ 土条滑弧面处土的黏聚力(kPa)、内摩擦角;$b_j$ 为第 $j$ 土条的宽度;$\theta_j$ 为第 $j$ 土条滑弧面中点处的法线与垂直面的夹角;$l_j$ 为第 $j$ 土条的滑弧长度(m),取 $l_j = b_j/\cos\theta_j$;$q_j$ 为第 $j$ 土条上的附加分布荷载标准值(kPa);$\Delta G_j$ 为第 $j$ 土条的自重(kN),按天然重度计算;$u_j$ 为第 $j$ 土条滑弧面上的水压力(kPa);$R'_{k,k}$ 为第 $k$ 层锚杆在滑动面以外的锚固段的极限抗拔承载力标准值与锚杆杆体受拉承载力标准值($f_{ptk}A_p$)的较小值(kN),但锚固段应取滑动面以外的长度;$a_k$ 为第 $k$ 层锚杆的倾角;$\theta_k$ 为滑弧面在第 $k$ 层锚杆处的法线与垂直面的夹角;$s_{x,k}$ 为第 $k$ 层锚杆的水平间距(m);$\psi_v$ 为计算系数,可按 $\psi_v = 0.5\sin(\theta_k + a_k)\tan\varphi$ 取值,其中 $\varphi$ 为第 $k$ 层锚杆与滑弧交点处土的内摩擦角。

式(2.11)中,对悬臂式、双排桩支挡结构,不考虑 $\sum R'_{k,k}[\cos(\theta_k + a_k) + \psi_v]/s_{x,k}$ 项。

(9) 支挡式结构的嵌固深度应符合下列坑底隆起稳定性要求:

① 锚拉式支挡结构和支撑式支挡结构的嵌固深度应符合式(2.12)规定:

$$\frac{\gamma_{m2}l_d N_q + cN_c}{\gamma_{m1}(h+l_d)+q_0} \geqslant K_b$$

$$N_q = \tan^2\left(45° + \frac{\varphi}{2}\right) e^{\pi\tan\varphi}$$

$$N_c = (N_q - 1)/\tan\varphi \tag{2.12}$$

式中:$K_b$ 为抗隆起安全系数,安全等级为一级、二级、三级的支护结构,$K_b$ 分别不应小于 1.8、1.6、1.4;$\gamma_{m1}$、$\gamma_{m2}$ 为分别为基坑外、基坑内挡土构件底面以上土的天然重度(kN/m³),对多层土,取各层土按厚度加权的平均重度;$l_d$ 为挡土构件的嵌固深度(m);$h$ 为基坑深度(m);$q_0$ 为地面均布荷载(kPa);$N_q$、$N_c$ 为承载力系数。

② 悬臂式支挡结构可不进行隆起稳定性验算:

挡土构件底端平面下土的隆起稳定性验算(图 2.12)。

(10) 锚拉式支挡结构和支撑式支挡结构,当坑底以下为软土时,其嵌固深度应符合式(2.13),以最下层支点为轴心的圆弧滑动稳定性要求:

$$\frac{\sum[c_j l_j + (q_j b_j + \Delta G_j)\cos\theta_j \tan\varphi_j]}{\sum(q_j b_j + \Delta G_j)\sin\theta_j} \geqslant K_r \tag{2.13}$$

式中:$K_r$ 为以最下层支点为轴心的圆弧滑动稳定安全系数,安全等级为一级、二级、三级的支挡式结构,$K_r$ 分别不应小于 2.2、1.9、1.7(图 2.13)。

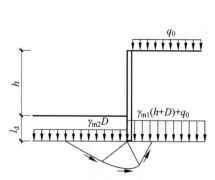

图 2.12 挡土构件底端平面下土的
隆起稳定性验算

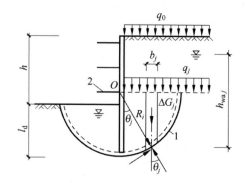

1—任意圆弧滑动面;2—最下层支点
图 2.13 以最下层支点为轴心的
圆弧滑动稳定性验算

(11) 坑底以下存在水头高于坑底的承压水含水层时(图 2.14),且未用截水帷幕隔断其基坑内外的水力联系时,承压水作用下的坑底突涌稳定性应符合式(2.14)规定:

$$\frac{D\gamma}{h_w \gamma_w} \geqslant K_h \qquad (2.14)$$

式中：$K_h$ 为突涌稳定安全系数，不应小于 1.1；$D$ 为承压水含水层顶面至坑底的土层厚度(m)；$\gamma$ 为承压水含水层顶面至坑底土层的天然重度($kN/m^3$)，对多层土，取按土层厚度加权的平均天然重度；$h_w$ 为承压水含水层顶面的压力水头高度(m)；$\gamma_w$ 为水的重度($kN/m^3$)。

（12）悬挂式截水帷幕底端位于碎石土、砂土或粉土含水层时，对均质含水层，地下水渗流的流土稳定性应符合式(2.15)，对渗透系数不同的非均质含水层，宜采用数值方法进行渗流稳定性分析：

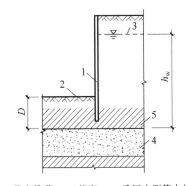

1—截水帷幕；2—基底；3—承压水测管水位；
4—承压水含水层；5—隔水层
图 2.14 坑底土体的突涌稳定性验算

$$\frac{(2l_d + 0.8D_1)\gamma'}{\Delta h \gamma_w} \geqslant K_f \qquad (2.15)$$

式中：$K_f$ 为流土稳定性安全系数，安全等级为一、二、三级的支护结构，$K_f$ 为分别不应小于 1.6、1.5、1.4；$l_d$ 为截水帷幕在坑底以下的插入深度(m)；$D_1$ 为潜水面或承压水含水层顶面至基坑底面的土层厚度(m)；$\gamma'$ 为土的浮重度($kN/m^3$)；$\Delta h$ 为基坑内外的水头差(m)；$\gamma_w$ 为水的重度($kN/m^3$)。

（13）坑底以下为级配不连续的砂土、碎石土含水层时（图 2.15），应进行土的管涌可能性判别。

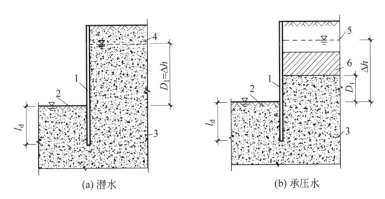

1—截水帷幕；2—基坑底面；3—含水层；4—潜水水位；5—承压水测管水位；6—承压水含水层顶面
图 2.15 采用悬挂式帷幕截水时的流土稳定性验算

### 2.6.4 主体结构计算

标准车站为单柱或者双柱长方形闭合框架结构，车站中间设一条或者两条纵向梁，标准站一般长度 190m 以上，宽度 19m 左右，从受力体系上可以看作平面应变结构，因此车站主体结构按作用在弹性地基上的等代闭合框架结构进行计算，其地层的作用模拟为一系列弹簧，结构计算按永久荷载、可变荷载、施工荷载和偶然荷载的各种组合工况进行。侧向水土压力取静止土压力、水土分算。主体结构正常使用阶段计算一般应包括两种情况,即结构完成初期外部水土压力尚无太大变化时和水土压力经过较长时期的调整已趋于稳定时(按设防水位考虑)。设计采用"荷载-结构"模型,按平面杆系有限元法进行计算。立柱按有效面积相等的原则换算为沿线路方向设置的矩形截面墙予以考虑,对于围护结构是否作为车站永久结构,主体结构计算分以下两种情况考虑。

1) 围护结构不作为永久结构计算

围护结构作为施工期间保护基坑安全,不作为永久结构,不参与永久受力计算,计算模式如图 2.16~图 2.19 所示,图中弹簧模拟土约束采用受压弹簧,弹簧不受拉。

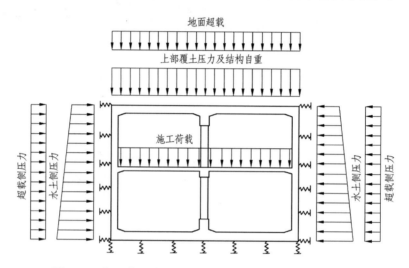

图 2.16 施工阶段(低水位+主动土压力状况)计算荷载简图

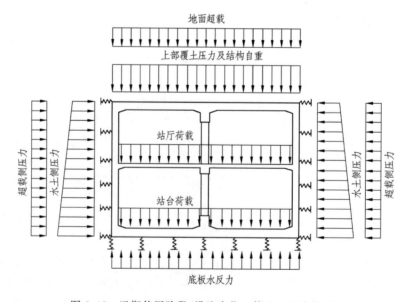

图 2.17 远期使用阶段(设防水位+静止土压力状况)

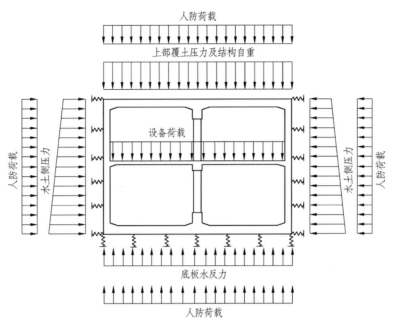

图 2.18 人防工况计算简图

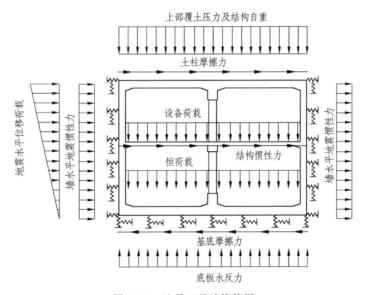

图 2.19 地震工况计算简图

2）围护结构作为永久结构计算

地下连续墙和侧墙进行叠合的复合结构，围护结构参与使用阶段永久受力时，在考虑刚度、强度折减的基础上进行共同受力计算，计算模式如图 2.20～图 2.23 所示，图中弹簧模拟土约束采用受压弹簧，弹簧不受拉，地下连续墙与结构之间采用压杆模拟，压杆受压而不受拉。

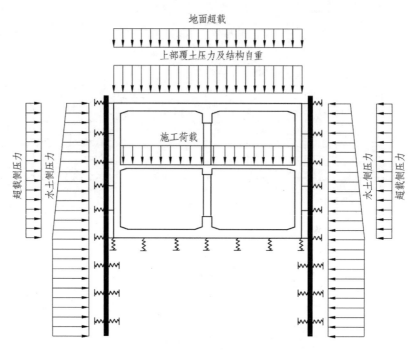

图 2.20 施工阶段(低水位＋主动土压力状况)计算荷载简图

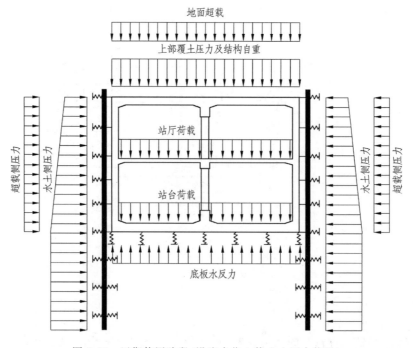

图 2.21 远期使用阶段(设防水位＋静止土压力状况)

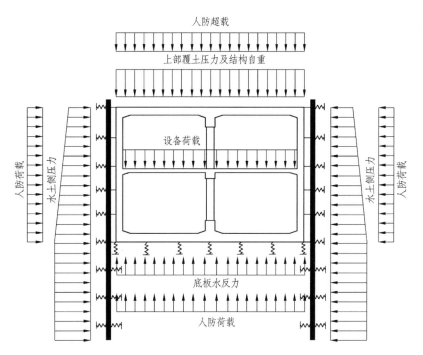

图 2.22 人防工况计算简图

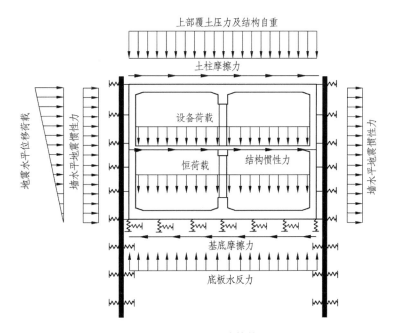

图 2.23 地震工况计算简图

## 2.7 明(盖)挖车站围护结构设计实例

### 2.7.1 钻孔灌注桩围护结构设计实例

#### 2.7.1.1 车站简介

某地铁车站长205.2m,标准段宽19.7m,基坑深约17.2m,扩大端宽23.6m,深度18.4m,站位中心里程处顶板覆土厚度为3.32m,为地下两层11m站台单柱岛式标准站(图2.24)。本站为盾构过站车站,车站两端区间为盾构区间。周围现状均为民房,西南象限规划为行政办公用地,东南、东北、西北象限规划为商业金融用地。地形较平缓,地面高程介于422.160~423.759m,地貌单元属二级阶地。地层从上至下依次为黄土、古土壤、粉质黏土(图2.25)。钻孔量测的稳定水位埋深15.90~16.80m,抗浮水位为地面下0.5m。由于水位埋深较大,采用坑内排水。

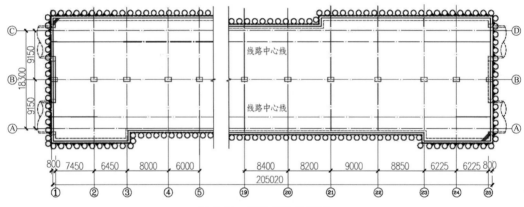

图2.24 车站基坑总平面

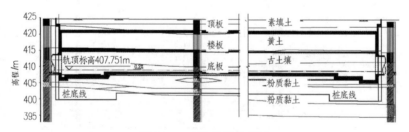

图2.25 车站地质纵剖面

#### 2.7.1.2 围护结构设计

车站基坑安全等级为一级,支护体系重要性系数为1.1。采取坑内排水,地下水位位于结构底板以下1m。围护结构设计使用年限2年;初步拟定围护结构标准段采用$\phi1000@1500$mm钻孔灌注桩,竖向设3道钢支撑,第1道支撑采用$\phi609\times14$的钢支撑,间距6m;第2、3道支撑采用$\phi609\times16$的钢管支撑,支撑水平间距为3m,竖向间距要满足设计要求和方便施工(图2.26~图2.28)。

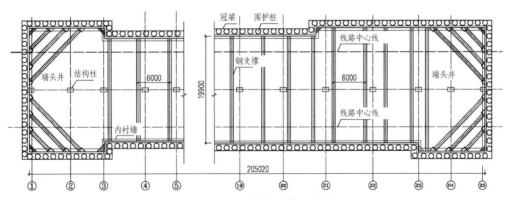

图 2.26 基坑围护结构及第 1 道撑平面

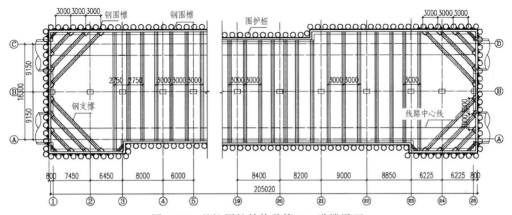

图 2.27 基坑围护结构及第 2、3 道撑平面

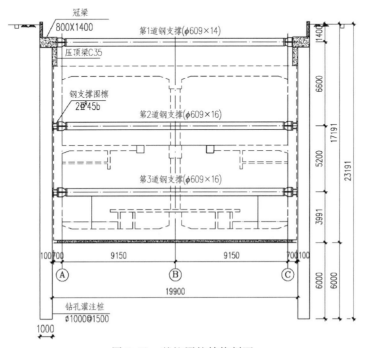

图 2.28 基坑围护结构剖面

### 2.7.1.3 围护结构计算

(1) 基坑计算简图及基本信息(图2.29、表2-9～表2-16)。

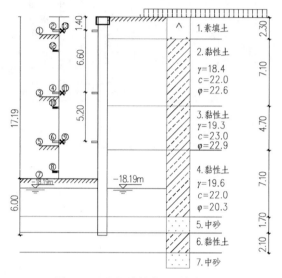

图2.29 基坑计算简图(单位:m)

表2-9 基本信息

| 项目 | 参数选取 |
| --- | --- |
| 规范与规程 | 《建筑基坑支护技术规程》(JGJ 120—2012) |
| 内力计算方法 | 增量法 |
| 支护结构安全等级 | 一级 |
| 支护结构重要性系数 $\gamma_0$ | 1.10 |
| 基坑深度 $H$/m | 17.191 |
| 嵌固深度/m | 6.000 |
| 桩顶标高/m | 0.000 |
| 桩材料类型 | 钢筋混凝土 |
| 混凝土强度等级 | C35 |
| 桩截面类型 | 圆形 |
| 桩直径/m | 1.000 |
| 桩间距/m | 1.500 |
| 有无冠梁 | 有 |
| 冠梁宽度/m | 1.400 |
| 冠梁高度/m | 0.800 |
| 水平侧向刚度/(MN/m) | 89.600 |
| 放坡级数 | 0 |
| 超载个数 | 1 |
| 支护结构上的水平集中力 | 0 |

表 2-10 超载信息

| 超载序号 | 类型 | 超载值/kPa | 作用深度/m | 作用宽度/m | 距坑边距/m | 形式 |
|---|---|---|---|---|---|---|
| 1 | ↓↓↓↓↓ | 20.000 | 0.000 | 30.000 | 4.000 | 条形 |

表 2-11 土层信息

| 项目 | 参数选取 | 项目 | 参数选取 |
|---|---|---|---|
| 土层数 | 10 | 坑内加固土 | 否 |
| 内侧降水最终深度/m | 18.191 | 外侧水位深度/m | 18.191 |
| 内侧水位是否随开挖过程变化 | 是 | 基坑外侧土压力计算方法 | 主动 |
| 弹性计算方法按土层指定 | 是 | 内侧水位距开挖面距离/m | 1.000 |

表 2-12 土层参数

| 层号 | 土类名称 | 层厚/m | 重度/(kN/m³) | 浮重度/(kN/m³) | 黏聚力/kPa | 内摩擦角/(°) |
|---|---|---|---|---|---|---|
| 1 | 素填土 | 2.30 | 20.1 | — | 5.00 | 5.00 |
| 2 | 黏性土 | 7.10 | 18.4 | — | 22.00 | 22.60 |
| 3 | 黏性土 | 4.70 | 19.3 | — | 23.00 | 22.90 |
| 4 | 黏性土 | 7.10 | 19.6 | 9.6 | 22.00 | 20.30 |
| 5 | 中砂 | 1.70 | 20.1 | 10.1 | — | — |
| 6 | 黏性土 | 2.10 | 20.9 | 10.9 | — | — |
| 7 | 中砂 | 2.90 | 20.1 | 10.1 | — | — |
| 8 | 黏性土 | 12.00 | 19.7 | 9.7 | — | — |
| 9 | 中砂 | 2.20 | 21.1 | 11.1 | — | — |
| 10 | 黏性土 | 5.40 | 19.3 | 9.3 | — | — |

表 2-13 水下力学参数及算法

| 层号 | 与锚固体摩擦阻力/kPa | 水下黏聚力/kPa | 水下内摩擦角/(°) | 水土 | 计算方法 | $m$、$c$、$K$ 值 |
|---|---|---|---|---|---|---|
| 1 | 15.0 | — | — | — | K法 | 10.00 |
| 2 | 50.0 | — | — | — | K法 | 20.00 |
| 3 | 75.0 | — | — | — | K法 | 45.00 |
| 4 | 60.0 | 22.00 | 20.30 | 合算 | K法 | 25.00 |
| 5 | 85.0 | 0.00 | 48.20 | 分算 | K法 | 35.00 |
| 6 | 70.0 | 21.00 | 20.60 | 合算 | K法 | 40.00 |
| 7 | 75.0 | 10.00 | 41.20 | 合算 | K法 | 45.00 |
| 8 | 70.0 | 21.00 | 20.60 | 合算 | K法 | 30.00 |
| 9 | 85.0 | 10.00 | 39.60 | 分算 | K法 | 40.00 |
| 10 | 70.0 | 21.00 | 20.60 | 合算 | K法 | 45.00 |

表 2-14 支锚信息（一）

| 支锚 | 支锚类型 | 水平间距/m | 竖向间距/m |
|---|---|---|---|
| 1 | 内撑 | 6.000 | 1.400 |
| 2 | 内撑 | 3.000 | 6.600 |
| 3 | 内撑 | 3.000 | 5.200 |

表 2-15  支锚信息(二)

| 支锚 | 预加力/kN | 支锚刚度/(MN/m) | 工况号 | 材料抗力/kN | 材料抗力调整系数 |
|---|---|---|---|---|---|
| 1 | 200.00 | 639.59 | 2～13 | 10000.00 | 1.00 |
| 2 | 300.00 | 639.59 | 4～11 | 10000.00 | 1.00 |
| 3 | 500.00 | 85.28 | 6～9 | 10000.00 | 1.00 |

表 2-16  工况信息

| 工况号 | 工况类型 | 深度/m | 支锚道号 |
|---|---|---|---|
| 1 | 开挖 | 1.900 | — |
| 2 | 加撑 | — | 1. 内撑 |
| 3 | 开挖 | 8.500 | — |
| 4 | 加撑 | — | 2. 内撑 |
| 5 | 开挖 | 13.700 | — |
| 6 | 加撑 | — | 3. 内撑 |
| 7 | 开挖 | 17.191 | — |
| 8 | 刚性铰 | 16.541 | — |
| 9 | 拆撑 | — | 3. 内撑 |
| 10 | 刚性铰 | 9.731 | — |
| 11 | 拆撑 | — | 2. 内撑 |
| 12 | 刚性铰 | 3.681 | — |
| 13 | 拆撑 | — | 1. 内撑 |

(2) 工况计算(图 2.30)。

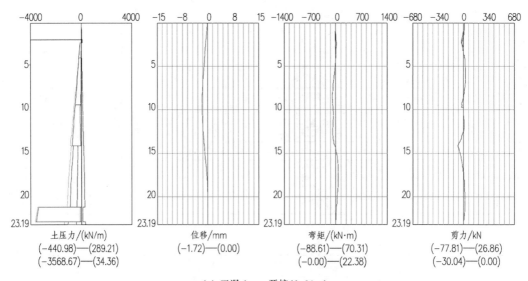

(a) 工况 1——开挖(1.90m)

图 2.30  工况计算

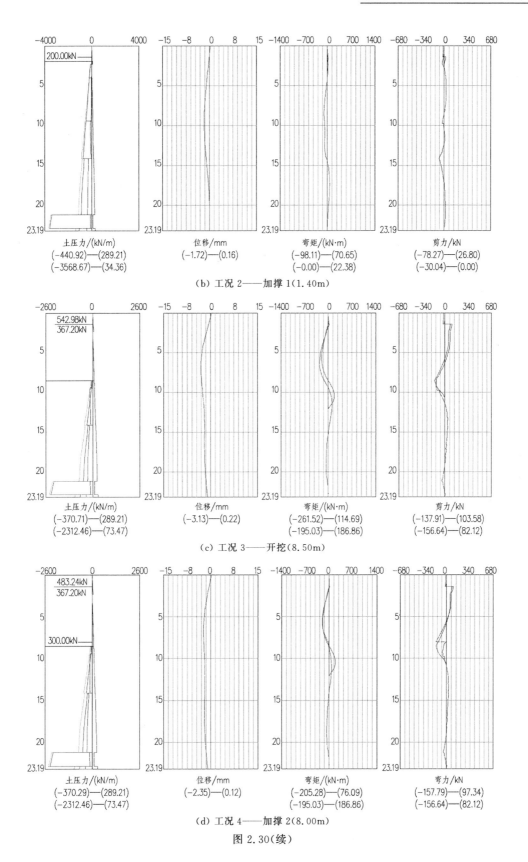

图 2.30(续)

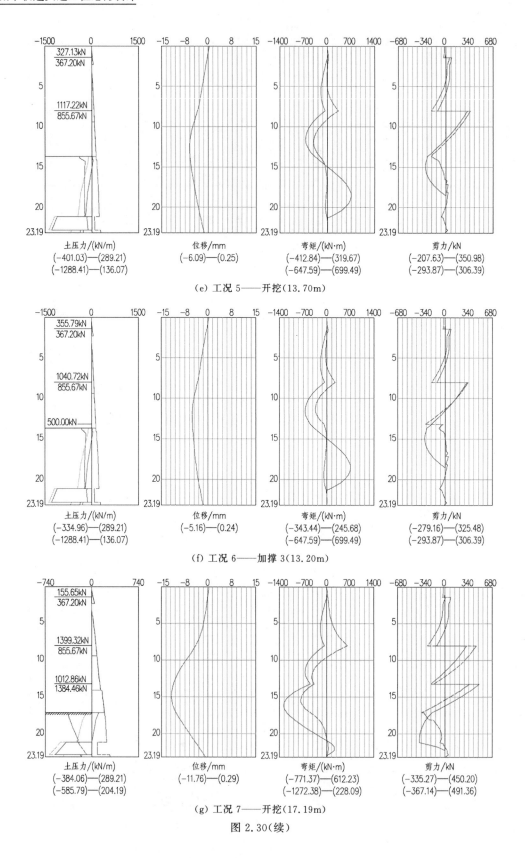

(e) 工况5——开挖(13.70m)

(f) 工况6——加撑3(13.20m)

(g) 工况7——开挖(17.19m)

图2.30(续)

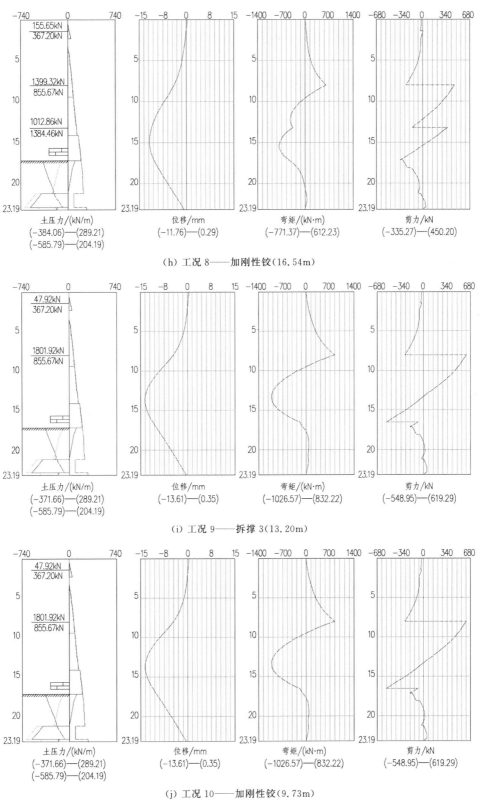

(h) 工况 8——加刚性铰(16.54m)

(i) 工况 9——拆撑 3(13.20m)

(j) 工况 10——加刚性铰(9.73m)

图 2.30(续)

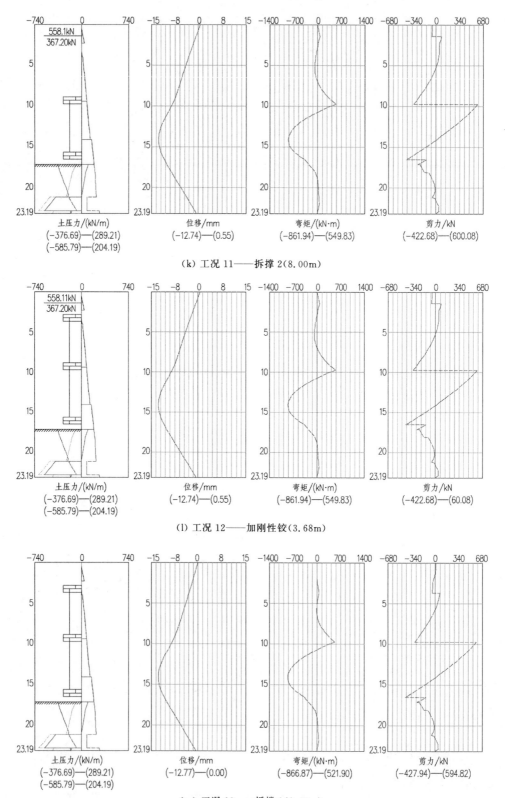

(k) 工况 11——拆撑 2(8.00m)

(l) 工况 12——加刚性铰(3.68m)

(m) 工况 13——拆撑 1(1.40m)

图 2.30(续)

(3) 内力位移计算包络(图 2.31)。

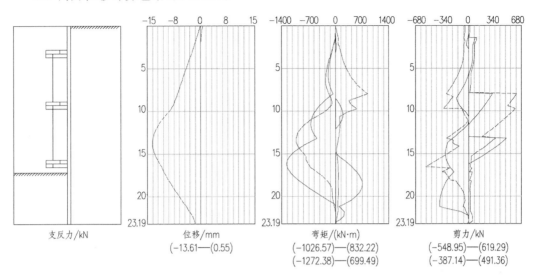

图 2.31　计算内力变形包络

(4) 地表沉降计算(图 2.32)。

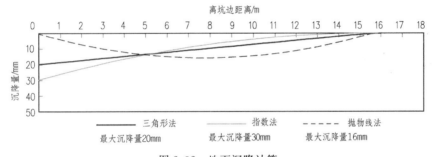

图 2.32　地面沉降计算

(5) 围护结构配筋桩计算(表 2-17～表 2-19)。

表 2-17　围护桩截面参数

| 参　　数 | 数　　值 |
| --- | --- |
| 桩是否均匀配筋 | 是 |
| 混凝土保护层厚度/mm | 70 |
| 桩的纵筋级别 | HRB400 |
| 桩的螺旋箍筋级别 | HRB335 |
| 桩的螺旋箍筋间距/mm | 150 |
| 弯矩折减系数 | 0.85 |
| 剪力折减系数 | 1.00 |
| 荷载分项系数 | 1.25 |
| 配筋分段数 | 一段 |
| 各分段长度/m | 23.19 |

表 2-18 内力取值

| 内力类型 | 弹性法 | 经典法 | 内力设计值 | 内力实用值 |
|---|---|---|---|---|
| 基坑内侧最大弯矩/(kN·m) | 1026.57 | 1272.38 | 1199.80 | 1199.80 |
| 基坑外侧最大弯矩/(kN·m) | 832.22 | 699.49 | 972.65 | 972.65 |
| 最大剪力/kN | 619.29 | 491.36 | 851.52 | 851.52 |

表 2-19 计算桩配筋

| 选筋类型 | 级别 | 实配钢筋 | 实配[计算]面积/mm² |
|---|---|---|---|
| 纵筋 | HRB400 | 22Φ25 | 108020[8666] |
| 箍筋 | HRB335 | φ12@150 | 1508[1105] |
| 加强箍筋 | HRB400 | Φ20@2000 | 314 |

(6) 基坑整体稳定验算。

计算方法：瑞典条分法；应力状态：有效应力法；条分法中的土条宽度：0.40m；滑裂面数据：整体稳定安全系数 $K_s=3.075$；圆弧半径 $R=39.090$m，圆心坐标 $x=-4.073$m，$y=16.050$m（图 2.33）。

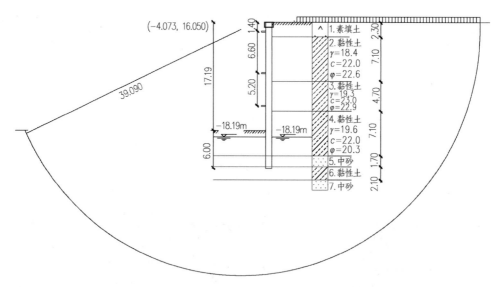

图 2.33 整体稳定性验算简图（单位：m）

(7) 基坑各工况下抗倾覆稳定性验算。

抗倾覆安全系数公式

$$K_s = \frac{M_p}{M_a} \tag{2.16}$$

式中：$M_p$ 为被动土压力及支点力对桩底的抗倾覆弯矩，内支撑支点力由内支撑抗压力决定，锚杆或锚索的支点力为锚杆或锚索的锚固力和抗拉力的较小值；$M_a$ 为主动土压力对桩底的倾覆弯矩，锚固力依据锚杆实际锚固长度计算。

工况1：序号　　　支锚类型　　　　材料抗力/(kN/m)
　　　　1　　　　内撑　　　　　　0.000
　　　　2　　　　内撑　　　　　　0.000
　　　　3　　　　内撑　　　　　　0.000
根据式(2.16)，经计算，抗倾覆安全系数 $K_s=6.424 \geqslant 1.250$，满足规范要求。

工况2：序号　　　支锚类型　　　　材料抗力/(kN/m)
　　　　1　　　　内撑　　　　　　1666.667
　　　　2　　　　内撑　　　　　　0.000
　　　　3　　　　内撑　　　　　　0.000
根据式(2.16)，经计算，抗倾覆安全系数 $K_s=9.226 \geqslant 1.250$，满足规范要求。

工况3：序号　　　支锚类型　　　　材料抗力/(kN/m)
　　　　1　　　　内撑　　　　　　1666.667
　　　　2　　　　内撑　　　　　　0.000
　　　　3　　　　内撑　　　　　　0.000
根据式(2.16)，经计算，抗倾覆安全系数 $K_s=5.159 \geqslant 1.250$，满足规范要求。

工况4：序号　　　支锚类型　　　　材料抗力/(kN/m)
　　　　1　　　　内撑　　　　　　1666.667
　　　　2　　　　内撑　　　　　　3333.333
　　　　3　　　　内撑　　　　　　0.000
根据式(2.16)，经计算，抗倾覆安全系数 $K_s=9.065 \geqslant 1.250$，满足规范要求。

工况5：序号　　　支锚类型　　　　材料抗力/(kN/m)
　　　　1　　　　内撑　　　　　　1666.667
　　　　2　　　　内撑　　　　　　3333.333
　　　　3　　　　内撑　　　　　　0.000
根据式(2.16)，经计算，抗倾覆安全系数 $K_s=7.436 \geqslant 1.250$，满足规范要求。

工况6：序号　　　支锚类型　　　　材料抗力/(kN/m)
　　　　1　　　　内撑　　　　　　1666.667
　　　　2　　　　内撑　　　　　　3333.333
　　　　3　　　　内撑　　　　　　3333.333
根据式(2.16)，经计算，抗倾覆安全系数 $K_s=10.005 \geqslant 1.250$，满足规范要求。

工况7：序号　　　支锚类型　　　　材料抗力/(kN/m)
　　　　1　　　　内撑　　　　　　1666.667
　　　　2　　　　内撑　　　　　　3333.333
　　　　3　　　　内撑　　　　　　3333.333
根据式(2.16)，经计算，抗倾覆安全系数 $K_s=9.491 \geqslant 1.250$，满足规范要求。

工况8：已存在刚性铰，不计算抗倾覆。

工况9：已存在刚性铰，不计算抗倾覆。

工况 10：已存在刚性铰，不计算抗倾覆。

工况 11：已存在刚性铰，不计算抗倾覆。

工况 12：已存在刚性铰，不计算抗倾覆。

工况 13：已存在刚性铰，不计算抗倾覆。

安全系数最小为：工况 3，最小安全系数 $K_s=5.159 \geqslant 1.250$，满足规范要求。

（8）抗隆起验算。

从支护底部开始，逐层验算抗隆起稳定性（图 2.34），计算公式如下：

$$\frac{\gamma_{m2} l_d N_q + c N_c}{\gamma_{m1}(h+l_d)+q_0} \geqslant K_b$$

$$N_q = \left(\tan\left(45°+\frac{\varphi}{2}\right)\right)^2 e^{\pi \tan \varphi}$$

$$N_c = (N_q - 1)\frac{1}{\tan \varphi} \tag{2.17}$$

式中：$K_b$ 为抗隆起安全系数；安全等级为一级、二级、三级的支护结构，$K_b$ 分别不应小于 1.8、1.6、1.4；$N_c$、$N_q$ 为地基承载力系数；$\gamma_{m1}$ 为基坑外挡土构件底面以上土的重度（kN/m³）；对多层土可取各层土按厚度加权的平均重度；$\gamma_{m2}$ 为基坑内挡土构件底面以上土的重度（kN/m³），对多层土可取各层土按厚度加权的平均重度；$l_d$ 为挡土构件的嵌固深度（m）；$h$ 为基坑深度（m）；$c$ 为支护结构底部滑裂面深度内土的加权黏聚力（kPa）；$\varphi$ 为支护结构底部滑裂面深度内土的加权摩擦角（°）；$q_0$ 为地面均布荷载（kPa）。

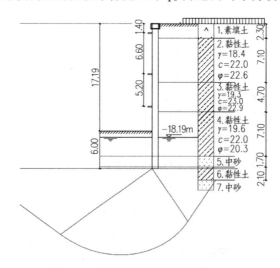

图 2.34 抗隆起验算简图（单位：m）

支护底部，验算抗隆起：$K_s=2.434 \geqslant 1.800$，抗隆起稳定性满足。

深度 25.000m 处，验算抗隆起：$K_s=25.411 \geqslant 1.800$，抗隆起稳定性满足。

深度 27.900m 处，验算抗隆起：$K_s=3.767 \geqslant 1.800$，抗隆起稳定性满足。

深度 39.900m 处，验算抗隆起：$K_s=35.296 \geqslant 1.800$，抗隆起稳定性满足。

深度 42.100m 处，验算抗隆起：$K_s=4.392 \geqslant 1.800$，抗隆起稳定性满足。

(9) 嵌固深度计算。

计算参数见表 2-20 所示。

表 2-20 嵌固深度计算参数

| 计算项 | 选择结果 |
| --- | --- |
| 嵌固深度是否考虑内支撑作用 | 否 |
| 是否考虑坑底隆起稳定性 | 是 |
| 是否考虑最下层支点为轴心的圆弧稳定性 | 是 |

嵌固深度计算过程：当地层不够时，软件是自动加深最后地层厚度（最多延伸100m）得到的结果。

① 嵌固深度构造要求：依据《建筑基坑支护技术规程》，嵌固深度对于多支点支护结构 $l_d$ 不宜小于 $0.2h$。嵌固深度构造长度 $l_d=3.438$m。

② 嵌固深度满足整体滑动稳定性要求：按《建筑基坑支护技术规程》圆弧滑动简单条分法计算嵌固深度：圆心（-6.249，15.085），半径为 21.353m，对应的安全系数 $K_s=1.395 \geqslant 1.350$，嵌固深度计算值 $l_d=5.000$m。

③ 嵌固深度满足坑底抗隆起要求：符合坑底抗隆起的嵌固深度 $l_d=3.100$m。

④ 嵌固深度满足以最下层支点为轴心的圆弧滑动稳定性要求。符合以最下层支点为轴心的圆弧滑动稳定的嵌固深度 $l_d=5.300$m。满足以上要求的嵌固深度 $l_d$ 计算值取 5.300m，$l_d$ 采用值取 6.000m。

(10) 嵌固段基坑内侧土反力验算。

工况 1：$P_s=3437.678 \leqslant E_p=19472.770$，土反力满足要求；

工况 2：$P_s=3416.775 \leqslant E_p=19472.770$，土反力满足要求；

工况 3：$P_s=2937.201 \leqslant E_p=10231.399$，土反力满足要求；

工况 4：$P_s=2847.334 \leqslant E_p=10231.399$，土反力满足要求；

工况 5：$P_s=2202.619 \leqslant E_p=4664.292$，土反力满足要求；

工况 6：$P_s=2081.041 \leqslant E_p=4664.292$，土反力满足要求；

工况 7：$P_s=1537.739 \leqslant E_p=1857.140$，土反力满足要求；

工况 8：$P_s=1537.739 \leqslant E_p=1857.140$，土反力满足要求；

工况 9：$P_s=1407.493 \leqslant E_p=1857.140$，土反力满足要求；

工况 10：$P_s=1407.493 \leqslant E_p=1857.140$，土反力满足要求；

工况 11：$P_s=1460.373 \leqslant E_p=1857.140$，土反力满足要求；

工况 12：$P_s=1460.373 \leqslant E_p=1857.140$，土反力满足要求；

工况 13：$P_s=1458.169 \leqslant E_p=1857.140$，土反力满足要求。

其中，$P_s$ 为作用在挡土构件嵌固段上的基坑内侧土反力合力（kN）；$E_p$ 为作用在挡土构件嵌固段上的被动土压力合力（kN）。

#### 2.7.1.4 围护桩配筋

该车站围护结构桩配筋如图 2.35 所示。

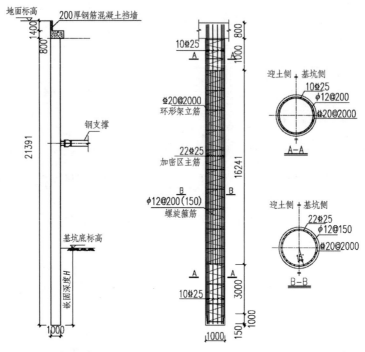

图 2.35　基坑围护桩钢筋

### 2.7.1.5　主体结构计算

1) 内力计算

车站标准段主体结构为两层双跨钢筋混凝土框架结构,主体结构构件尺寸的拟定必须满足主体结构的受力、变形要求,满足主体结构的抗浮和稳定性要求,以及满足车站功能和建筑净空的要求。在不同荷载组合作用下,车站标准断面结构使用阶段弯矩图、剪力图和轴力图见图2.36～图2.41。

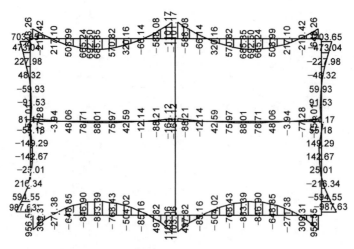

图 2.36　车站典型断面弯矩(稳定水位,单位:kN·m)

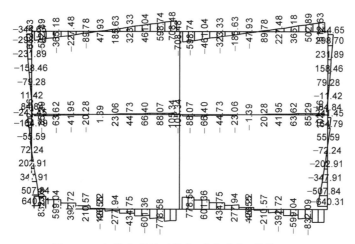

图 2.37 车站典型断面剪力(稳定水位,单位:kN)

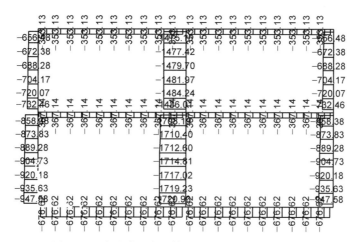

图 2.38 车站典型断面轴力(稳定水位,单位:kN)

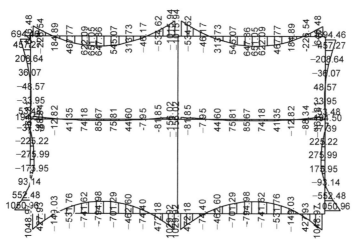

图 2.39 车站典型断面弯矩(抗浮水位,单位:kN·m)

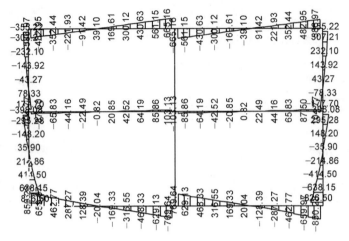

图 2.40 车站典型断面剪力(抗浮水位,单位:kN)

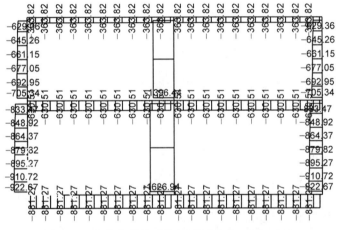

图 2.41 车站典型断面轴力(抗浮水位,单位:kN)

2) 强度计算及裂缝验算

根据结构计算分析的结果,车站各结构构件除按强度进行截面配筋计算外,还需按防水混凝土结构裂缝宽度不大于 0.2mm,其余不大于 0.3mm 的要求进行验算,以确定各截面的配筋。车站标准段结构构件控制内力、配筋及裂缝计算见表 2-21。

表 2-21 标准段构件控制内力、配筋及裂缝计算

| 结构部位 | | 内力设计值(基本组合) | | | 截面高/mm | 裂缝宽/mm | 钢筋截面面积/mm² |
|---|---|---|---|---|---|---|---|
| | | $M/(kN \cdot m)$ | $N/kN$ | $Q/kN$ | | | |
| 顶板 | 边支座 | 648 | | 611 | | 0.2 | 3540 |
| | 中支座 | 681 | 364 | 708 | 800 | 0.2 | 3880 |
| | 跨中 | 693 | | — | | 0.3 | 4000 |
| 中板 | 边支座 | 164 | | 105 | | 0.3 | 2060 |
| | 中支座 | 157 | 631 | 105 | 400 | 0.3 | 2000 |
| | 跨中 | 88 | | — | | 0.3 | 1020 |

续表

| 结构部位 | | 内力设计值(基本组合) | | | 截面高/mm | 裂缝宽/mm | 钢筋截面面积/mm² |
| --- | --- | --- | --- | --- | --- | --- | --- |
| | | $M/(kN·m)$ | $N/kN$ | $Q/kN$ | | | |
| 底板 | 边支座 | 1049 | 882 | 851 | 900 | 0.2 | 5800 |
| | 中支座 | 1103 | | 780 | | 0.2 | 6200 |
| | 跨中 | 884 | | — | | 0.3 | 4500 |
| 侧墙 | 顶支座 | 704 | 657 | 356 | 700 | 0.2 | 3810 |
| | 底支座 | 1051 | 948 | 827 | | 0.2 | 6400 |
| | 跨中 | 275 | 833 | — | | 0.3 | 1600 |

根据结构计算及分析，主体结构主要尺寸的拟定见表 2-22、图 2.42～图 2.44。

表 2-22 主体结构构件尺寸

| 结构构件 | 尺寸/mm | 混凝土强度等级 |
| --- | --- | --- |
| 顶板 | 800 | C40(P8) |
| 顶纵梁(宽×高) | 1000×2000 | C40(P8) |
| 中板 | 400 | C40 |
| 中纵梁(宽×高) | 1000×1000 | C40 |
| 底板 | 800(扩大端900) | C40(P8) |
| 底纵梁(宽×高) | 1000×2200 | C40(P8) |
| 侧墙 | 700 | C40(P8) |
| 中间立柱 | 800×1200 | C50 |

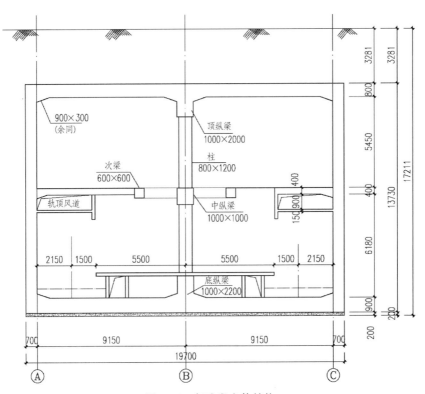

图 2.42 标准段主体结构

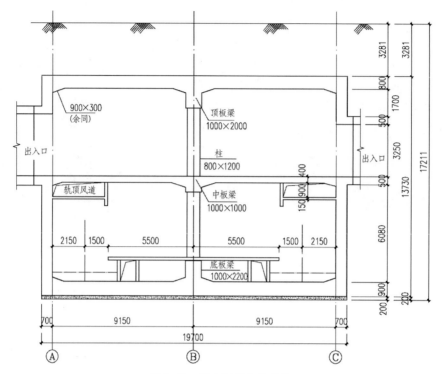

图 2.43 出入口段主体结构

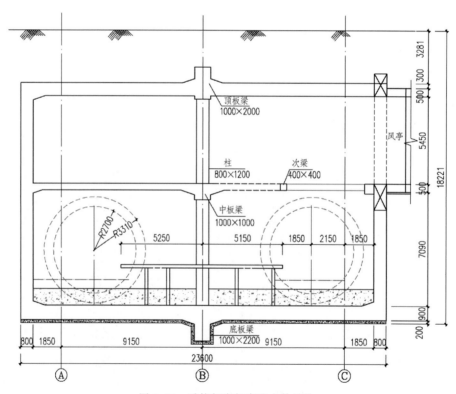

图 2.44 盾构加宽加高段主体结构

内部钢筋混凝土结构混凝土的强度等级：C35；垫层混凝土：C15；轨道下回填混凝土：C20；钢筋：HPB300、HRB400；结构柱混凝土的强度等级为C50，车站中立柱轴压比满足要求。经检算车站结构构件均在合理的配筋率范围内，满足设计强度要求和变形要求，拟定的构件尺寸是合理、经济的。计算分析表明，由于结构周边土体的约束作用，地震力对地下结构的影响较小，结构设计时需按规范满足抗震构造要求（图2.45）。

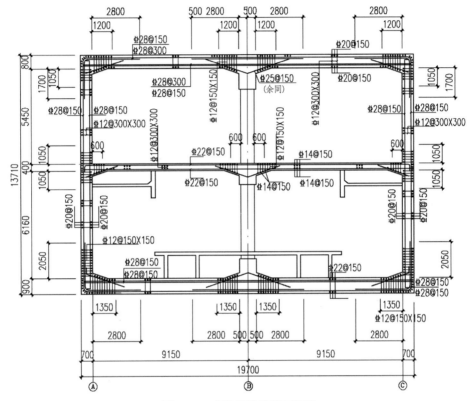

图2.45 车站标准段断面配筋

## 2.7.2 地下连续墙围护结构设计实例

### 2.7.2.1 车站简介

某地铁车站位于主干路路口段，路口规划道路红线宽度约为51m，目前已实现规划，为双向6车道及两侧各1条非机动车道，其中车站所在路现状道路车流大，公交线路较多，车站主体基坑距周边建（构）筑物距离均大于20m，其中车站西端南侧距离7层住宅楼27.5m，车站东端南侧距离5层住宅楼23.8m，车站东端主体距商业广场地下室25m。站位上方管线较多，控制性管线主要为污水管和雨水管，污水管有DN400、DN800，管内底埋深4.2m；雨水管为DN700管线，管内底埋深2.54m；控制管线为DN300(400)的污水管，以上管线在基坑施工前需进行临时或永久性改移。站位地貌类型位属海相沉积平原类型。车站为地下二层岛式站台车站，有效站台范围为单柱双跨矩形框架结构，设备区及盾构井段为双柱三跨矩形框架结构，车站采用明挖顺作法施工，车站中心顶板覆土厚度3.0m。车站共设4个出入口、2个风道,均采用明挖法施工,车站两端均为盾构法区间隧道,西端为盾构始发接收井,东端为盾构调头井。

#### 2.7.2.2 围护结构设计

车站基坑深约 16.31m,长 189.6m,标准段宽 20.3m;基坑主要土层为淤泥质土、淤泥、淤泥质土夹砂、黏土和粉质黏土;地下水位埋深 0.5m。车站基坑安全等级为一级,支护体系重要性系数为 1.1。采取基坑外侧地下连续墙止水帷幕,基坑内侧采用真空井管降水,地下水位位于结构底板以下 1m。围护结构设计使用年限 2 年;初步拟定围护结构标准段采用 800mm 厚地下连续墙,地下连续墙混凝土的强度等级 C35,车站内衬墙与地下连续墙复合承受侧向水土压力;竖向设 5 道支撑+1 道倒撑(图 2.46~图 2.48);第 1 道撑采用 800mm×1400mm 冠梁兼做压顶梁,支撑水平间距为 9m,其余采用 ϕ609×16 的钢支撑,支撑水平间距为 3m。

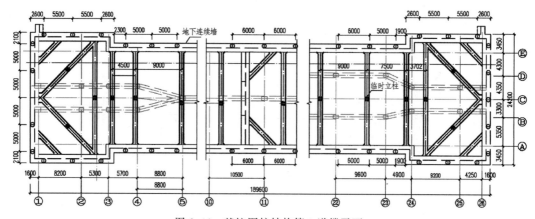

图 2.46 基坑围护结构第 1 道撑平面

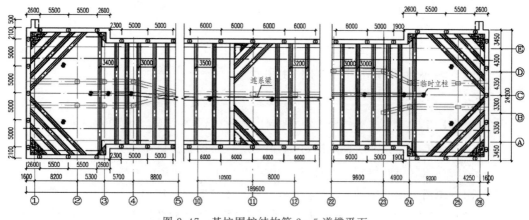

图 2.47 基坑围护结构第 2~5 道撑平面

#### 2.7.2.3 围护结构计算

(1)基坑计算简图及基本信息(图 2.49、表 2-23)。

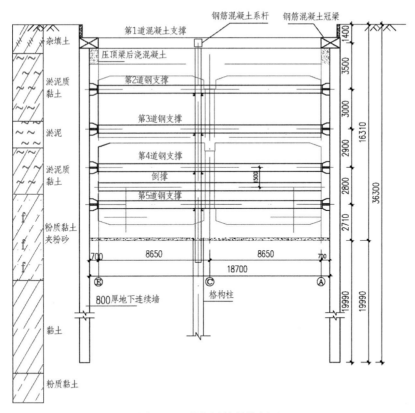

图 2.48 基坑围护结构剖面

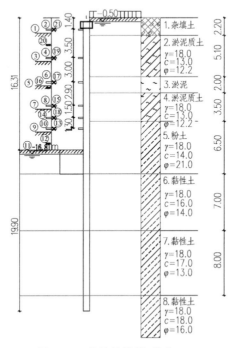

图 2.49 基坑计算简（单位：m）

表 2-23 基本信息

| 规范与规程 | 《建筑基坑支护技术规程》 | 规范与规程 | 《建筑基坑支护技术规程》 |
|---|---|---|---|
| 内力计算方法 | 增量法 | 混凝土强度等级 | C35 |
| 基坑等级 | 一级 | 有无冠梁 | 有 |
| 基坑侧壁重要性系数 $\gamma_0$ | 1.10 | 冠梁宽度/m | 1.500 |
| 基坑深度 $H$/m | 16.310 | 冠梁高度/m | 0.800 |
| 嵌固深度/m | 19.900 | 水平侧向刚度/(MN/m) | 302.400 |
| 墙顶标高/m | −0.500 | 放坡级数 | 1 |
| 连续墙类型 | 钢筋混凝土墙 | 超载个数 | 1 |
| 墙厚/m | 0.800 | 支护结构上的水平集中力 | 0 |

其他计算步同 2.7.1.3 节围护桩计算，计算过程省略。

(2) 内力、位移计算包络图（图 2-50）。

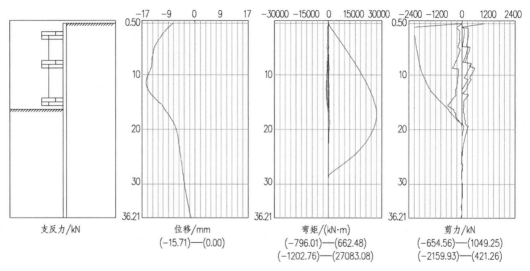

图 2-50 内力、位移包络图

(3) 地下连续墙配筋计算（表 2-24、表 2-25）。

表 2-24 内力取值

| 内力类型 | 弹性法 | 经典法 | 内力设计值 | 内力实用值 |
|---|---|---|---|---|
| 基坑内侧最大弯矩/(kN·m) | 796.01 | 1202.76 | 930.33 | 930.33 |
| 基坑外侧最大弯矩/(kN·m) | 662.48 | 27083.08 | 774.27 | 774.27 |
| 最大剪力/kN | 654.56 | 2159.93 | 818.20 | 900.02 |

表 2-25 地下连续墙配筋

| 选筋类型 | 级别 | 钢筋实配值 | 实配[计算]面积/(mm²/m) |
|---|---|---|---|
| 基坑内侧纵筋 | HRB400 | $\phi$28@150＋$\phi$28@150 | 4091[3685] |
| 基坑外侧纵筋 | HRB400 | $\phi$28@150＋$\phi$25@150 | 4091[3685] |
| 水平筋 | HRB400 | $\phi$18@200 | 1272 |
| 拉结筋 | HPB300 | $\phi$10@200 | 1264 |

整体稳定验算、抗倾覆稳定性验算、抗隆起验算、嵌固深度计算均同 2.7.1.3 节围护桩计算,参见 2.7.1 节。

#### 2.7.2.4 地下连续墙配筋

该标准明挖车站地下连续墙配筋图 2.51、图 2.52。

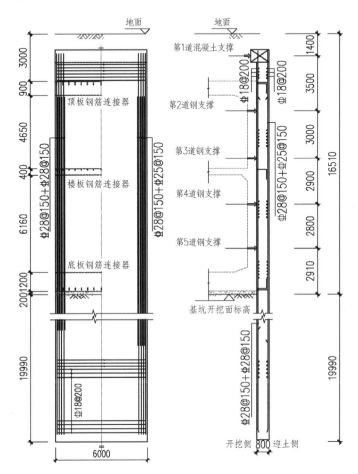

图 2.51 地下连续墙结构及配筋立面

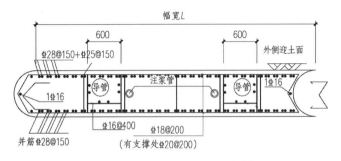

图 2.52 地下连续墙结构及配筋横剖面

### 2.7.3 其他形式围护结构设计实例

#### 2.7.3.1 SMW工法桩围护结构设计

某出入口基坑开挖深度为9.797m,主要地层为淤泥、淤泥质土、粉质黏土及饱和粉细砂。围护结构标准段采用 $\phi 850$ SMW工法桩,内插 $H700\times300\times13\times24$ 型钢,可采用隔一插二、隔一插一,或者隔二插一等形式。竖向设3道支撑,第1道采用 $600mm\times800mm$ 混凝土支撑,水平间距6m,第2、3道撑采用 $\phi 609\times16$ 的钢支撑,水平间距为3m(图2.53~图2.55)。

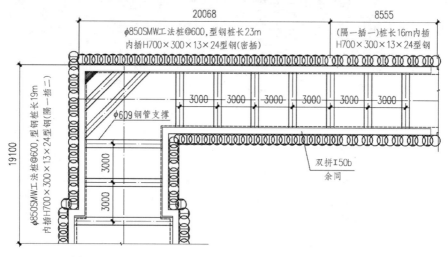

图2.53 出入口基坑SMW工法桩第2、3道撑围护结构平面

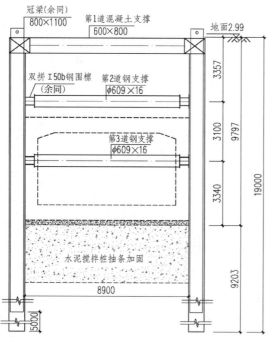

图2.54 出入口基坑SMW工法桩围护结构横剖面

图2.55 SMW工法桩基坑示意

#### 2.7.3.2 钢管桩围护结构设计实例

某车站主体结构总长 282.0m,基坑开挖深度为 21.29～17.32m,标准段开挖宽度约为 46.6m,覆土厚度为 6.27～3.50m。基坑地层从上到下主要有:强风化流纹岩、中风化流纹岩、微风化流纹岩,地下水位埋深 7m。车站主体结构采用明挖法施工,支护结构采用吊脚桩支护形式:钻孔灌注桩+钢管桩+锚索(杆)。吊脚桩上部采用 φ800mm 钻孔灌注桩+锚索,下部基坑采用 φ146×5 钢管桩+锚杆形式,钻孔灌注桩间距 2.0m,钢管桩标准间距 1m,吊脚桩部分为一桩一锚,锚杆采用 2m×2m 间距,梅花形布置,钢管桩内采用 M20 水泥砂浆填充。围护桩进入中风化层不小于 2.5m,进入微风化层不小于 1.5m(图 2.56～图 2.59),围护结构设计使用年限 2 年。

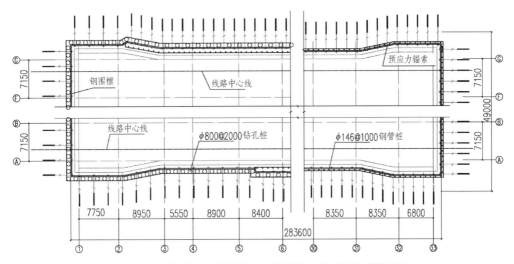

图 2.56 车站基坑钻孔灌注桩+钢管桩+锚索围护结构平面

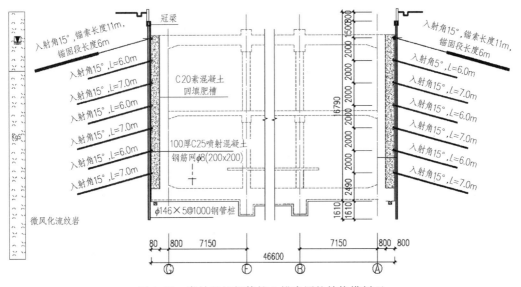

图 2.57 车站基坑钢管桩+锚索围护结构横剖面

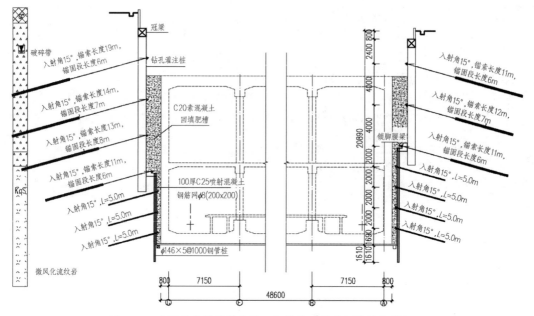

图 2.58 车站基坑钻孔灌注桩＋钢管桩＋锚索围护结构横剖面

图 2.59 车站基坑钢管桩＋锚索围护结构基坑示意

## 2.8 盖挖车站设计

### 2.8.1 盖挖顺作法设计

盖挖顺作法(铺盖法)施工在临时路面系统保护下近似于明挖法施工,施工条件好,防水效果好,工程质量易于保证,因此,在地面交通没有疏导路线的情况下,主体施工宜优先选用盖挖顺作法。盖挖顺作法目前有两种形式:军用梁体系盖挖法和装配式铺盖法。军用梁体系盖挖法采用分幅开挖、分幅导改交通的方法能解决地面交通问题,同时此法应用成熟,安全可靠,增加临时结构措施不多,不破坏结构的整体性。但军用梁为预制构件,每榀军用梁有固定的高度,对于覆土较浅的车站,无法选用军用梁体系进行盖挖。装配式铺盖法采用临时组合型钢梁柱体系支撑,路面铺设轻便铺盖板,中间设临时立柱,此种方法,大大减少路面体系的高度,增大盖挖法主体结构的操作空间,对于覆土较浅的主体结构施工,是一个较好的选择。

盖挖顺作法施工步骤为：施作基坑围护结构，在围护结构顶部铺设路面铺盖体系，恢复路面交通，然后由上向下开挖基坑并及时支护，待开挖至设计标高后，再由下向上浇筑主体结构，最后拆除军用梁等临时体系，回填土方并恢复路面(图 2.60、图 2.61)。

(1) 围挡，施作支护桩、冠梁。并开挖基坑到第 1 道支撑下。

(2) 施工第 1 道混凝土支撑，铺设铺板梁及铺盖板，恢复路面。

(3) 从上向下分层开挖基坑，并依次架设第 2、3 道钢支撑。

(4) 铺设底板素混凝土垫层，敷设防水层，施作底板结构及地下 2 层部分侧墙。待结构混凝土强度达到设计强度的 70%，施作倒撑，拆除第 3 道钢支撑。

(5) 继续施作地下 2 层侧墙及中楼板，敷设侧墙防水层，待已施作结构强度达到设计强度的 70%后，拆除第 2 道钢支撑，敷设地下 1 层侧墙防水层，施作剩余内部结构及顶板和防水层。

(6) 拆除铺盖板、铺盖梁以及第 1 道混凝土支撑，回填基坑并恢复永久路面。

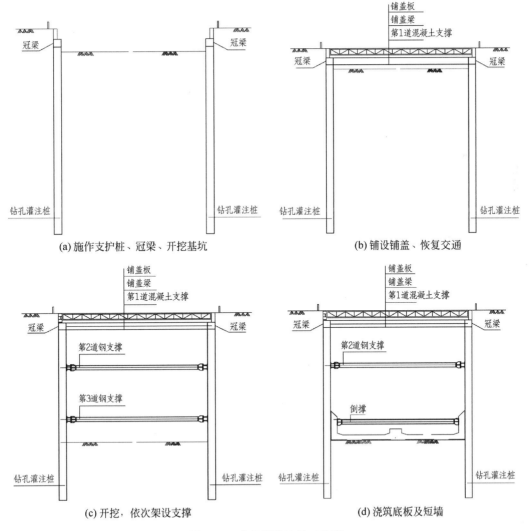

图 2.60 盖挖顺作法施工步序

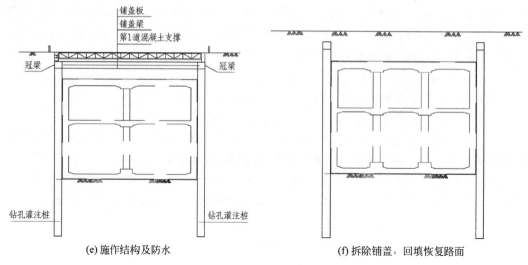

(e) 施作结构及防水　　　　　(f) 拆除铺盖，回填恢复路面

图 2.60（续）

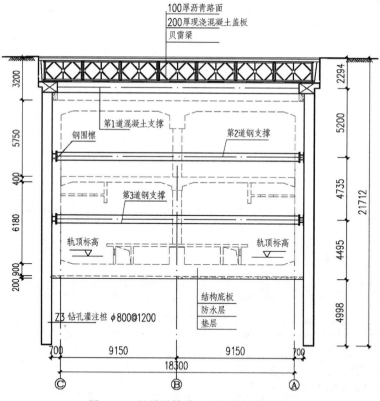

图 2.61　贝雷梁铺盖法围护结构横剖面

## 2.8.2　盖挖逆作法设计

盖挖逆作法与顺作法的区别是逆作法先施作顶板结构并恢复交通，然后在顶板结构的保护下施工剩余主体结构。盖挖逆作法对地面交通影响时间较短，适用于地面交通极为繁

忙的情况。

盖挖逆作法施工步骤为：先施作围护结构及中间桩，基坑开挖至结构顶板地面，浇筑顶板结构，恢复地面道路，然后在顶板、围护结构及中间桩的保护下，自上而下开挖土方并施作主体衬砌结构(图2.62)。

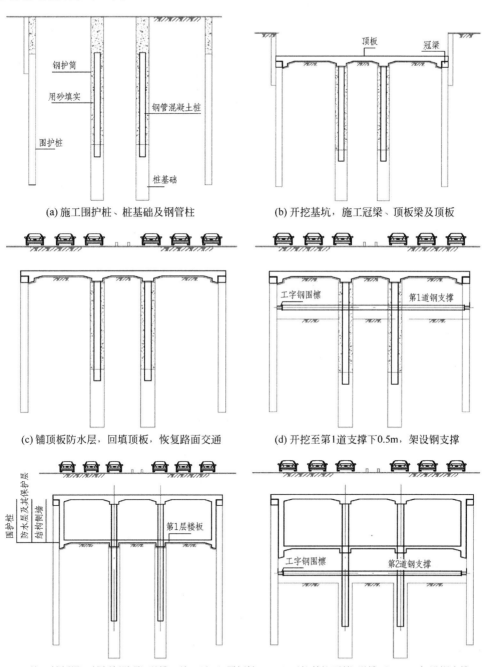

图 2.62 盖挖逆作法步序

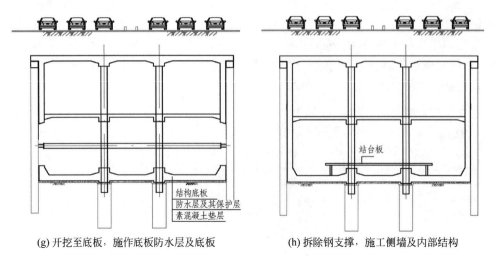

(g) 开挖至底板，施作底板防水层及底板　　(h) 拆除钢支撑，施工侧墙及内部结构

图 2.62(续)

## 2.9 明(盖)挖法地下车站结构防水设计

### 2.9.1 地下车站结构防水设计内容

(1) 防水等级和设防要求；
(2) 防水混凝土的抗渗等级和其他技术指标、质量保证措施；
(3) 其他防水层选用的材料及其技术指标、质量保证措施；
(4) 工程细部构造的防水措施、选用的材料及其技术指标、质量保证措施；
(5) 工程的防排水系统、地面挡水、截水系统以及工程各种洞口的防倒灌措施。

### 2.9.2 明(盖)挖法地下车站结构防水设防要求

地下结构的防水设计应遵循"以防为主、刚柔结合、多道防线、因地制宜、综合治理"的原则。结构自防水为根本，增加混凝土的密实性、抗渗性、抗裂性、防腐性和耐久性等性能控制结构混凝土裂缝；以变形缝、施工缝(包括后浇带)等接缝防水为重点，同时在结构迎水面设置柔性全包防水层来达到工程防水，见表 2-26。

表 2-26 明(盖)挖法地下车站结构防水设防要求

| 工程部位 | 防水措施 | 防水等级 | | | |
|---|---|---|---|---|---|
| | | 一级 | 二级 | 三级 | 四级 |
| 主体结构 | 防水混凝土 | 应选 | 应选 | 应选 | 应选 |
| | 防水卷材 | 应选1~2种 | 应选1种 | 宜选1种 | — |
| | 防水涂料 | | | | |
| | 塑料防水板 | | | | |
| | 防水膨润土 | | | | |
| | 防水砂浆 | | | | |
| | 金属防水板 | | | | |

续表

| 工程部位 | 防水措施 | 防水等级 | | | |
|---|---|---|---|---|---|
| | | 一级 | 二级 | 三级 | 四级 |
| 施工缝 | 遇水膨胀止水胶条<br>外贴止水带<br>中置式止水带<br>外抹防水砂浆<br>外涂防水涂料<br>水泥基渗透结晶防水涂料<br>预埋注浆管 | 应选2种 | 应选1~2种 | 宜选1~2种 | 宜选1种 |
| 后浇带 | 补偿收缩混凝土 | 应选 | 应选 | 应选 | 应选 |
| | 外贴式止水带<br>预埋注浆管<br>遇水膨胀止水胶条<br>防水密封材料 | 应选2种 | 应选1~2种 | 宜选1~2种 | 宜选1种 |
| 变形缝(诱导缝) | 中置式止水带 | 应选 | 应选 | 应选 | 应选 |
| | 外贴止水带<br>可卸式止水带<br>防水密封材料<br>外贴防水卷材<br>外涂防水涂料 | 应选1~2种 | 应选1~2种 | 宜选1~2种 | 宜选1种 |

### 2.9.3 混凝土结构自防水设计

1) 自防水混凝土一般要求

(1) C35混凝土的水胶比不应大于0.45,C40混凝土的水胶比不应大于0.45,C50混凝土的水胶比不应大于0.36。

(2) C35混凝土配合比的最小胶凝材料用量不小于$320kg/m^3$,但不宜高于$400kg/m^3$;C50混凝土配合比的最小胶凝材料用量不小于$360kg/m^3$,但不宜高于$480kg/m^3$。

(3) 水泥宜为普通硅酸盐水泥或硅酸盐水泥,不宜使用早强水泥。C30以下混凝土可采用粉煤灰硅酸盐水泥、矿渣硅酸盐水泥和复合硅酸盐水泥。硅酸盐水泥和普通硅酸盐水泥的性能除应符合现行国家标准《通用硅酸盐水泥》(GB 175—2007)的规定外,还应符合下列要求。其他水泥的性能应符合现行国家标准《通用硅酸盐水泥》的规定。

① 胶凝材料用量应根据混凝土的抗渗等级和强度等级选用,严格控制水泥用量。

② 限制混凝土的水胶比。

③ 明挖结构浇筑的大体积混凝土避免采用高水化热水泥,在混凝土耐久性方面,主要措施是提高混凝土的密实性、抗裂性和体积稳定性,耐久性混凝土可根据情况添加提高混凝土耐久性的混凝土外加剂。

(4) 拌制混凝土的水、砂石、水泥、粉煤灰、磨细矿渣粉等必须满足《混凝土结构耐久性设计标准》及《地下工程防水技术规范》的相关要求。

(5) 对混凝土外加剂及掺和料的要求。

① 结构浇筑大体积混凝土避免采用高水化热水泥,混凝土必须采用双掺技术(掺高效聚羧酸减水剂加优质粉煤灰或磨细矿渣)。结构顶、底板、侧墙及中板均应采用抗裂防水混凝土。防水混凝土要起到防水作用,混凝土本身具有较高的密实性、抗渗性,抗渗等级详见主体结构设计说明。

② 防水混凝土中可掺入一定数量的粉煤灰、磨细矿渣粉等。粉煤灰的级别为二级,烧失量不应大于5%,用量宜为胶凝材料总量的20%~30%。当水胶比<0.45时,粉煤灰用量可适当提高。外加剂的掺量及水泥用量、粉煤灰、磨细矿渣粉等的添加量必须经过符合资质要求的试验单位进行试配试验,经优化比选达到设计要求的指标,并出具试验报告,经有关单位批准后方可使用。

③ 含有氯盐的早强型普通减水剂、早强剂、防水剂和氯盐类防冻剂,严禁用于钢筋混凝土结构。

2) 结构耐久性设计通用标准

耐久性结构的混凝土原材料及耐久性评价应满足《铁路混凝土结构耐久性设计规范》及《混凝土结构耐久性设计标准》等要求。

(1) 混凝土不得采用碱活性骨料,骨料的碱-硅酸盐反应砂浆棒膨胀率或碱-碳酸盐反应岩石柱膨胀率小于0.10%。

(2) 钢筋混凝土的氯离子含量不超过0.06%,钢筋混凝土结构中最大$Cl^-$含量占胶凝材料含量应≤0.06%。

(3) 混凝土碱含量不得大于$3kg/m^3$。

(4) 混凝土的$C_3S$的含量不应超过胶凝材料总量的4%。

(5) 水泥熟料中$C_3A$含量不得大于8%。

(6) 外加剂的含气量不应大于3%。

(7) 混凝土掺加聚羧酸高效减水剂。

(8) 电通量:C35~C45小于1200C,C50小于1000C。

(9) 防水混凝土的环境温度不得高于80℃。

(10) 当结构处于侵蚀性地层中时,防水混凝土的56d氯离子扩散系数DRCM≤$4×10^{-12} m^2/s$。

### 2.9.4 外包防水设计

车站防水等级为一级,明挖结构采用全包防水作业,底板、侧墙防水层应选用耐老化、耐腐蚀、易操作,适宜于潮湿基面施工的预铺高分子防水卷材(P类),高分子主体材料的厚度为1.5mm,卷材厚度为2mm。顶板应采用单组分聚氨酯防水涂料。底板采用预铺高分子防水卷材。侧墙:采用预铺高分子防水卷材;分离式采用优质单组分聚氨酯涂料。优质单组分聚氨酯涂料厚度≥2.5mm。卷材可选用高分子防水卷材(高密度聚乙烯HDPE),为单面自粘型,整体厚度不小于 1.5mm,主材厚度不小于 0.7mm(图 2.63)。

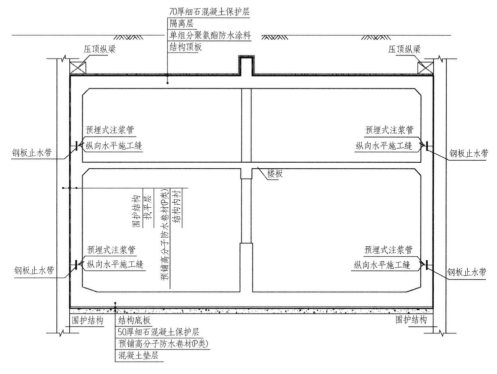

图 2.63 明盖挖车站标准防水

### 2.9.5 特殊部位防水设计

特殊部位包括施工缝、后浇带、变形缝、穿墙管件等,这些部位属易发生渗漏水的部位,应采取多道设防的防水设计方案。

1) 施工缝防水设计

车站施工缝防水等级为一级,横向垂直施工缝设置预埋式注浆管或遇水膨胀止水胶,与中埋式止水带组合形成双道防水线;纵向施工缝尽可能减少设置的数量,尽量不设后浇带。采用设置钢板止水带、遇水膨胀止水胶、预埋式注浆管等两种防水材料组合的方式来达到防水功效。逆作施工缝、围檩与内衬相接水平施工缝应采用遇水膨胀止水胶结合预埋式注浆管的方式来达到防水功效,见表 2-27、图 2.64~图 2.68。

表 2-27 施工缝防水方案

| 位置 | 防水方案 |
| --- | --- |
| 侧墙、顶板、底板环、纵向施工缝 | 中埋式镀锌钢板止水带＋注浆管＋水泥基渗透结晶防水涂料 |
| 楼板环向施工缝 | 遇水膨胀橡胶止水条＋嵌缝膏 |
| 特殊施工缝 | 止水胶＋注浆管＋止水胶 |

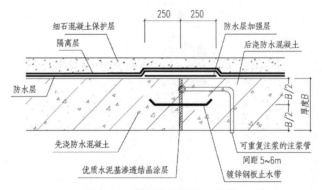

图 2.64 顶板施工缝防水构造

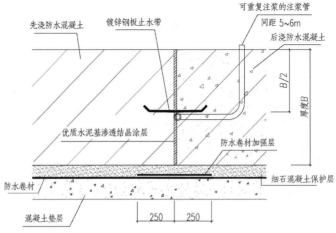

图 2.65 底板施工缝防水构造

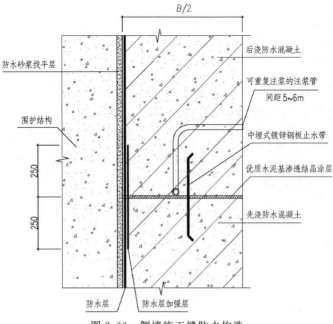

图 2.66 侧墙施工缝防水构造

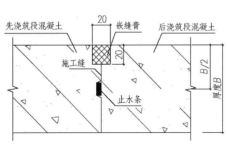
图 2.67 楼板施工缝防水构造

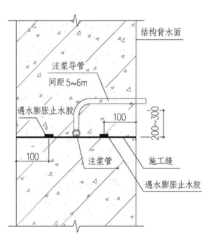
图 2.68 特殊部位垂直施工缝防水构造

2）变形缝、诱导缝防水设计

车站与人行通道接缝为解决沉降差应采取变形缝设计，变形缝应采用多道防线，并以内装可卸式止水带等优质、高效的防水材料加强防水处理。此外，应预留疏水通道，使变形缝槽一旦有积水，便可及时引排至横截沟。人行通道变形缝处的顶板、内衬、底面的面层建筑装饰也应做相应的变形设计，采用适应变形的弹性密封胶等材料。诱导缝宜做多道防线处理，包括设置中埋式止水带、外贴式止水带、密封胶，且沿顶板诱导缝下横向设置排水槽及与排水槽配合设置的滴水线（图 2.69～图 2.72）。

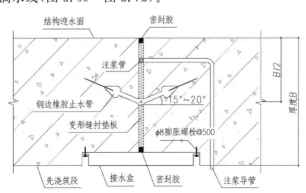
图 2.69 顶板变形缝防水构造

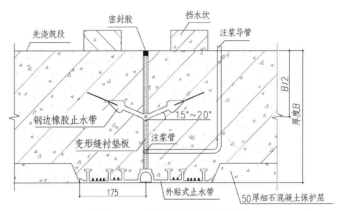
图 2.70 底板变形缝防水构造

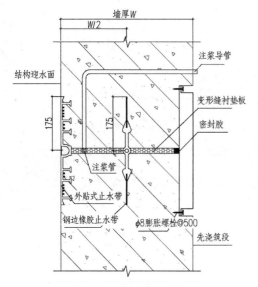
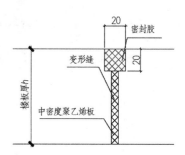

图 2.71 侧墙变形缝防水构造　　　　图 2.72 楼板变形缝防水构造

3) 后浇带防水设计(图 2.73、图 2.74)

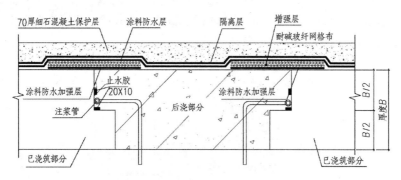

图 2.73 顶板后浇盖板防水构造

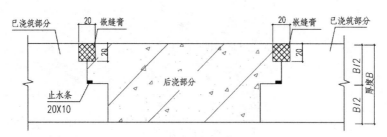

图 2.74 楼板后浇盖板防水构造

4) 穿墙管件的防水措施

穿墙管件(如接地电极或穿墙管)等穿过防水层的部位采用止水法兰和遇水膨胀腻子条(止水胶)进行防水处理,并根据选用的不同防水材料对穿过防水层的部位采取相应防水密封处理(图 2.75～图 2.78)。

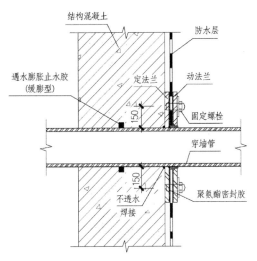

图 2.75 穿墙管防水做法(适用于直埋固定式)

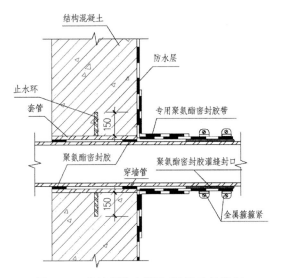

图 2.76 穿墙管防水做法(适用于套管式)

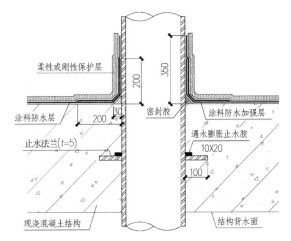

图 2.77 穿墙管涂料防水层构造

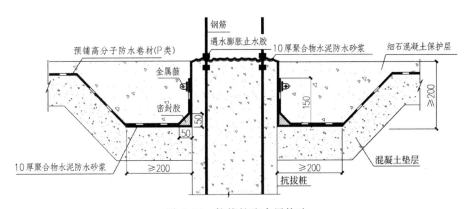

图 2.78 抗拔桩防水层构造

# 第3章 暗挖车站结构设计

## 3.1 浅埋暗挖法原理

浅埋暗挖法沿用了新奥法(new Austrian tunning method, NATM)的基本原理,创建了信息化量测反馈设计和施工的新概念,采用先柔后刚复合式衬砌新型结构体系,初期支护承担了全部施工荷载,二次模注衬砌作为安全储备,初期支护和二次结构共同承担特殊荷载。运用浅埋暗挖法施工时,同时使用多种辅助工法,超前支护,加固围岩,充分利用围岩自承载能力采用不同的开挖方法,及时支护封闭成环,使围岩与支护结构形成共同的联合支护体系,施工中运用监控量测、信息反馈不断优化设计。

统计调查表明,隧道衬砌二结构裂缝有 2/3 发育在浅埋段隧道,拱腰居多,拱顶部位少。以埋深等于塌方统计平均高度的 2 倍作为判断深浅埋分界的主要标准。地面沉降和电算分析可作为参考标准。

## 3.2 暗挖车站工法及比选

在地面无条件明挖或盖挖的情况下,可采用暗挖法。暗挖法施工全部作业均在地下进行,只需在地面设置临时的施工竖井和横通道,因此对地面交通和人员出行影响较小,但与明挖法和盖挖法相比,施工难度较大,工期较长,造价较高。暗挖法的施工方案是工程成败的关键,应根据工程地质及水文地质条件、周边环境、车站建筑形式、结构跨度、车站埋深等因素合理选择。目前国内暗挖双层三跨车站结构主要采用 PBA 工法,一次扣拱暗挖逆作法、双侧壁导坑法、中洞 CRD 工法。某暗挖车站主体结构示意如图 3.1 所示。

图 3.1 暗挖车站主体结构示意

1) PBA 工法

PBA 工法是由边桩、中桩(柱)、顶底梁、顶拱共同构成初期受力体系(图 3.1),承受施工过程的荷载;在暗挖小导洞中施作桩(P:pile)、梁(B:beam)形成主要传力结构,暗挖形成支承在两个梁之间的拱部(A:arc),类似盖挖法的顶盖,在其保护下进行基坑开挖、衬砌和内部结构混凝土的浇筑作业。

PBA 工法的核心思想在于设法形成由侧壁支撑结构和拱部初期支护组成的整体支护体系,代替传统的预支护和初期支护结构,以保证在进行洞室主体部分开挖时具有足够的安全度,并有效地控制地层沉降。在顶盖的保护下可以逐层向下开挖土体,施作二次衬砌,可采用顺作和逆作两种方法施工,最终形成由初期支护+二次衬砌组合而成的永久承载体系。其主要思想是将盖挖法及分步暗挖法有机结合起来,发挥各自的优势。

PBA 工法施工车站的结构形式为直墙多层多跨拱形结构,采用复合衬砌支护形式。拱部初期支护为格栅+喷射混凝土结构,利用大管棚、超前小导管及注浆等辅助措施对前方土体进行预加固、支护,侧墙初期支护为灌注桩,中柱多采用钢管柱形式。该工法具有以下特点:

(1) 桩、梁、拱、柱先期形成,首先形成了主受力的空间框架体系,后面的开挖都是在顶盖的保护下进行,支护转换单一,不但安全而且大大减小了对地面沉降的影响,同时节省了大量的坑工;采用灌注桩作侧壁支护,其施工快捷、灵活、安全,顶、底小导洞施工技术成熟、安全可靠,地面有条件时,亦可在地面进行灌注桩的施工。

(2) PBA 工法施工灵活,施工基本不受层数、跨数的影响,底部承载结构可根据地层条件做成底纵梁(条基)或桩基。

(3) 小导洞施工技术成熟、安全可靠,由于各导洞间有一定距离,故可分步进行导洞施工,施工干扰小,各导洞内的柱、纵梁也可同时作业。

(4) 拱部支护形成后,即可在其保护下进行大面积作业(如同盖挖法一样),内部一般无须采取地层加固等辅助措施,施工空间开阔,可采用机械开挖,作业效率高,整体施工速度快,精度高,施工中也便于地下水的处理;由于整个施工中的支护转换单一,施工引起的地面沉降相对较小。

(5) 直墙式结构内有效净空大,节省了曲墙及仰拱结构工程的投入。

(6) PBA 工法因需在两侧施作灌注桩而提高了造价,且在一个十分狭窄的小导洞内完成一系列的钢筋、立模、浇筑、吊装等操作,作业环境恶劣。此法对于单层车站工期较长,造价较高,反而对于施工多层多跨结构,其优越性更为突出。

2) 一次扣拱暗挖逆作法

一次扣拱暗挖逆作法是最近发展起来的一种新型的土质地层地下结构浅埋暗挖施工方法,其技术核心为选取三连拱框架侧跨的顶拱和底板结构,分别拟合并形成上、下导洞,底板及底纵梁先于其他构件在下导洞内一次性、完整地形成;而后在上、下导洞间施作边桩和中间立柱形成竖向支撑构件;上导洞初支即为顶拱初支,顶拱及顶纵梁二次衬砌可在上导洞内一次性、完整地完成。侧跨顶、底及侧边受力构件形成后,施工中跨的顶拱结构,然后采用逆作完成下层开挖及各层墙、板等内衬结构。

3) 双侧壁导坑法

双侧壁导坑法(眼镜法)是指先开挖隧道两侧的导坑,并进行初期支护,再分部开挖剩余部分的施工方法。该法实质是将大跨度(大于 20m)分成 3 个小跨度进行作业,但该法工序较复杂,临时支护拆除困难,成本较高、进度较慢。目前使用较少,但当断面很大时也经常采用。该法适用于断面宽度较大的单层结构。

4) 中洞 CRD 工法

中洞 CRD 工法是利用 CRD 工法由上至下分步开挖中洞,形成初期支护,在中洞内施作梁、柱及二次衬砌结构，形成竖向强支护；然后由上至下分步开挖两侧洞，形成初期支护，逐段拆除中隔壁，施作二次衬砌，完成车站主体结构。该工法竖向高度较大，需要分 4～5 层开挖，开挖次数、节点过多，使得结构受力复杂，施工难度较大，地面沉降偏大，对于沉降控制较严格的地段，需采用较多的辅助措施。双侧壁导坑法和中洞 CRD 工法均是将大洞分成小块开挖，然后形成最终结构，统称为分步开挖法。

浅埋暗挖法对比见表 3-1、表 3-2。

表 3-1　浅埋暗挖车站施工方法

| 名　称 | 施工步序示意 | 主要施工步序 |
| --- | --- | --- |
| PBA 工法 | | 1. 进行顶、底部小导洞施工；<br>2. 在小导洞内施作顶、底梁、边桩及钢管柱；<br>3. 各跨拱部开挖，施作初期支护；<br>4. 由上至下开挖土方，施作各层内部结构 |
| 一次扣拱暗挖逆作法 | | 1. 进行顶、底部导洞施工；<br>2. 在下导洞内施作边跨底纵梁及边跨底板，在上导洞内施作边桩、钢管柱及边跨顶拱；<br>3. 中跨顶部开挖，施作中跨初期支护及二次衬砌；<br>4. 由上至下开挖土方，施作楼板及中跨底板结构，完成车站主体结构 |
| 双侧壁导坑法 | | 1. 将断面分为左、中、右三个洞室，采用"眼镜法"开挖两侧洞室，并施作初期支护；<br>2. 拆除侧洞临时支护，施作边跨二次衬砌及内部结构；<br>3. 开挖中洞上弧导洞，施作初期支护及拱部二次衬砌；<br>4. 由上至下开挖中洞，拆除临时支护，施作中跨二次衬砌及内部结构 |
| 中洞 CRD 工法 | | 1. 将断面分为左、中、右三个洞室，由上至下分步开挖中洞，施作初期支护；<br>2. 在中洞内施作顶、底纵梁、底板、中楼板、拱部内衬及钢管柱；<br>3. 由上至下对称开挖两侧洞，施作初期支护，断面开挖完毕；<br>4. 逐段拆除临时支护，施作边跨二次衬砌及中楼板，完成车站主体结构 |
| 拱盖法 | | 将拱盖分为左、中、右三个洞室：<br>1. 对称开挖左右侧导洞，施作初期支护及二次衬砌；<br>2. 开挖中间导洞，施作初期支护及扣拱；<br>3. 在拱盖保护下，开挖下部左右两侧岩体，施作初期支护；<br>4. 开挖下部中间岩体，施作临时仰拱及下部二次衬砌 |

表 3-2  PBA 工法、一次扣拱暗挖逆作法和分步开挖法的综合比较

| 项　目 | PBA 工法 | 一次扣拱暗挖逆作法 | 分步开挖法 |
|---|---|---|---|
| 主要特点 | 1. 利用小导洞施作桩、梁形成主要传力结构,在暗挖拱盖保护下进行内坑开挖,兼具盖挖及暗挖导洞法的优点;<br>2. 对地层扰动次数少,地面沉降小;<br>3. 支护转换单一,施工进度快,施工机械化程度高 | 利用上下导洞形成侧跨顶、底及侧边受力构件,然后施工中跨的顶拱结构,最后采用逆作完成下层开挖及各层墙、板等内衬结构 | 1. 将大断面划分为小断面施工,分层、分块逐步形成大断面;<br>2. 对地层扰动次数多,地面沉降大;<br>3. 废弃工程量大,施工机械化程度低 |
| 适用范围 | 1. 适用于少水的软岩或土质地层;<br>2. 适用多层多跨地下结构 | 适用于少水的软岩或土质地层;适用于多层多跨地下结构 | 1. 适用于少水的软岩或土质地层;<br>2. 适用于单层大跨或单层多跨隧道 |
| 施工难度 | 对于空间较大的地下结构,相对难度较小 | 由于避免了初期支护扣拱问题,施工难度相对较小 | 对于空间较大的地下结构,难度较大 |
| 施工工期 | 拱盖施工时间长,但是拱盖施工完成后,施工空间大,后续施工效率较高,工期短 | 效率较高,工期较短 | 施工场地小,需经多次转换,效率较低,工期较长 |
| 地面沉降 | 较小 | 较小 | 大 |
| 防水质量 | 对多层多跨结构,柱顶防水条件较差 | 由于在上下导洞内一次形成顶、底结构,施工缝较少,防水效果好,但柱顶防水效果稍差 | 对单跨隧道易保证,对多层多跨结构,柱顶防水质量较差 |
| 拆除圬工量 | 只需拆除小导洞的部分初衬,废弃工程量少,拆除圬工量小 | 最大限度地利用导洞初期支护,废弃工程量少,拆除圬工量小 | 洞室转换多,每一导洞均为独立体系,废弃工程量大,拆除圬工方量大 |
| 土建造价 | 同等结构比较,稍低 | 同等结构比较,较低 | 同等结构比较,稍高 |
| 工程实践 | 北京地铁 1 号线天安门西站、10 号线多座暗挖车站等 | 北京地铁 4、10 号线工程黄庄站、14 号线大望路站、哈尔滨地铁 1 号线工程教化广场站、长春地铁 1 号线解放大路站等 | 北京地铁西单车站(眼镜工法),北京地铁 4、5、10 号线多座车站等 |

## 3.3　暗挖车站计算

### 3.3.1　暗挖车站计算方法

暗挖车站计算目前采用的隧道结构计算模型基本归纳为以下四种。

1) 工程类比法

依据以往成功的工程经验进行工程类比,确定支护结构,该方法往往在初支结构设计中采用。

2) 试验测试法

以测试为依据的实用法,包括收敛-约束法、现场和试验岩土力学试验、应力应变测量以及实验室模型试验等。

3) 地层结构模型法

地层与结构共同组成承载体系,根据弹塑性理论,采用连续介质力学计算方法计算,理论上该方法计算结果最接近实际地下工程开挖,但由于地层非线性结构实际输入参数难以反应实际情况,往往该计算结果偏差较大,因此该方法常常用于验算分析。

4) 荷载结构模型法

结构采用直杆梁单元,用布置于各节点上的弹簧单元来模拟围岩与结构的约束,将围岩压力、超载以及其他附加荷载以荷载形式加载在隧道结构上,采用结构力学方法进行计算分析,采用荷载结构模型法可以进行结构强度计算、变形计算和裂缝计算。目前该方法作为暗挖车站主体结构设计的计算依据。

### 3.3.2 主要荷载

1) 地层压力

竖向压力:按计算截面以上全部土柱重量考虑;水平压力:施工期间围护结构的主动土压力按朗肯公式的主动土压力计算,使用阶段结构承受的水平力按静止土压力计算。计算中应考虑地面荷载和邻近建(构)筑物以及施工等引起的附加水平侧压力。

侧向地层抗力和地基反力:采用受压弹簧进行模拟。

2) 人群荷载

站台、站厅、楼梯、车站管理用房等部位的人群荷载按 4kPa 的活荷载标准值计,另需计及在 300mm×300mm 范围内的 20kN 集中荷载,结构计算时应按全部均布荷载加上集中荷载的最不利组合进行设计。

3) 设备荷载

设备区按 8kPa 进行设计,但对重型设备需依据设备的实际重量、动力影响、安装运输途径等确定其大小与范围,进行结构计算。

4) 浮力及静水压力

按设防水位设计,并考虑水位变化的不利影响。

5) 施工荷载

结构设计中应考虑各种施工荷载可能发生的组合,按 10kPa 计算。

6) 其他荷载

地面超载一般可按 20kPa 计算;其他荷载还包括地铁列车荷载、地震荷载、人防荷载等。暗挖车站荷载分布参见图 3.2。

### 3.3.3 荷载计算

1) 解析法计算竖向围岩压力(图 3.3)

隧道拱顶竖向围岩压力计算公式:

$$\sigma = \gamma h \tag{3.1}$$

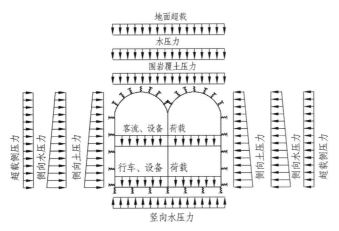

图 3.2 暗挖车站荷载模式

① 侧壁稳定时计算塌落拱高度,公式为

$$h = \frac{b}{\tan\varphi} \tag{3.2}$$

② 侧壁不稳定时计算塌落拱高度,公式为

$$h = \frac{H\tan(45°-\varphi) + b}{\tan\varphi} \tag{3.3}$$

式中:$b$ 为隧道宽度的一半(图 3.3);$\varphi$ 为内摩擦角;$c$ 为黏聚力;$\gamma$ 为土重度。多层土参数计算,等效内摩擦角、等效黏聚力、等效重度计算如下:

$$\varphi = \arctan\left(\sum \tan\varphi_i (h_i^2 - h_{i-1}^2)/H_i^2\right)$$
$$c = \sum c_i h_i / \sum h_i$$
$$\gamma = \sum \gamma_i h_i / \sum h_i \tag{3.4}$$

2) 经验公式计算围岩压力

该方法主要根据山岭隧道总结得到,因此使用围岩为岩石条件下开挖,根据《铁路隧道设计规范》(TB 10003—2016)附录 D 关于深浅埋隧道的界定(图 3.4)。

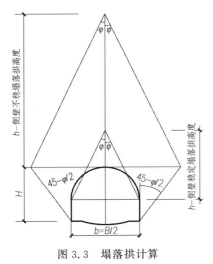

图 3.3 塌落拱计算

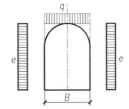

图 3.4 隧道围岩压力计算简图

垂直均布土压力计算公式为

$$q = \gamma h; \quad h_q = 0.45 \times 2^{s-1} \omega \tag{3.5}$$

式中：$s$ 为围岩级别；$\omega$ 为宽度影响系数，$\omega = 1 + i(B-5)$，其中 $B$ 为坑道宽度(m)；$i$ 为 $B$ 每增减 1m 时的围岩压力增减率，$B \leq 5m$ 时取 $i = 0.2$；$B > 5m$ 时取 $i = 0.1$。

3) 水平围岩压力计算

对于围岩为软土层暗挖结构，水平荷载按朗肯土压力计算或者静止土压力计算确定。对于岩体结构围岩暗挖，水平土压力按均布土压力计算，水平土压力系数见表3-3。

表 3-3　围岩水平土压力系数取值

| 围岩级别 | Ⅰ～Ⅱ | Ⅲ | Ⅳ | Ⅴ | Ⅵ |
| --- | --- | --- | --- | --- | --- |
| 水平土压力 | 0 | <0.15q | (0.15～0.3)q | (0.3～0.5)q | (0.5～1.0)q |

## 3.4　PBA 暗挖车站设计

### 3.4.1　三导洞 PBA 暗挖工法

#### 3.4.1.1　车站概况

某车站主体结构位于粉质黏土、局部细中砂、黏质粉土、砂质粉土地层，顶板覆土约 6m。车站位于主干路交叉口下，为了不影响主干路交通，采用暗挖逆作法（类 PBA 工法）施工，车站暗挖竖井利用车站附属位置，竖井井口设置于道路两侧，不占用道路交通车道（图3.5、图3.6）。底板位于中粗砂地层。地下水分别为上层滞水、潜水、承压水。其中，潜水埋藏于底板下 5～8m；承压水位于地板上 1m 左右，采用基坑外降水方案。暗挖段主体结构采用暗挖三导洞 PBA 工法，逆筑施工，暗挖段主体结构采用两层三连拱结构。结构顶拱由钢格栅＋喷射混凝土的初期支护和模筑钢筋混凝土的二次衬砌构成，主体导洞采用直墙拱形结构，边导洞净尺寸均为 4.0m×5.0m(宽×高)；中导洞净尺寸为 8.6m×5.65m，采用 CD 法施工；主体结构施工导洞及主体结构顶拱初期支护结构依据地质情况、结构形式

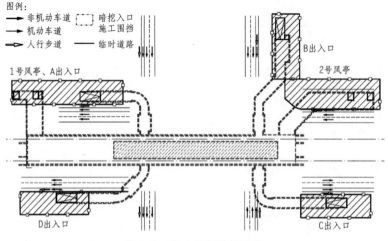

图 3.5　PBA 施工结构平面

等采用工程类比确定为 C25 早强混凝土,边导洞初支厚为 300mm,中导洞初支厚度为 350mm,扣拱初支厚 350mm。边导洞采用深孔注浆为超前支护,中导洞及初衬扣拱采用大管棚＋深孔注浆作为超前支护。PBA 工法主体结构边桩采用 $\phi1000@1600$ 钻孔灌注桩,此桩起支护作用兼作承载力桩基,承受暗挖逆筑法顶拱脚竖向压力。车站采用降水方案,边桩按照临时结构设计,但重要性系数为 1.0;钢管混凝土柱柱下桩基按永久结构设计。边桩、中桩均采用桩底后注浆工艺。边桩与结构内衬墙组成复合墙结构,两者之间设柔性防水层。

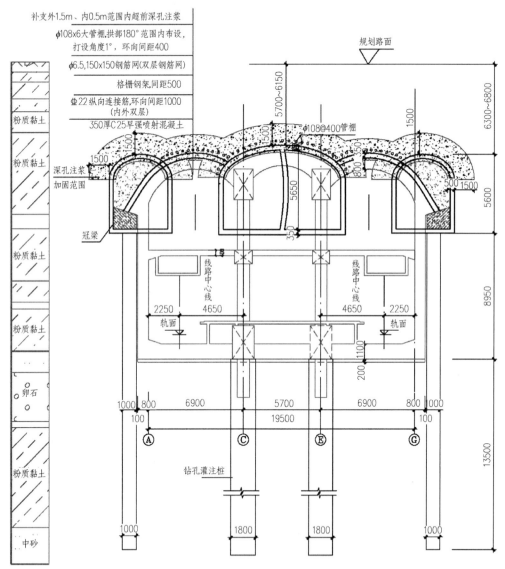

图 3.6　PBA 施工结构横剖面

#### 3.4.1.2　三导洞 PBA 工法

三导洞 PBA 工法施工步序(图 3.7):

第一步:1、2 导洞及扣拱打设大管棚;中隔墙打设超前小导管;再施作 1 导洞深孔注浆,自明挖结构进洞,先用台阶法(台阶长度 3～5m)开挖 1 导洞并施作初期支护,开挖步距同格栅间距；与1导洞开挖面错开10m,2导洞深孔注浆,台阶法开挖2导洞；与2导洞开挖面错开10m,3导洞深孔注浆,台阶法开挖3导洞；与2导洞开挖面错开10m,4导洞深孔注浆,开挖4导洞。上导洞初支格栅上预留节点板,便于后续钢架连接,封闭成环后及时进行初支背后回填注浆(图3.7(a))。

第二步：导洞贯通后在导洞内施作钻孔灌注桩,上部设导坑,采取泥浆护壁措施。边导洞内边桩跳孔施工,隔四钻一；中导洞内施作柱下桩基成孔,并吊装柱下桩基钢筋笼(图3.7(b))。

第三步：在中导洞内分段逐节吊装钢管柱就位,根据监测调整钢管柱定位偏差,并浇筑桩基至设计标高,固定钢管柱；钢管柱吊装就位后,沿桩孔竖向每隔4~5m设置素混凝土支撑环,即填一部分砂,做一段支撑环,再填砂,如此反复；钢管柱外侧其他空隙采用细砂填实,浇筑柱芯混凝土；边导洞内施作冠梁(图3.7(c))。

第四步：中导洞内铺设防水层,施作顶纵梁及部分顶拱结构,预留钢筋及防水接头,增设水平向型钢支撑；顶纵梁顶与初支间空隙进行初支背后注浆,并留设二次回填注浆管,后续进行二次衬砌背后回填注浆；边导洞内施作导洞内扣拱初支,混凝土回填密实。中导洞内6~7m分段破除中隔墙混凝土,保留间距2m的竖向型钢支撑(图3.7(d))。

第五步：扣拱拱部深孔注浆,自车站明挖主体结构进洞,两边跨对称开挖,用台阶法(台阶长度3~5m)开挖扣拱下土方(挖土过程中不得拆除导洞边墙)并两边对称施作初期支护,开挖步距同格栅间距,封闭成环后及时进行初支背后回填注浆(图3.7(e))。

第六步：中拱及边拱初支贯通后,两边跨对称施作二次衬砌扣拱,分段截断导洞边墙(分段长度4~6m),铺设防水层,后退浇筑边拱二次衬砌,留设回填注浆管,进行二次衬砌背后回填注浆；拆除中跨型钢支撑(图3.7(f))。

第七步：待顶拱混凝土达到设计强度后,沿车站纵向分成若干个施工段,分层向下开挖至中层板底标高(边开挖边施工桩间网喷混凝土),分段施工中楼板梁及中楼板,并施工侧墙防水层及侧墙。施工分段长度不大于20m,根据实际监测情况确定(图3.7(g))。

第八步：待中板及侧墙混凝土达到设计强度后,按施工段分层开挖土体至基底(边开挖边施工桩间网喷混凝土),开挖过程中密切监测坑内外水位,施工分段开挖长度不大于20m,每段开挖至基底及时施作垫层、综合接地、铺设防水层,施作底板梁、底板,最后施作站台层侧墙,完成车站主体结构施工(图3.7(h))。

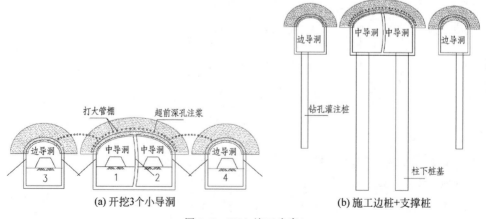

图3.7 PBA施工步序

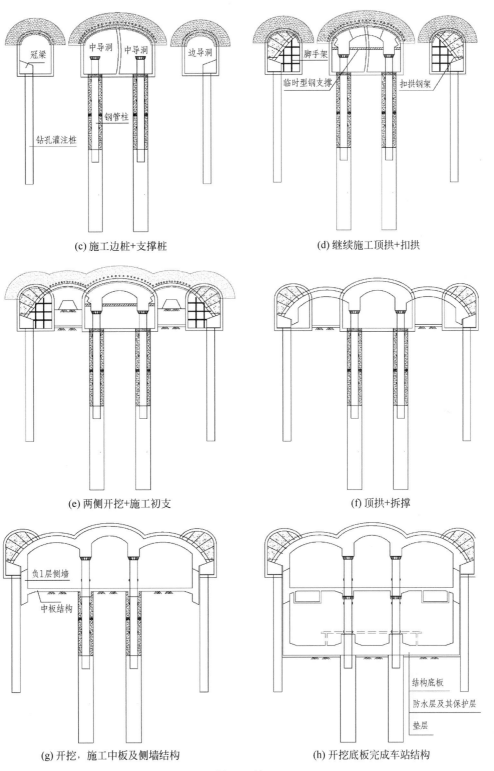

图 3.7(续)

### 3.4.2 六导洞 PBA 暗挖工法

#### 3.4.2.1 车站概况

某车站主体结构位于中风化泥岩、强风化泥岩、砂岩中,中板以下位于中风化泥岩、砂岩中,顶板覆土 8~18.2m,底板底埋深 25~37m。车站位于主干路下,为了不影响主干路交通,采用暗挖逆作法(类 PBA 工法)施工。车站暗挖通过用三个竖井进入车站工作面。竖井位于车站附属位置,竖井井口设置于道路两侧,不占用道路交通车道(图 3.8~图 3.10)。根据地质情况,初支采用钢格栅+锚杆形式,部分采用人工挖孔桩作为支护形式。车站高度范围地下水属于基岩裂隙水,基岩裂隙水水量较小,施工期间,上层滞水采用管井井点降水方案,下部基岩裂隙水采用坑内排水方案。

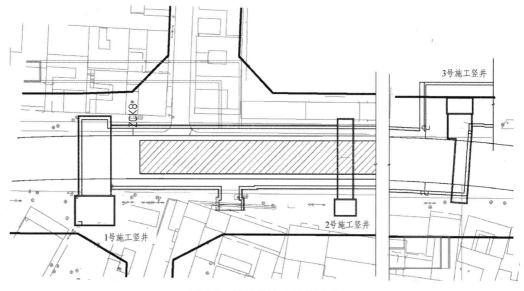

图 3.8 暗挖车站布置总平面

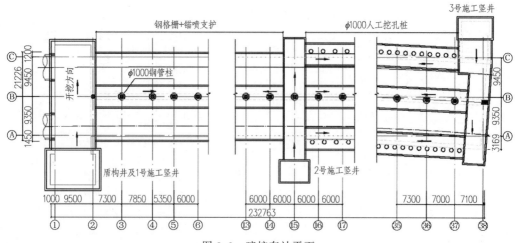

图 3.9 暗挖车站平面

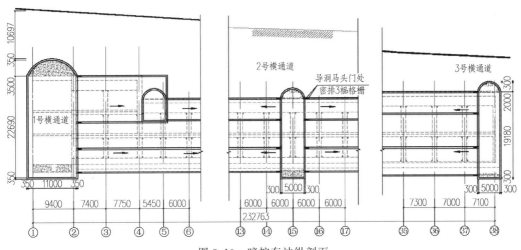

图 3.10 暗挖车站纵剖面

### 3.4.2.2 六导洞 PBA 工法施工步序（图 3.11）

第一步：开挖导洞并进行初期支护施工（横通道进导洞马头门采用超前锚杆）。开挖导洞时，先开挖下导洞后开挖上导洞，再开挖边导洞后开挖中间导洞（开挖时，两侧导洞顶部标高按设计标高不变，导洞底部需落在中风化岩面，两导洞前后错开 6~8m）（图 3.11(a)）。

第二步：导洞贯通后，施工上下导洞间钢管混凝土柱挖孔护筒及人工挖孔桩（图 3.11(b)）。

第三步：施工两侧导洞内冠梁、初期支护及回填混凝土；施工底板梁防水层及底板梁后，施工钢管混凝土柱（柱挖孔护筒与钢管混凝土柱间空隙用砂填实），然后施工顶拱梁防水层及顶纵梁（图 3.11(c)）。

第四步：开挖 7、8 号小导洞并施工初期支护（7、8 号小导洞前后距离错开 6~8m）（图 3.11(d)）。

第五步：导洞 7、8 贯通后，向车站两端后退，沿车站纵向分段（每段不大于一个柱跨）凿除导洞部分初期支护结构，施工顶拱防水层及结构二次衬砌（图 3.11(e)）。

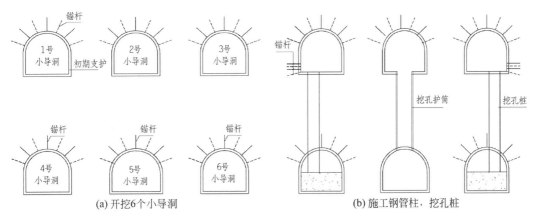

图 3.11 PBA 施工步序

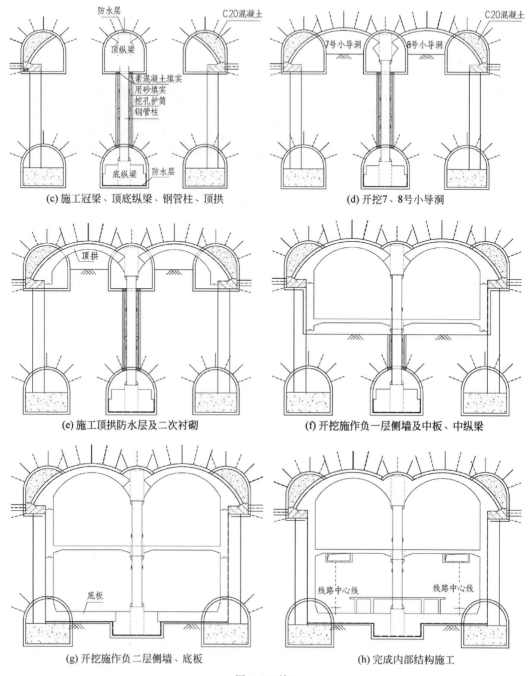

图 3.11(续)

第六步：顶拱二次衬砌混凝土强度达到设计强度后，分台阶开挖下部岩石至中板底，及时施工 C25 喷射混凝土（在侧墙 2m 范围内采用松动爆破或非钻爆法开挖等方法，保证冠梁下岩石完整性），然后施作负一层侧墙及中板、中纵梁（图 3.11(f)）。

第七步：中板混凝土强度达到设计强度后，分台阶开挖下部岩石至基坑底，及时施工 C25 喷射混凝土（在侧墙 2m 范围内采用松动爆破或非钻爆法开挖等方法，保证冠梁下岩石完整性),然后施作负二层侧墙防水、负二层侧墙、底板防水层及底板(图3.11(g))。

第八步:施工车站内部结构构件,完成车站内部结构施工(图3.11(h))。

某六导洞暗挖车站施工结构横剖面如图3.12所示。

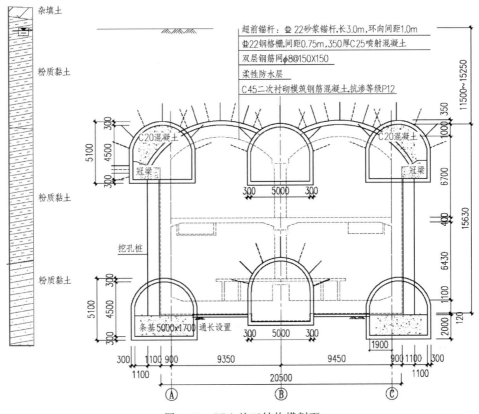

图3.12 PBA施工结构横剖面

### 3.4.3 两侧锚喷PBA车站

本工法适合坚硬岩石地层,钻孔灌注桩施工困难,侧壁基岩稳定的车站,该工法是先开挖中导洞,架设中间立柱,然后开挖两侧导洞施工顶拱,在拱盖保护下逐步往下开挖并锚喷侧壁,施工步序如下(图3.13):

(1)开挖导洞并施工初期支护(横通道进导洞马头门采用超前锚杆)。开挖导洞时,先开挖下导洞后开挖上导洞,再开挖边导洞后开挖中间导洞(开挖时,两侧导洞顶部标高按设计标高不变,导洞底部需落在中风化岩面,两导洞前后错开6~8m)。

(2)导洞贯通后,施工上下导洞间钢管混凝土柱,挖孔护筒。

(3)施工两侧导洞内冠梁、初期支护及回填混凝土;施工底板梁防水层及底板梁后,施工钢管混凝土(柱挖孔护筒与钢管混凝土柱间空隙用砂填实),然后施工顶拱梁防水层及顶纵梁。

(4)开挖5、6号小导洞并施工初期支护(5、6号小导洞前后距离错开6~8m)。

(5)导洞5、6贯通后,向车站两端后退,沿车站纵向分段(每段不大于一个柱跨)凿除导洞部分初期支护结构,施工顶拱防水层及结构二次衬砌。

(6) 顶拱二次衬砌混凝土强度达到设计强度后,分台阶开挖下部岩石至中板底,及时施工 C25 喷射混凝土(在侧墙 2m 范围内采用松动爆破或非钻爆法开挖等方法,保证冠梁下岩石完整性),然后施作负一层侧墙及中板、中纵梁。

(7) 中板混凝土强度达到设计强度后,分台阶开挖下部岩石至基坑底,及时施工 C25 喷射混凝土(在侧墙 2m 范围内采用松动爆破或非钻爆法开挖等方法,保证冠梁下岩石完整性),然后施作负二层侧墙防水、负二层侧墙、底板防水层及底板。

(8) 施工车站内部结构构件,完成车站内部结构施工。

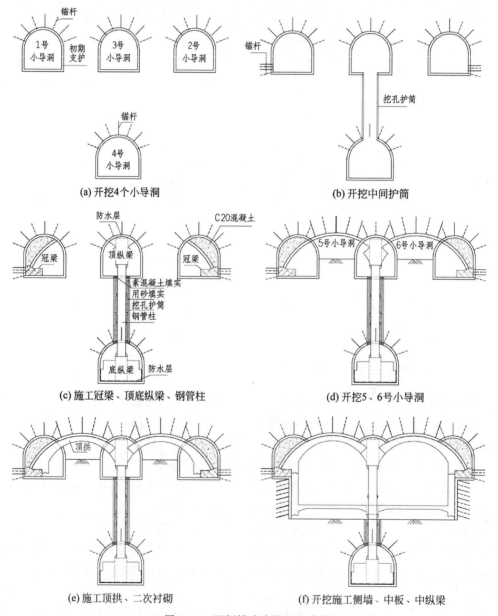

图 3.13 两侧锚喷暗挖施工步序

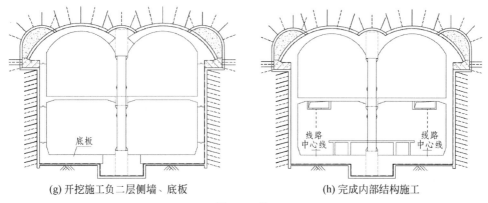

(g) 开挖施工负二层侧墙、底板　　(h) 完成内部结构施工

图 3.13（续）

某两侧锚喷暗挖车站施工结构横剖面如图 3.14 所示。

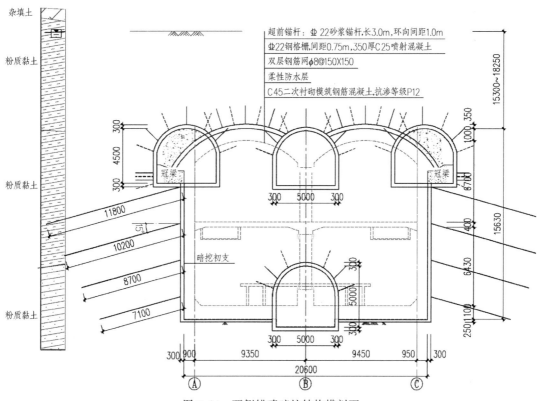

图 3.14 两侧锚喷暗挖结构横剖面

### 3.4.4 PBA 暗挖车站计算

1）计算方法

对于开挖完成后的车站结构采用"荷载-结构"模型进行计算,沿车站纵向取单位长度按平面杆系有限元法进行计算。立柱按有效面积相等的原则换算为沿线路方向设置的矩形截面墙；用刚度等效的竖向受压弹簧模拟坑底地层对底板垂直位移的约束作用。施工阶段采用水土合算的主动土压力计算侧压力,水土合算时土层重度在地下水位以下时取饱和重度；

使用阶段采用水土分算的静止土压力计算。长期使用阶段考虑水反力作用。

2) 计算工况

计算工况1：主体结构拱顶初期支护完成扣拱，PBA工法桩、钢管混凝土、钢格栅为竖向承载结构，弹簧均为拉压弹簧。

计算工况2：主体结构顶拱初期支护及二次衬砌完成扣拱，PBA工法桩、钢管混凝土柱为竖向承载构件，计算时不考虑顶拱初期支护结构承载作用，增设钢拉杆改善二次衬砌受力，弹簧均为拉压弹簧。

计算工况3：向下开挖土方至中楼板下且未施工中楼板，PBA工法桩、钢管混凝土柱为竖向承载构件，顶拱二次衬砌承受水平侧土压力，计算时不考虑顶拱初期支护结构承载作用，开挖面以上的弹簧为受压弹簧，开挖面以下的弹簧为拉压弹簧。

计算工况4：施工中楼板，PBA工法桩、钢管混凝土柱为竖向承载构件，顶拱二次衬砌及中层板承受水平侧土压力，计算时不考虑顶拱初期支护结构承载作用，开挖面以上的弹簧为受压弹簧，开挖面以下的弹簧为拉压弹簧。

计算工况5：开挖至基坑底且尚未施工底板，PBA工法桩、钢管混凝土柱为竖向承载构件，顶拱二次衬砌、中层板及底板下横向条基承受水平侧土压力，计算时不考虑顶拱初期支护结构承载作用，所有弹簧均为受压弹簧。

计算工况6：施工完成底板，降水继续进行，地下水在底板以下。此工况下认为结构自重、顶拱以上覆土重、地面超载、侧土压力及活载等由二次衬砌结构全部承担，PBA工法桩不再承受竖向力，所有弹簧均为受压弹簧。

3) 计算结果(图3.15～图3.17)

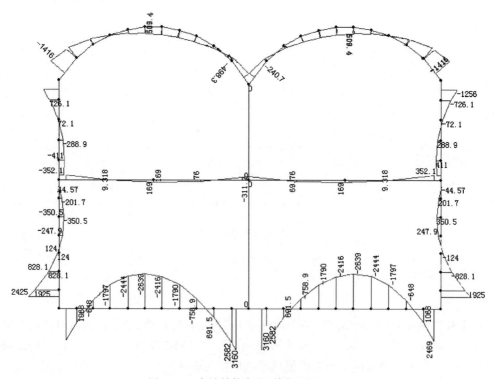

图3.15 车站结构弯矩(单位：kN·m)

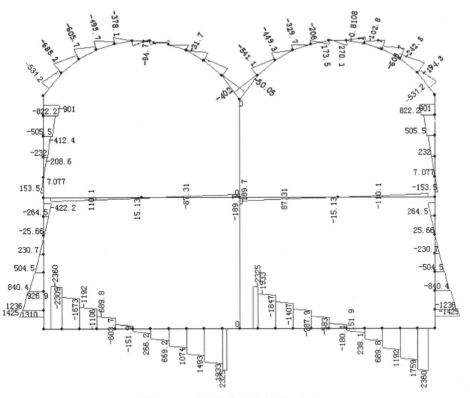

图 3.16 车站结构剪力(单位:kN)

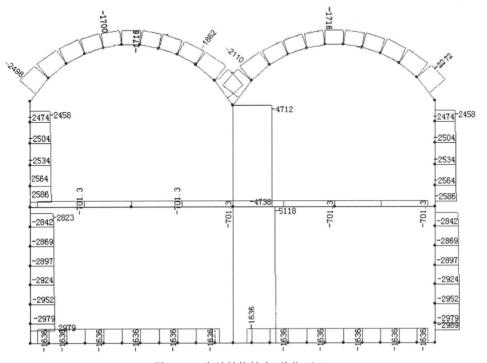

图 3.17 车站结构轴力(单位:kN)

4)主体结构尺寸拟定

经承载能力计算与变形、裂缝、抗浮验算,暗挖车站主体标准断面结构构件尺寸见表3-4、图3.18~图3.20。

表3-4 主体结构断面构件尺寸

| 构 件 名 称 | 截面尺寸/mm | 构 件 名 称 | 截面尺寸/mm |
|---|---|---|---|
| 拱顶 | 900 | 钢管混凝土柱 | $\phi 900 \times 18$(Q235B) |
| 边墙 | 800 | 顶板梁 | 1500×2200 |
| 中楼板 | 400 | 中板梁 | 1200×1000 |
| 底板 | 1200 | 底板梁 | 1500×2400 |

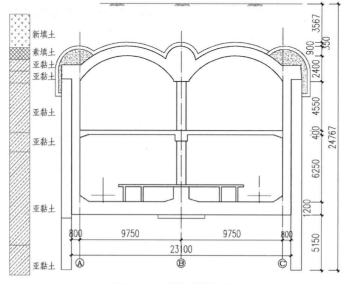

图3.18 暗挖车站结构

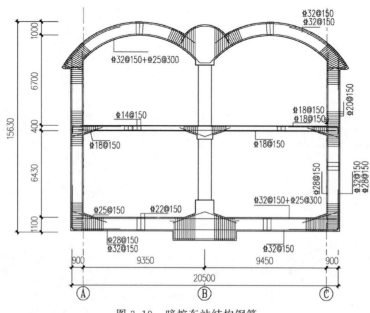

图3.19 暗挖车站结构钢筋

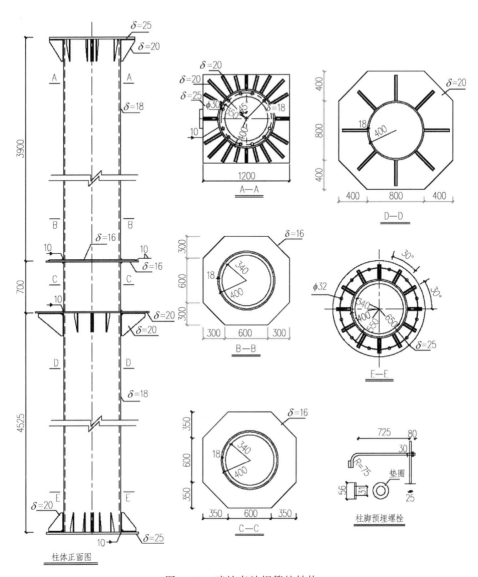

图 3.20 暗挖车站钢管柱结构

## 3.5 中洞中隔壁法

### 3.5.1 单层车站设计实例

#### 3.5.1.1 车站概况

某车站围岩为坚硬岩石,由于该车站地面交通繁忙,车站主体结构施工期间不具备道路导改条件,且施工期间不影响地下管线,不用对市政地下管线进行迁改,因此该站采用中洞法暗挖施工。钢拉杆采用 3 根 $\phi 32$ 钢筋,纵向间距 1.5m。暗挖段上导洞采用非爆开挖,下导洞在保护好中隔壁的前提下采用控制爆破开挖,但需通过危险性较大分部分项工程安全专项方案专家论证评审通过后,方可进行。距离中隔壁、中隔板 0.5m 范围采用非爆开挖,且爆破震速不大于 1.5cm/s。侧洞爆破开挖时,爆破时间不得与混凝土浇筑、固结冲突,从而影响结构混凝土的施工质量,爆破施工过程中应做好对既有结构的保护工作。混凝土浇筑后 3d 方可进行爆破施工。

#### 3.5.1.2 单层车站中洞法施工步序

中洞法施工步序(图 3.21)如下:

(1) 由施工通道上导洞进入车站,打设超前小导管,开挖 1 号小导洞(导洞分 1a、1b 上下台阶,间距约 5m),形成初期支护(图 3.21(a))。

(2) 1 号小导洞 1a 台阶开挖约 10m 后,打设超前小导管,开挖 2 号小导洞(导洞分 2a、2b 上下台阶,间距约 5m),形成初期支护(图 3.21(b))。

(3) 由施工通道下导洞进入车站,开挖 3 号小导洞,形成初期支护(图 3.21(c))。

(4) 3 号小导洞开挖约 10m 后,开挖 4 号小导洞形成初期支护,完成中洞开挖(图 3.21(d))。

(5) 分段凿除中洞中隔壁二次衬砌仰拱范围内喷射混凝土(保留钢架),进行防水基层处理,敷设仰拱防水层,浇筑防水保护层;施作中洞仰拱、底纵梁和部分钢管柱(图 3.21(e))。

(6) 待底板、底纵梁混凝土达到设计强度后,凿除钢管柱范围内的中隔板,安装剩余钢管柱(图 3.21(f))。

(7) 分段拆除中隔壁斜撑,凿除中隔壁二次衬砌顶拱范围内喷射混凝土(保留钢架),进行防水基层处理,敷设二次衬砌拱部防水层;施作中洞顶拱、顶纵梁(图 3.21(g))。

(8) 除施工通道与 D 区暗挖段车站接口处中洞二次衬砌外,其余中洞二次衬砌施作完毕,且其混凝土强度达到设计强度后拆除中洞内的中隔壁(图 3.21(h))。

(9) 中洞二次衬砌混凝土强度达到设计强度后,打设超前小导管、锚杆,开挖侧洞 5 号小导洞,形成初期支护(图 3.21(i))。

(10) 打设超前小导管、锚杆,对称开挖 6 号小导洞,形成初期支护(图 3.21(j))。

(11) 分段凿除侧洞中隔壁二次衬砌仰拱范围内喷射混凝土(保留钢架),进行防水基层处理,敷设侧洞仰拱防水层,浇筑防水保护层;对称施作侧洞仰拱(图 3.21(k))。

(12) 分段拆除侧洞中隔壁斜撑及中隔板,凿除侧洞中隔壁二次衬砌顶拱范围内喷射混凝土(保留钢架),进行拱墙防水基层处理,敷设侧洞二次衬砌拱墙防水层;对称施作侧洞拱墙(图 3.21(l))。

(13) 侧洞二次衬砌混凝土强度达到设计强度后,拆除侧洞内的中隔壁、中隔板及中洞钢拉杆。中隔壁要求对称拆除(图 3.21(m))。

(14) 回填仰拱填充层,施工站台板等站内结构(图 3.21(n))。

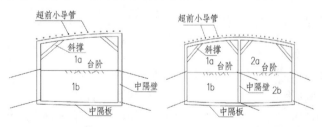

图 3.21 单层车站中洞法施工步序

# 第3章 暗挖车站结构设计

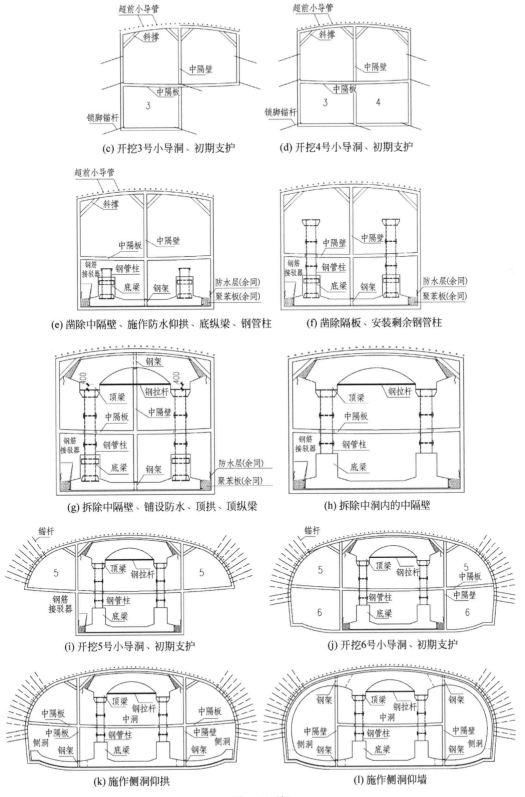

图 3.21(续)

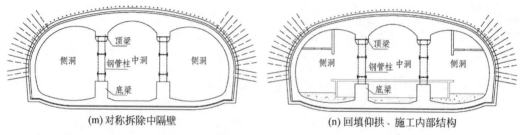

(m) 对称拆除中隔壁        (n) 回填仰拱、施工内部结构

图 3.21(续)

### 3.5.2 两层车站设计实例

#### 3.5.2.1 车站概况

某车站位于主干道丁字路口南侧,交通繁忙,多条公交线路通过。地下管线众多,交叉口处路段地下管线密集,种类繁多,主要有热力沟、给水、雨水、污水、电力沟、煤气、电信等管线,在车站范围内埋深较大且管线走向与主体结构平行的主要管线有热力沟(埋深5.74m,尺寸2200mm×2000mm)、电力沟(埋深8.52m,尺寸2000mm×2000mm)、污水管(埋深5.1m,$\phi$1000mm)、人防(埋深7.6m,尺寸1500mm×2000mm),车站边墙穿过的岩土层为粉土、粉质黏土、粉细砂、中粗砂、黏土,土体的稳定性差;车站主体结构底板穿过的岩土层为粉质黏土、黏土、粉土,均属饱和状态。上层滞水水位埋深为4.00m,潜水水位埋深11～12m,承压水水头埋深18.6m,位于车站底板附近。车站施工前采用提前降水方案。

车站主体结构采用暗挖法中洞中隔壁法施工,主体隧道的开挖步序主要为两大块,即把车站断面分为一个大中洞(里面包含车站主体中跨的拱部、中层板、底板,两根钢管柱,两根底纵梁及中纵梁、两根顶纵梁的大部分)和两个小侧洞(里面包含车站主体两侧跨的二次衬砌、中层板以及顶纵梁的小部分),先施工大中洞(开挖、支护,施作梁、板、柱以及二次衬砌),然后施工两侧洞(对称开挖、支护,施作板、二次衬砌,凿掉中洞临时支护,封闭二次衬砌)(图3.22)。

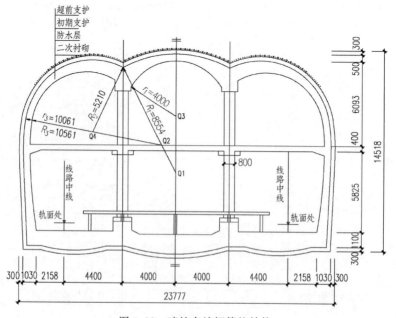

图 3.22 暗挖车站钢管柱结构

#### 3.5.2.2 两层车站中洞法施工步序

中洞中隔壁法结构施工步序如图3.23所示。

第一步：进行拱部大管棚超前支护、小导管注浆加固地层，开挖1号导坑，及时封闭初期支护(图3.23(a))。

第二步：待1号导坑开挖超前8.0m时，在横通道内开挖2号导坑，及时封闭初期支护(图3.23(b))。

第三步：待1号导坑开挖超前14.0~16.0m、2号导坑超前6.0~8.0m时，在横通道内开挖3号导坑，及时封闭初期支护(图3.23(c))。

第四步：待1号导坑开挖超前22.0~24.0m、2号导坑超前14.0~16.0m、3号导坑超前8.0m时，在横通道内开挖4号导坑，及时封闭初期支护(图3.23(d))。

第五步：待1号导坑开挖超前28.0~30.0m、2号导坑超前20.0~22.0m、3号导坑超前14.0m、4号导坑开挖超前6.0m时，在横通道内开挖5号导坑，及时封闭初期支护(图3.23(e))。

第六步：待1号导坑开挖超前34.0~38.0m、2号导坑超前26.0~30.0m、3号导坑超前20.0~22.0m、4号导坑开挖超前12.0~14.0m、5号导坑超前6.0~8.0m时，在横通道内开挖6号导坑，及时封闭初期支护(图3.23(f))。

第七步：待1号导坑开挖超前40.0~44.0m、2号导坑超前32.0~36.0m、3号导坑超前26.0~28.0m、4号导坑开挖超前18.0~20.0m、5号导坑超前12.0~14.0m、6号导坑超前6.0m时，在横通道内开挖7号导坑，及时封闭初期支护(图3.23(g))。

第八步：待1号导坑开挖超前46.0~52.0m、2号导坑超前38.0~44.0m、3号导坑超前32.0~36.0m、4号导坑开挖超前24.0~28.0m、5号导坑超前18.0~22.0m、6号导坑超前14.0~16.0m、7号导坑超前6.0~8.0m时，在横通道内开挖8号坑，及时封闭初期支护(图3.23(h))。

第九步：待1号导坑贯通后(此时8号导坑已经开挖大于40m)，从南北两边开始凿除钢管柱纵向2m范围内的横撑混凝土；停止南边导坑的开挖(由北边对应的导坑独头开挖)然后拆除部分竖向临时支护，建议纵向一次拆除长度6m，铺设底部防水层，一次施作底纵梁和其间底板，预留钢筋及防水板接头(图3.23(i))。

第十步：分段施作钢管柱，灌注钢管柱混凝土(图3.23(j))。

第十一步：施作中纵梁；拆除部分竖向临时支护，建议纵向一次拆除长度6m，施作中板(图3.23(k))。

第十二步：拆除部分竖向临时支护，建议纵向一次拆除长度6m，铺设中洞拱部防水板，一次施作顶纵梁(一片半)、中拱部，预留钢筋接驳器和防水板接头(图3.23(l))。

第十三步：施作南部衬砌完毕的顶梁之间的钢管横撑；对称同步开挖南部边孔上导坑，及时施作封闭初期支护(图3.23(m))。

第十四步：按图中顺序对称开挖南部两侧边跨，及时施作封闭初期支护；导坑台阶超前6.0~8.0m(图3.23(n))。

第十五步：待侧洞上导坑贯通后，停止南边导坑的开挖；拆除中洞下部临时支护，纵向一次拆除18m，铺设两侧边跨底板及部分边墙防水层，施作二次衬砌，并预留好钢筋及防水板接头，必要时在中隔壁下加临时支撑(图3.23(o))。

第十六步：拆除下、中部侧洞临时仰拱及中洞部分临时支护，纵向一次拆除6m，铺设两侧边墙防水板，施作两侧边墙及两边跨中层板二次衬砌，并预留好钢筋及防水板接头；施工期间要在站台层边墙，作好横撑倒换或加强模板撑(图3.23(p))。

第十七步：拆除剩余临时支护，纵向一次拆除 9 m，施工边墙部分及拱部防水层，与顶纵梁上的防水层搭接好，灌注剩余衬砌(图 3.23(q))。

第十八步：施作站台板，完成全部主体结构；拆除顶纵梁之间的钢支撑(图 3.23(r))。

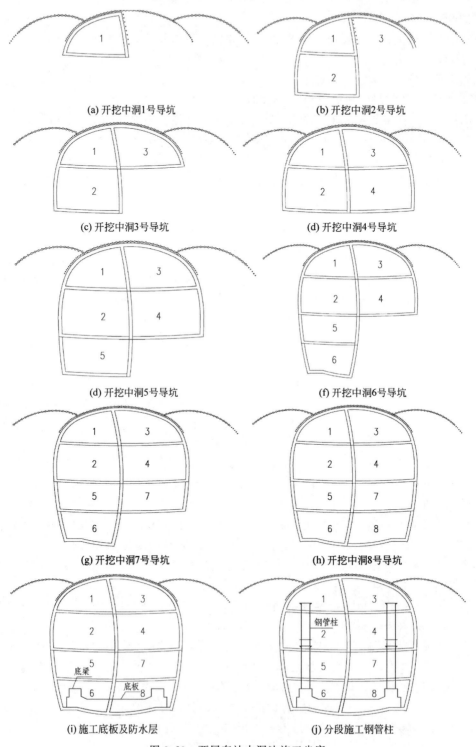

图 3.23 两层车站中洞法施工步序

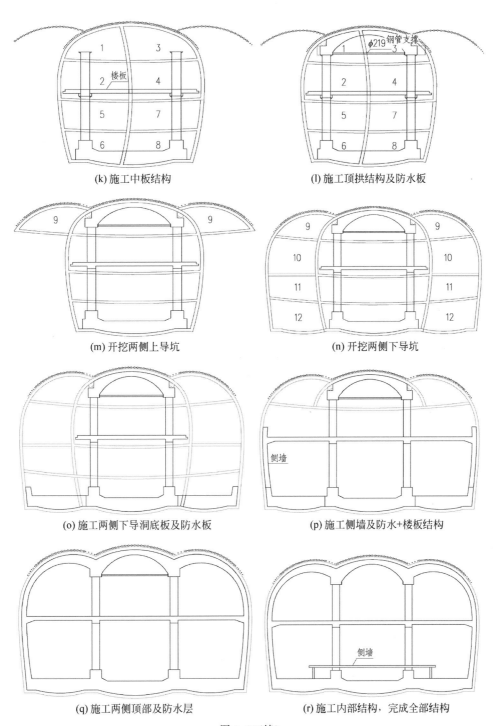

图 3.23(续)

## 3.6 拱盖法车站设计实例

拱盖法施工基于双侧壁导洞法原理,按结构形式属于大跨度单拱双层结构。

### 3.6.1 车站概况

某车站位于主干道路交叉路口下方,沿主干路东西方向敷设,道路现状宽度22m,交叉路口交通繁忙,车站主体结构施工期间不具备道路导改条件。东环路交叉路口为立交桥,不具备明挖、盖挖条件。车站埋深10.0~17.0m,埋深较大,明挖造价高,同时车站高度范围为中风化岩层,具备暗挖大断面条件,故采用暗挖工法(图3.24~图3.26)。

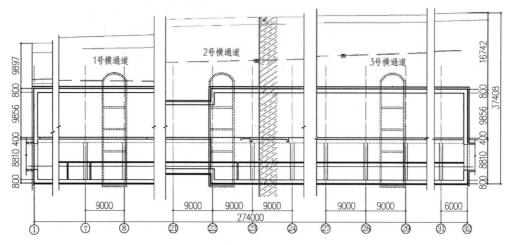

图3.24 拱盖法施工结构纵剖面

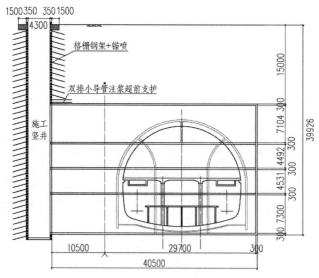

图3.25 竖井横通道纵剖面

### 3.6.2 拱盖法施工步序

(1)从施工通道进入车站断面后开挖左、右侧上导洞,并施作初期支护。车站左右侧上导洞相互错开5m(图3.27(a))。

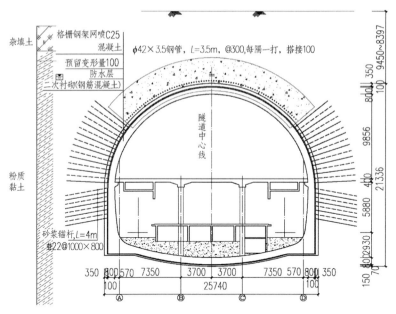

图 3.26　拱盖法车站结构横剖面

（2）从施工通道进入车站断面后开挖左、右侧中导洞，并施作初期支护。车站左右侧中导洞相互错开 5m，中导洞与车站左右侧上导洞错开 5m（图 3.27(b)）。

（3）从施工通道进入车站断面后开挖左、右侧下导洞，并施作初期支护。车站左右侧下导洞相互错开 5m，下导洞与车站左右侧中导洞错开 5m（图 3.27(c)）。

（4）从施工通道进入车站断面后开挖中部上导洞，并施作初期支护。站中部上导洞与车站左右侧下导洞错开 5m。中部左右侧上导洞错开 5m（图 3.27(d)）。

（5）车站左右侧导洞洞通后，倒退施作边导洞二次结构，施作长度 4~6m（图 3.27(e)）。

（6）车站中部上导洞洞通后，分段倒退扣拱，二次衬砌施作长度 4~6m，保留车站边导洞二次结构模板脚手架体系（图 3.27(f)）。

（7）已施作车站二次结构达到设计强度后，拆除各导洞模板脚手架体系。开挖车站中部下导洞。布置 I28 钢支撑@2000（图 3.27(g)）。

（8）施作车站中下部导洞二次衬砌，封闭二次结构，及时施作内部结构（图 3.27(h)）。

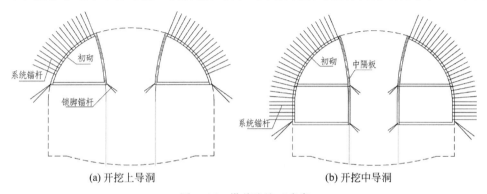

图 3.27　拱盖法施工步序

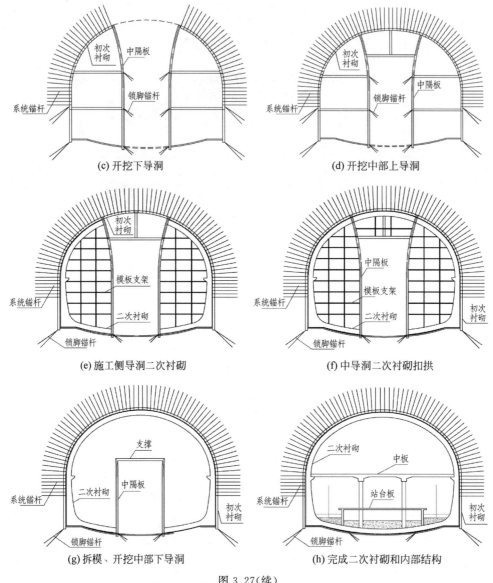

图 3.27(续)

## 3.7 暗挖车站防水设计

地下主体结构全部采用防水混凝土进行结构自防水。抗渗等级按结构埋深定。防水混凝土需采取可靠的抗裂、抗渗措施。暗挖车站防水参见图 3.28～图 3.32。

(1) 一级设防要求的矿山法结构均采用全包防水,防水板与基层间设置无纺布缓冲层,底板平面部位的防水层上表面设置无纺布保护层,并浇筑细石混凝土保护层。

(2) 二级设防要求的矿山法结构均采用全包防水,防水板与基层间设置无纺布缓冲层,底板平面部位的防水层上表面设置无纺布保护层,并浇筑细石混凝土保护层。

(3) 二次衬砌砌混凝土浇筑完毕后,应对拱顶部位的防水层和二次衬砌砌之间进行回填注浆处理。

第3章 暗挖车站结构设计

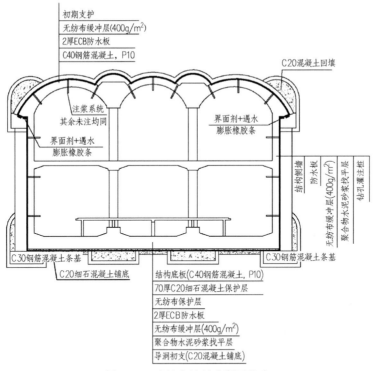

图 3.28 暗挖车站标准断面防水

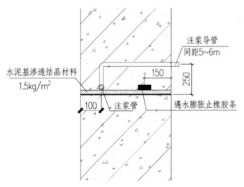

图 3.29 环纵向施工缝防水图构造

图 3.30 楼板施工缝防水构造

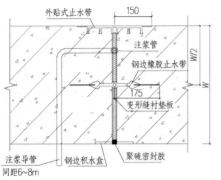

图 3.31 主体结构顶板、侧墙变形缝防水构造

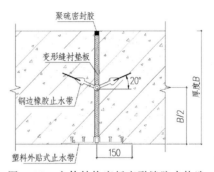

图 3.32 主体结构底板变形缝防水构造

# 第4章

# 区间隧道结构设计

## 4.1 区间线路

区间线路平面内最小曲线半径：区间正线一般800m，困难条件下可以700m，对于限制列车运营速度情况下一般曲线半径不小于300m，对于困难地段不小于250m。对于辅助线曲线最小半径可以采用200m，对于车场线曲线最小半径可以采用150m；最大平面曲线半径不应大于10000m。区间线路竖曲线：正线竖曲线半径一般600m，困难时可采用最小400m。对于线路坡度，区间正线最大坡度不宜大于30‰；困难条件下，经济比选后不应大于35‰；联络线、出入线最大坡度不宜大于40‰；区间最小坡度不宜小于3‰；困难条件下不应小于2‰。区间线路通常采用"V"形节能坡，区间较短时，线路有时采用单坡，对于区间较长的线路有时候采用"W"形坡。

## 4.2 设计原则和技术标准

### 4.2.1 设计原则

（1）区间隧道是地铁车辆行驶的通道，同时又是悬挂各系统管线的通廊，其内净空尺寸应满足行车和管线布置要求，既要满足地铁建筑限界要求，还要考虑一定的施工误差、结构变形、隧道沉降以及测量误差等影响。

（2）根据地铁沿线不同的工程地质和水文地质条件、线路埋深情况、地面建筑及地下构筑物的现状，结合城市总体规划的要求，对技术、经济、工期、环境和交通影响等进行综合比较，选择合适的施工方法和结构形式。

（3）结构平纵断面设计应满足线路设计的要求，同时还要根据所采用的施工方法，优化和调整线路的埋深和走向，尽量减小施工及运营期间对地上地下建（构）筑物、周围环境以及城市规划建设的影响。

（4）施工竖井等临时结构宜尽量结合车站或区间永久结构一并考虑，如两者无法合建，在满足施工需要的前提下，应尽量减小临时工程的规模，节省工程投资。

（5）结构设计在满足强度和刚度的前提下，还应同时满足防水、防腐蚀、防迷流等要求，结构构造还要满足环控、排水及防灾等专业的要求。

(6) 结构构件及工程材料应根据结构类型、受力条件等要求选用,并考虑经济性、可靠性、耐久性,便于制造、运输、安装。

(7) 严格控制工程施工引起的地面隆沉量,其允许数值应根据场地的地面建筑及地下构筑物等的实际情况确定,并因地制宜地采取措施。

(8) 设计中,要参照近年来我国地铁隧道设计和施工中所取得的经验,并吸取教训,以优化设计方案。

### 4.2.2 技术标准

(1) 工程结构的安全等级为一级,防火等级为一级。

(2) 结构使用年限按 100 年考虑。

(3) 结构按区划规定的抗震烈度设防,确定抗震等级,构造措施提高一级。

(4) 确定人防工程等级、抗力等级。

(5) 衬砌结构变形验算:计算直径变形$\leqslant 2‰D$($D$ 为隧道外径)。

(6) 混凝土结构允许裂缝开展,迎土面混凝土裂缝宽度$\leqslant 0.2$mm;背土面混凝土裂缝宽度$\leqslant 0.3$mm。盾构法施工的区间隧道裂缝宽度$\leqslant 0.2$mm。

(7) 盾构法区间隧道结构抗浮安全系数施工阶段$\geqslant 1.05$,使用阶段$\geqslant 1.10$。明挖区间隧道在不考虑侧壁摩阻力时,其抗浮安全系数$\geqslant 1.05$,当计及侧壁摩阻力时,其抗浮安全系数$\geqslant 1.15$。

(8) 隧道结构防水标准:区间防水等级二级。

(9) 两条单线区间隧道之间应设置联络通道,相邻两个联络通道之间的距离不应大于600m,联络通道内应设置甲级防火门。

## 4.3 荷载及荷载组合

### 4.3.1 荷载

结构荷载的分类有:永久荷载、可变荷载和偶然荷载,结构荷载分类见表 4-1。

表 4-1 结构荷载分类

| 荷 载 类 型 | 荷 载 名 称 |
|---|---|
| 永久荷载 | 结构自重 |
| | 地层压力 |
| | 隧道上部和破坏棱体范围的设施及建筑物压力 |
| | 静水压力及浮力 |
| | 混凝土收缩及徐变作用 |
| | 设备自重 |
| | 地基下沉影响力 |
| | 侧向地层抗力及地基反力 |

续表

| 荷载类型 | | 荷载名称 |
|---|---|---|
| 可变荷载 | 基本可变荷载 | 地面车辆荷载及其冲击力 |
| | | 地面车辆荷载引起的侧向土压力 |
| | | 地下铁道车辆荷载及其冲击力 |
| | | 人群荷载 |
| | 其他可变荷载 | 温度影响力 |
| | | 施工荷载 |
| 偶然荷载 | | 地震荷载/人防荷载 |

注：① 设计中要求考虑的其他荷载可根据其性质分别列入上述永久荷载和可变荷载两类中。
② 表中所列荷载未加说明者，可按国家有关规范或根据实际情况确定。
③ 施工荷载包括设备运输及吊装荷载、施工机具及人群荷载、相邻地下工程施工的影响等。

### 4.3.2 荷载组合

（1）基本组合、标准组合：永久荷载＋可变荷载。
（2）偶然组合：永久荷载＋地震作用；永久荷载＋人防等效荷载。
注：荷载组合系数参见表 2-2。

## 4.4 施工工法及筹划

### 4.4.1 施工工法

区间隧道施工工法受到隧道埋深、工程地质、水文地质条件、地面和地下环境等因素制约。地铁区间隧道施工主要有明挖法、矿山法、TBM 法和盾构法等。这几种施工方法在实际应用中都是成功的，各有其适应的条件和范围。

1）明挖法

明挖法对地层条件的适应范围最为广泛，地铁区间工程明挖法一般用于场地较开阔的区段，繁华闹市区和交通干道的地铁区间一般不宜采用明挖法施工。明挖法施工作业相对简单，这种方法对周边的环境和交通的影响较大，造价相对较低，但是，当地质条件较差、隧道埋深较大时，如采用明挖法施工，基坑围护结构的造价较高，明挖法施工的造价也不低。

2）矿山法

矿山法适用条件为隧道埋置较深，覆土层较厚，围岩具有一定自稳能力。一般用于市区区间隧道的施工，当施工时不允许中断城市交通或无道路改移条件时，或隧道断面尺寸有变化时，矿山法是较理想的选择。矿山法施工工艺简单、适应性较强，施工时对道路交通干扰小，但矿山法施工引发的地面沉降不易控制，工期较长，造价较高、风险较大。围岩是否有足够的自稳能力，是决定能否采用矿山法施工的关键。当围岩的自稳能力较差或地下水位较高时，需采用特别的支护技术措施，如超前注浆法、降水等，矿山法的工程造价相对要增加许多。

3) TBM 法和盾构法

TBM 法和盾构法是一种使用机械暗挖隧道的施工方法，主要用于断面和功能较单一的区间隧道的施工。依靠其前部的刀盘或挖掘机开挖土层、机械完成出渣、管片拼装、推进等作业。施工具有进度快、作业安全、噪声小、管片精度高、衬砌质量可靠、防水性能好、地表沉降小、占地少、不影响城市交通等优点。

### 4.4.2 施工筹划

1) 工程筹划

根据规范，通常情况下区间大于 600m 需要设置联络通道，对于"V"形坡区间，区间最低点需要设置泵房，通常情况下联络通道结合泵房布置(图 4.1、图 4.2)。对于单坡区间，区间排水泵房放置在车站内，结合车站雨水泵房布置；对于区间超过 1800m，需要计算通风量，核算是否需要设置区间风井。区间隧道确定工法后，需要安排施工场地。如果区间采用暗挖施工，两端车站不需考虑为盾构始发或者接收加高加宽，但区间应结合人防单元划分，考虑将人防门放置在区间内，并且根据区间工程筹划的工期确定是否需要安排施工竖井，区间施工竖井原则上结合联络通道布置，竖井的横通道作为联络通道；如果区间采用 TBM 法或者盾构法施工，区间两端车站要考虑 TBM 法或者盾构法始发接收加高加宽，并将人防门设于车站内。

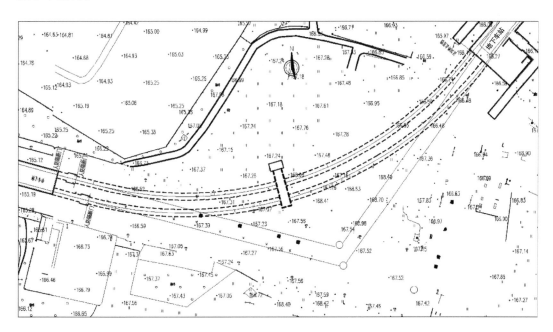

图 4.1 地铁暗挖区间线路平面

2) 工期筹划

暗挖区间施工进度指标：竖井为 6 个月；单线单洞进度为 40m/月。

盾构区间施工进度指标：盾构井施工为 6 个月/座；盾构安装调试为 2 个月；盾构单洞单线推进为 7~10m/d；盾构拆卸为 1 个月；风井为 6 个月(不另占用工期)。

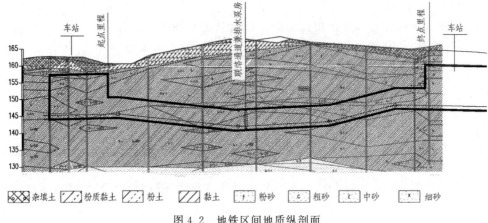

图 4.2 地铁区间地质纵剖面

## 4.5 区间附属结构设计

### 4.5.1 联络通道及泵房设计

为满足区间隧道内防灾疏散的要求,左右线隧道间需设置联络通道。各区间联络通道的数量由区间长度决定,按不宜大于600m控制。同时为配合区间排水的需要,联络通道宜结合泵房设置。联络通道主体采用矿山法施工,复合衬砌结构(图4.3)。

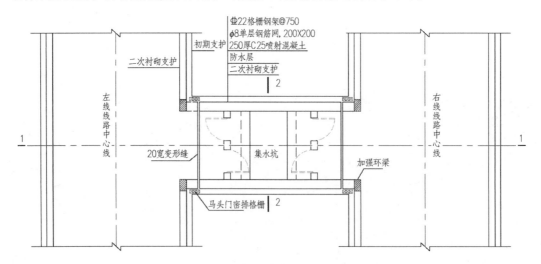

图 4.3 联络通道兼雨水泵房平面

1)暗挖超前支护法

常用的浅埋暗挖适用一般黏性土层,在地下水不发育或者采取降水措施情况下采用,浅埋暗挖隧道支护参数如下:

通道结构的支护参数如下,超前支护:$\phi42$超前小导管注浆,小导管长度4.5m;初期支护:钢拱架+钢筋网+喷射混凝土(厚度250mm,钢拱架间距0.75m/榀);二次衬砌:C35模注防水钢筋混凝土(厚度350mm),防水等级为P10(图4.4、图4.5)。

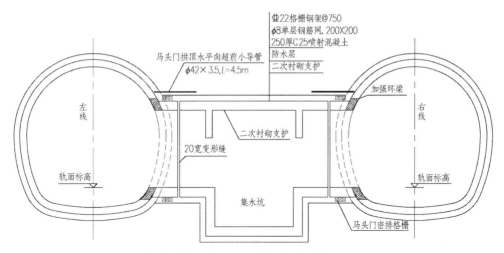

图 4.4 联络通道兼雨水泵房 1—1 纵剖面

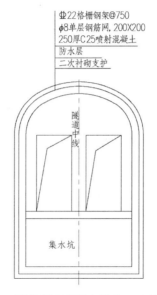

图 4.5 联络通道兼雨水泵房 2—2 横剖面

2) 暗挖注浆加固和冷冻法

对于含水丰富的饱和淤泥质土层或者粉细砂层,区间正线通常采用盾构法施工,联络通道或者泵房通常采用矿山法施工,通道施工开挖过程中,需采取措施严格控制结构变形,区间隧道的径向变形≤20mm,水平、垂直位移≤10mm。

为保证施工期间土体的稳定,需事先对通道及泵站周围土体进行地层加固,联络通道所处位置地面有加固条件,采用注浆加固,土体加固要求为土体无侧限抗压强度不小于 0.8MPa,渗透系数分别不大于 $10^{-8}$ cm/s。

联络通道所处位置无地面加固条件,采用冷冻加固。联络通道或者泵房采用水平冻结法加固地层,使联络通道外围土体冻结,形成强度高、封闭性好的冻土帷幕,然后根据"新奥法"的基本原理,在冻土中采用矿山法进行联络通道的开挖构筑施工。联络通道开挖前需先拆除部分已拼装好的管片,拆除开洞部分钢管片前必须先架设预应力支撑结构及应急门。采用冻结加固需注意地面冻胀融沉变形,在冻结土体融沉过程中及时、积极进行补充注浆直至地面沉降稳定为止。冻结孔及施工过程中其他所需开孔位置应避开管片主筋、接缝及手孔,在施工完毕后应采取有效措施封堵钢筋混凝土管片上残留冻结管及其与管片的空隙,防止孔口及周边出现渗漏水现象(图4.6~图4.9)。

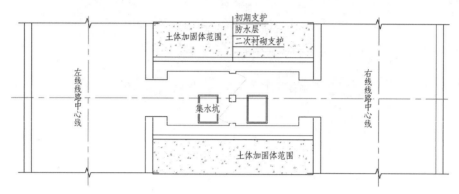

图4.6 联络通道兼雨水泵房注浆加固平面

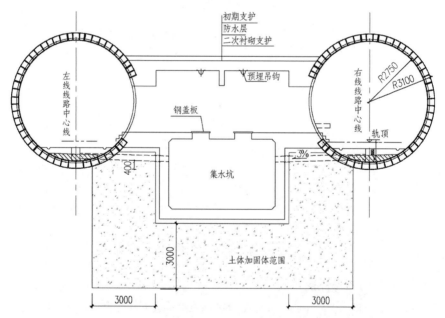

图4.7 联络通道兼雨水泵房注浆加固剖面

融沉注浆要求如下:

(1)融沉注浆应配合测温孔测温及隧道变形监测进行。利用盾构隧道管片上的预留注浆孔作为地层融沉注浆孔。注浆顺序为:隧道底板→隧道两侧→隧道顶板。

(2)融沉补偿注浆材料以水泥-水玻璃双液浆为主,单液水泥浆为辅。水泥-水玻璃双液浆的溶液体积比为1∶1,其中水泥浆水灰比为1∶1,水玻璃溶液采用B35~B40水玻璃加1~2倍体积的水稀释。注浆压力不大于0.5MPa,注浆范围为整个冻结区。

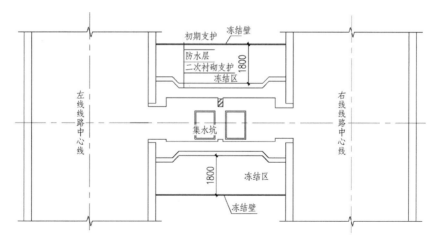

图 4.8 联络通道兼雨水泵房冷冻平面

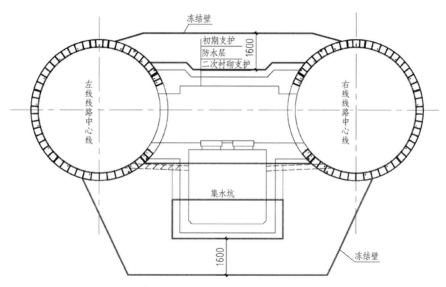

图 4.9 联络通道兼雨水泵房冷冻剖面

(3) 当 1 天隧道沉降大于 0.5mm,或累计隧道沉降大于 1.0mm 时,应进行融沉补偿注浆;当隧道隆起达到 2.0mm 时应暂停注浆。

(4) 冻结壁已全部融化,且未注浆的情况下实测隧道沉降持续 6 个月,每半个月不大于 0.5mm,即可停止融沉补偿注浆。

### 4.5.2 人防设计

如果区间采用暗挖施工,两端车站不需考虑为盾构始发或者接收加高加宽,但区间应结合人防单元划分,考虑将人防门放置在区间内;如果区间采用 TBM 法或者盾构施工,应将人防门设于车站内。人防工程的防毒通道和密闭通道内及第一道防护密闭门的开启范围内,必须采用整体现浇筑钢筋混凝土结构。人防门加宽开挖跨度大,对于软土地层可以采用交叉中隔壁 CRD 工法进行施工,支护形式和结构如图 4.10~图 4.17 所示。

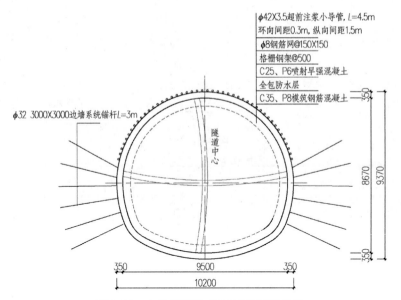

图 4.10 人防门断面 CRD 工法初期支护

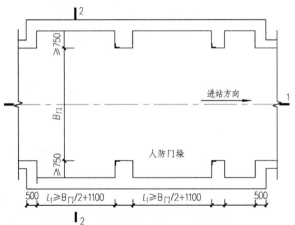

注:$L_1$ 表示人防门开启宽度;$B_门$ 表示人防门宽度

图 4.11 战时人防门结构平面

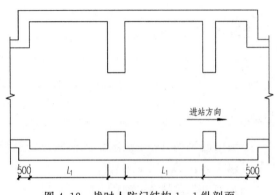

图 4.12 战时人防门结构 1—1 纵剖面

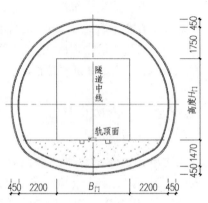

图 4.13 战时人防门结构 2—2 横剖面

图 4.14 非战时人防门结构平面

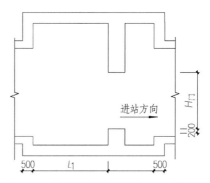

图 4.15 非战时人防门结构 1—1 纵剖面

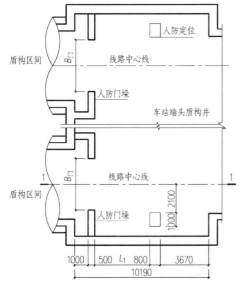

图 4.16 盾构井以及人防门设置平面

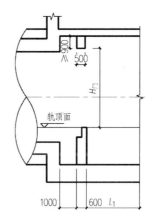

图 4.17 盾构井以及人防门设置 1—1 纵剖面

## 4.6 盾构、TBM 区间隧道设计

欧美将全断面隧道掘进机统称为 TBM；日本则一般统称为盾构，细分可称为硬岩隧道掘进机和软地层隧道掘进机；中国则一般习惯将硬岩隧道掘进机（硬岩 TBM）简称为 TBM，将软地层掘进机称为盾构。TBM 就是适合硬岩掘进的隧道掘进机，盾构指的是适于在软岩、土中的隧道掘进机。硬岩 TBM 适用于山岭隧道硬岩掘进，代替传统的钻爆法，具有快速、优质、安全、经济、有利于环境保护和劳动力保护等优点；而软岩 TBM 适用于软弱性围岩施工的隧道掘进机，是城市地铁建设中速度快、质量好、安全性能高的先进技术。

### 4.6.1 TBM 选型

TBM 是集机械、液压、电子、激光技术为一体的大型工厂化隧道施工作业系统。TBM 可分为开敞式 TBM、双护盾式 TBM、单护盾式 TBM；盾构也有安装硬岩 TBM 滚刀的复合盾构。

1) 开敞式 TBM

开敞式 TBM 适用于地下水可以排干的岩石地层，配备了钢拱架安装和锚喷设备的开敞式 TBM 适用岩石地层范围更大。开敞式 TBM 工作原理：撑靴撑紧洞壁，前支撑和后支撑缩回，开始掘进，掘进一个循环，停止掘进；前支撑和后支撑伸开撑紧洞壁，撑靴缩回，外凯向前滑移一个行程长度，利用前后撑进行方向调整，前后外凯撑靴重新撑紧洞壁，前后支撑重新缩回继续掘进新的循环（图 4.18）。开敞式 TBM 适用于 Ⅰ、Ⅱ、Ⅲ 级围岩。

2) 双护盾式 TBM

双护盾式 TBM 是按照硬岩掘进机配置一个软岩盾构功能，这样既可以掘进硬岩，又可以掘进软岩，也能适应软硬互层岩层（图 4.19）。双护盾式 TBM 又称伸缩护盾 TBM。与开敞式 TBM 区别是双护盾式 TBM 具有全圆护盾；与单护盾式 TBM 区别是双护盾式 TBM 在地质良好情况下掘进与管片安装同时进行，施工速度快，可实现软硬岩掘进转换。双护盾式 TBM 掘进模式分单护盾掘进模式和双护盾掘进模式。双护盾掘进模式适合稳定岩层，单护盾掘进模式适合不稳定岩层。双护盾式 TBM 适用于 Ⅲ、Ⅳ 级围岩。

1—支撑靴；2—钢支架举升器；
3—锚杆安装机；4—钢筋网举升器

图 4.18 开敞式 TBM 构造

1—可伸缩护盾；2—刀盘；3—活动支撑靴；
4—辅助推进油缸；5—管片

图 4.19 双护盾式 TBM 构造

双护盾掘进模式工作原理：围岩较好，后护盾撑靴撑紧洞壁，为刀盘掘进提供反力，TBM 掘进，在掘进过程中将刀盘向前推进，保持所达到的掘进速率直至刀盘推进油缸行程结束。同时管片在盾尾安装，在安装期间后护盾的护盾推进油缸支撑着管片直至整环闭合；推进油缸卸载，随后护盾盾壳支撑的径向支撑油缸缩回并卸载，然后借助于后护盾推进油缸使刀盘推进油缸周围的后护盾盾壳前移。重复掘进和管片安装过程。

单护盾掘进模式工作原理：双护盾式 TBM 在不稳定地层中，采用单护盾掘进模式，软弱岩层洞壁不能提供足够反力，这时不能采用支撑靴与主推进系统，伸缩护盾处于收缩位置，刀盘推力由辅助推进油缸支撑在管片上提供，双护盾式 TBM 相当于单护盾式 TBM，掘进与管片拼装不能同时进行，推进后停下来才能进行管片拼装。

3）单护盾式 TBM

单护盾式 TBM 常用于软岩中,推进利用管片作为支撑(图 4.20),作业原理类似盾构,与双护盾式 TBM 相比,掘进与管片安装不能同时进行,施工速度慢于双护盾式 TBM;与盾构区别在于,单护盾式 TBM 用皮带机出渣,不具备平衡掌子面压力功能,要求掌子面岩石能自稳,适用于Ⅳ、Ⅴ级围岩地层。而盾构采用螺旋机出渣,或者采用泥浆泵以管道出渣,采用土压力或者泥水压力平衡掌子面水土压力,适用于掌子面不能自稳的土层。

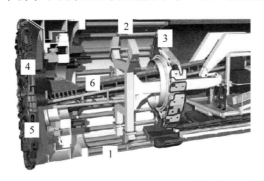

1—护盾;2—液压推进油缸;3—管片;4—刀盘;5—装渣斗;6—皮带输送机
图 4.20 单护盾式 TBM 构造

### 4.6.2 TBM 法适应性评价

1) TBM 法优点

(1) 掘进效率高。掘进机开挖时可以实现连续作业,从而实现破岩、出渣、支护一条龙作业。

(2) 掘进机开挖施工质量好,且超挖量少。掘进机开挖的隧道内壁光滑,不存在凹凸现象,从而可以减少支护工程量,降低工程费用。

(3) 对岩石的扰动小。掘进机开挖施工可以大大改善开挖面的施工条件,而且周围岩层稳定性较好,从而保证了施工人员的健康和安全。

(4) 施工安全,近期的 TBM 可在防护棚内进行刀具的更换,密闭式操控室和高性能使安全性和作业环境有了较大改善。

2) TBM 法缺点

(1) 掘进机对多变的地质条件(断层、破碎带、挤压带、涌水及坚硬岩石等)的适应性差。

(2) 由于掘进机结构复杂,对材料、零部件的耐久性要求高,故其设备价格较高。施工前需花大量资金购买部件和制造机器,致使工程建设投资高,不适用于短隧道。

(3) 施工中不能改变开挖直径及形状,在应用上受到一定的制约。

(4) 对车站有始发、接收、调头和过站的要求,增加车站土建造价,工期相互制约。

### 4.6.3 盾构选型及刀盘结构选择

**1. 盾构选型**

对于Ⅴ级为主的地层或者Ⅵ级土层,地下水位高,浅埋或者跨河、越江隧道通常采用盾构。盾构按维持工作面稳定方式分:开敞式盾构、泥水平衡式盾构、土压平衡式盾构等。

1) 开敞式盾构

开敞式盾构与密闭式盾构主要区别在于开挖面稳定控制和挖掘方式不同,开敞式盾构适用于开挖面有一定自稳能力的地层,地下水位相对较低的黏土地层或砂卵石地层,无水砂卵石地层。开敞式盾构施工不需要渣土改良,费用低;但在地质条件很差的粉砂土质地层、黏土层中施工时,土会从开挖面流入盾构、引起开挖面坍塌因而不能继续开挖,同时对盾构施工人员带来极大的安全隐患。

开敞式盾构工作主要程序包括开挖面稳定、挖掘及排土、管片安装及同步注浆、盾构推进四步。用活动前檐防止隧道开挖面拱顶土体塌落,采用液压移动挡板保证开挖面上半断面土体稳定,采用切口下部斜面保持开挖面下半断面土体坡度,进而保证开挖面下半断面土体稳定;采用机械铲斗(或掘削头)对开挖面土方直接挖掘,螺旋输送机(或皮带输送机)输送土方到矿车;采用管片安装机在盾壳保护下进行管片安装,同步注浆同步进行;采用安装在前盾支承环梁上的千斤顶顶进盾构(图 4.21)。

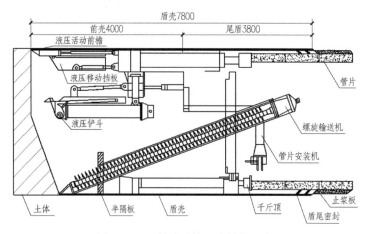

图 4.21 开敞式盾构基本结构示意

开敞式盾构不需要主轴承和刀盘刀具,国产化能力强,制造简单,周期短,与密闭式盾构工法或矿山法相比,有较好的适应性。主要表现为以下几个方面(表 4-2):

表 4-2 开敞式盾构与密闭式盾构对比分析

| 项 目 | 开敞式盾构 | 密闭式盾构 |
| --- | --- | --- |
| 地质适应范围 | 1. 无水或降水后各类地层;<br>2. 地层有一定的自稳能力 | 1. 各种软弱围岩;<br>2. 不适合大直径卵砾石地层,孤、漂石地层及含地下不明障碍物地层 |
| 开挖面稳定及地表沉降控制 | 1. 采用活动前檐、挡土板、斜面坡度、多工作面开挖和同步注浆措施,必要时可采用超前支护和封闭开挖面措施;<br>2. 可以采用浅埋暗挖法的一切措施 | 1. 土压力平衡;<br>2. 同步注浆;<br>3. 开挖面土体改良措施 |

(1) 安全开挖和管片衬砌,较土压平衡盾构掘进速度快,可实现优质、高效施工;

(2) 盾构的推进、出土、拼装管片等全过程可实现自动化作业,较矿山法施工劳动强度低,作业环境好;

(3) 不影响地面交通与设施,同时不影响地下管线等设施,具有清除地下障碍物、保护地下管线的施工条件;

(4) 不需要主轴承和刀盘刀具,在无水、少水地层中修建地铁隧道具有明显技术和经济方面的优越性。

2) 泥水平衡式盾构

泥水式盾构是将切削土体与泥水搅拌后形成高浓度泥水,然后由排泥管路将泥水泵送到地面。由于有一定压力的高浓度泥水可在较短时间内使开挖面土体的表面形成透水性很低的泥膜(或止水域)使泥水压力可通过泥膜向土层传递,形成对抗地层水土压力的平衡力。适用于黏土-砂卵石等水压大的地层。但是在松动的卵石层和坚硬土层中采用泥水加压盾构施工,会产生逸水现象,因此在泥水中应加入一些胶合剂来堵塞漏缝。在非常松散的卵石层中开挖时,也有可能失败。还有在坚硬的土层中开挖时,不仅土的微粒会使泥水质量降低,而且黏土还常会黏附在刀盘和槽口上,给开挖带来困难,因此应该予以注意。

泥水加压盾构的适用性:

(1) 细粒土(粒径 0.074mm 以下)含有率在粒径累积曲线的 10% 以上;

(2) 砾石(粒径 2mm 以上)含有率在粒径加积曲线的 60% 以上;

(3) 自然含水量 18% 以上;

(4) 粒径 200~300mm 的粗砾石;

(5) 渗透系数 $K < 5 \times 10^{-2}$ cm/s。

泥水平衡式盾构不适宜在未加辅助施工条件下的砾石层和含黏性土极少的卵石层中施工。泥水平衡式盾构需在地面设置泥浆设备系统,设备多、占地多,而地层适应性小,泥浆处理的费用以及后续设备的造价均很高(泥水平衡式盾构的造价高于土压平衡式盾构)。

3) 土压平衡式盾构

土压平衡式盾构的前端有一个全断面切削刀盘,切削刀盘的后面有一个储留切削土体的密封舱,密封舱中切削下来的土体和泥水充满密封舱形成压力与开挖面土压平衡,以减少对土体的扰动,控制地表沉降。在密封舱中心线下部装置长筒形螺旋输送机,土腔内的螺旋输送机出土。土压平衡式盾构是当前最先进的盾构形式,使用范围广,是目前国内外常用的盾构类型,根据无水砂卵石地层特征推荐加泥式土压平衡式盾构。

卵石地层选用盾构可能存在以下问题:

(1) 砂卵石地层颗粒之间的孔隙大,几乎没有黏聚力,地层反应灵敏,盾构周围地层成拱性差;

(2) 盾构密封舱内建立土压平衡比较困难,甚至实现不了土压平衡的功能;

(3) 大粒径砂卵石不但切削或破碎困难,而且切削下来的渣土经螺旋输送机向外排出也十分困难;

(4) 渣土改良难度大,在松动的卵石层会产生溢水现象,尽管可以加入一些胶合剂来堵塞漏缝,但在非常松散的卵石层中,也有可能失败;

(5) 盾构刀盘切削土体时容易使刀盘过热,加剧刀盘刀具的磨损,经常换刀影响施工进度;

(6) 如果砂卵石地层存在大的漂砾孤石,盾构开挖受阻便会影响盾构施工进度。

土压平衡式盾构与泥水加压式盾构比选参见表 4-3。

表 4-3　土压平衡式盾构和泥水加压式盾构比选

| 项　目 | 土压平衡式盾构 | 泥水加压式盾构 |
| --- | --- | --- |
| 地层适应性 | 通过调节添加材料的浓度和用量适应不同地层,但当水头较高时,搅拌土难以起到封水作用 | 适应淤泥质黏土、粉土、粉细砂等各类软土地层及复合地层,特别是在渗透系数大,且水头较高的江河大海中优越性较大 |
| 开挖面稳定能力 | 通过排(进)土量控制,较好 | 通过泥浆压力及流通控制,好 |
| 施工场地 | 施工场地较小 | 需泥浆处理场地,施工场地较大 |
| 地面沉降控制 | 压力控制精度相对较低,对地面沉降控制精度相对较低,适用于中小直径的盾构掘进机,沉降量一般 20～30mm | 压力控制精度高,对地面沉降控制精度高,更适用于大直径的盾构掘进机,沉降量一般 10mm |
| 泥土输送方式 | 螺旋机出土,土箱运输,输送间断不连续,施工速度慢 | 泥水管道输送,可连续输送,输送速度快而均匀;占用隧道空间小,但设备故障影响很大 |
| 对周围环境影响 | 渣土运输对环境产生一定影响 | 泥浆处理设备噪声、振动及渣土运输对环境产生影响较大 |
| 施工可能存在问题 | 在高水压地层中施工,需要采用合理的辅助施工措施 | 需要具备泥浆制备和处理的条件 |
| 设备费用及经济性 | 6.3m 直径约 0.5 亿元 | 6.3m 直径约 0.7 亿元 |
| 止水性 | 通过土砂管理及加入添加剂,可防止喷发,但比泥水加压式盾构差 | 是在完全密封的条件下,故不会喷发 |
| 方向控制 | 盾构周围地层压密,千斤顶推力大 | 地层与盾构之间有泥浆润滑,方向易控制,推力小,施工容易 |
| 开挖效率 | 加入合适的添加剂后增加流动性和止水性,可提高掘进效率;掺加剂管理容易 | 泥浆循环施工时,管理难 |

由以上分析可见,由于泥水盾构对地层适应性的控制较好,具有地层扰动少和沉降小等优点,最适宜应用于自稳性差的土层、滞水砂层、含水率高的松软黏性土层以及隧道上方有水体的场合。但是,由于泥水加压盾构需要一套较复杂的泥水分离处理设备,投资较高,施工占地面积大,尤其是城市市区施工困难较大。

土压平衡式盾构适用范围较广,可用于黏土、砂土、砂砾、卵石等土层及这些土层的互层。由于土压平衡式盾构在不同地层的地质条件下,可以采用与之相适应的塑流化改性技术,极大地拓宽了该机型的施工领域,故近年来成为盾构应用的主流机型,在软土层中的隧道工程中广泛应用。另外,与常规土压平衡式盾构相比,复合式土压平衡式盾构的优势在于其集中了非土压平衡、欠压平衡、土压平衡三种掘进模式,可适用于含水的软岩、硬岩、软土、硬土及混合地层的掘进,而且盾构的刀盘(盘刀、滚刀)具有可更换性,能适应的地层更广泛。

**2. 盾构刀盘结构选择**

地质条件对盾构选型的影响主要表现在刀盘结构及刀具配置的地质适应性设计,刀盘结构及刀具配置需适应最不利地质条件的要求,确保整个掘进过程中工程顺利安全,最大限度地实现长距离掘进。刀盘结构主要包括辐条式、辐条面板式、面板式三种,对应开口率及适用地层均有所侧重(图 4.22)。

(a) 辐条式

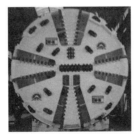
(b) 辐条面板式

(c) 面板式

图 4.22 盾构刀盘

总结已有工程实践经验,刀盘结构地质适应性比较见表 4-4。

表 4-4 刀盘结构类型地质适应性比较

| 项目 | 开口率 | 适用地层 | 备注 |
| --- | --- | --- | --- |
| 辐条式 | 60%~70% | 砂卵石地层、无水黏土地层 | 当卵石最大粒径超过螺旋输送机排渣能力时谨慎采用 |
| 辐条面板式 | 25%~45% | 复合地层、普通黏土-砾砂地层 | 应用范围最广泛,土压平衡式盾构和泥水平衡式盾构均采用 |
| 面板式 | 10%~20% | 富水淤泥地层、粉细砂地层 | 通常仅用于泥水平衡式盾构 |

### 4.6.4 管片结构计算方法

**1. 计算分析方法和原理**

关于盾构隧道管片设计方法很多,不外乎两大类:有限元方法和力学理论解析分析方法,国内尚无统一的设计规范,没有统一的系统理论和方法,以下介绍目前常用的理论解析分析方法。

1) 均质圆环法

均质圆环法也称惯用法,1960 年日本下水道协会、土木学会、铁道施设协会、营团地下铁等单位的设计规范采用该方法。本法是由于相邻环间错缝拼装,并设置一定数量的纵向螺栓或在环缝上设置凹凸榫槽,使纵缝刚度有了一定的提高,因此将管片作为刚度均匀的环来考虑的设计算法,此方法不考虑管片接头部分的弯曲刚度下降,管片环和管片主截面具有同样刚度、并且弯曲刚度均匀。计算过程中假设垂直方向地层抗力为均布荷载,水平方向地层抗力为自衬砌环顶部向左右 45°~135°分布的均变三角形荷载(图 4.23)。

2) 修正惯用法

修正惯用法是在惯用法的基础上,考虑接头效应和拼装方式进行修正,引入弯曲刚度有效率 $\eta$ 和弯矩提高率 $\zeta$,以接头刚度的降低代表衬砌环的整环刚度下降,管片环是具有 $\eta EI$ 刚度的均质圆环。考虑到管片接头存在铰的部分功能,将向相邻管片传递部分弯矩,使得错缝拼装管片间内力重分配(图 4.24)。

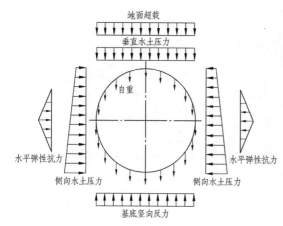
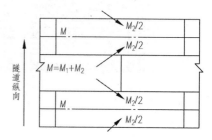

图 4.23 均质圆环法计算模型　　　　图 4.24 修正惯用法内力分配模型

接头处弯矩：$M_j=(1-\zeta)M$，轴力：$N_j=N$；管片内弯矩：$M_s=(1+\zeta)M$，轴力：$N_s=N$。式中：$\zeta$ 为弯矩调整系数；$M$、$N$ 分别为均质圆环计算弯矩和轴力；$M_j$、$N_j$ 分别为调整后的接头弯矩和轴力；$M_s$、$N_s$ 分别为调整后管片本体弯矩和轴力。

修正惯用法计算所选用参数 $\eta$ 和 $\zeta$ 主要根据试验或经验取定，其计算荷载系统与惯用法相同。通常，$0.6\leqslant\eta\leqslant0.8$，$0.3\leqslant\zeta\leqslant0.5$。如果管片没有接头，则为惯用法，此时 $\eta=1$，$\zeta=0$。

3) 多铰环法

多铰环法是以铰接系统模拟接缝的方法。由于多铰环接系统属不稳定结构，必须由周围地层提供相当量的反力才可维持结构稳定，因此该方法主要适用于隧道围岩状况良好且普遍具有弹性抗力条件下的装配式衬砌圆环。该方法较广泛应用在英国、俄罗斯等欧洲国家之良好地层条件。由于宁波长三角地区地层为淤泥质软土，在环片拼装过程中或刚脱离盾尾时，因地层尚无法及时提供地基反力，导致管片仍然会产生较大的弯矩，因此，多铰环设计方法不适用于软弱地层。

4) 梁-弹簧法

梁-弹簧法是考虑错缝接头的拼装效应而采用的方法，是在弹性铰圆环模型基础上考虑错缝拼装效果，采用弹簧来评价环间的抗剪阻力，可用来解释管片接头的转动和剪切特征，并且还给出了管片纵向接头剪切效应的解析方法（又称 M-K 法）。此模型同时考虑了管片接头刚度、接头位置及错缝拼装效应，是一种较为合理的计算模型。该方法是用梁来模拟管片，以弹簧来模拟接缝，将环向接头模拟成旋转弹簧，纵向接头模拟成剪切弹簧，将地基与管片之间的相互作用用地基弹簧来表示的构造模型。梁-弹簧法是最完善的理论模型，是以上方法的综合，当旋转弹簧的刚度取无限大既为均质圆环法；当刚度取 0 时，即为多铰环法。计算分析中自重荷载、上覆土压荷载、水平土压荷载、水平土压荷载模式与惯用法相同，但是地层抗力用地基弹簧来模拟，水压力考虑水力梯度的变化，并且水压力指向隧道的圆心（图 4.25）。

根据目前国内经验总结，多铰环法的问题较多，使用时要慎重。因为多铰环法的计算弯矩最小，表面上似乎可以进行最为经济的设计。但是，弯矩的降低是在接头作为铰工作为前提，接头要发挥铰的作用，必须设计特殊的接头结构或在施工后将接头螺栓卸除，也就是欧洲有时采用的方法。如果螺栓不作为铰工作的话，实际发生的弯矩就有可能大于设计弯矩，从而发生安全上的问题。相反，如果不考虑围岩的条件而一味地卸除螺栓，就会造成管片的过大变

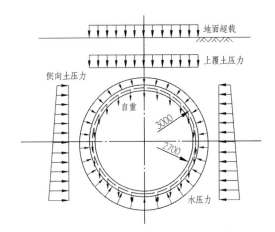

图 4.25 梁-弹簧法计算模型

形,造成漏水等问题。实际上,欧洲的盾构隧道也是在围岩强度较高时才采用多铰环法设计,莫斯科地铁是一个代表实例。梁-弹簧法理论完备,但是真实的反应接头刚度却十分困难,计算时难以把握,有时候用修正惯用法替代该理论,修正惯用法理论简单,接头刚度按经验进行分配,解析解清晰,应用也比较广泛,设计中可以综合考虑两种算法进行比较、优化设计。

**2. 管片内力计算**

根据日本土木学会隧道标准规范(盾构篇)及解说,惯用法理论计算公式总结如下:

(1) 盾构隧道拱顶垂直荷载作用下的内力计算为

弯矩:$W_v = \dfrac{1}{4}(1 - 2\sin^2\theta)(q_{e1} + q_{w1})R_c^2$ (4.1)

轴力:$N_v = (q_{e1} + q_{w1})R_c\sin^2\theta$ (4.2)

剪力:$V_v = -(q_{e1} + q_{w1})R_c\sin\theta\cos\theta$ (4.3)

式中:$q_{e1}$ 为竖直方向土压力荷载;$q_{w1}$ 为竖直方向水压力荷载;$\theta$ 为由拱顶顺时针转动管片环断面对应的角;$R_c$ 为管片内径。

(2) 盾构隧道拱腰水平荷载作用下的内力计算公式为

弯矩:$W_h = \dfrac{1}{4}(1 - 2\cos^2\theta)(p_{e1} + p_{w1})R_c^2$ (4.4)

轴力:$N_h = (p_{e1} + p_{w1})R_c\cos^2\theta$ (4.5)

剪力:$V_h = -(p_{e1} + p_{w1})R_c\sin\theta\cos\theta$ (4.6)

式中:$p_{e1}$ 为管片环顶拱中心水平方向土压力荷载;$p_{w1}$ 为管片环顶拱中心水平方向水压力荷载。

(3) 盾构隧道拱腰水平三角形荷载作用下的内力为

弯矩:$W_t = \dfrac{1}{48}(6 - 3\cos\theta - 12\cos^2\theta + 4\cos^3\theta) \times (p_{e2} + p_{w2} - p_{e1} - p_{w1})R_c^2$ (4.7)

轴力:$N_t = \dfrac{1}{16}(\cos\theta + 8\cos^2\theta - 4\cos^3\theta) \times (p_{e2} + p_{w2} - p_{e1} - p_{w1})R_c$ (4.8)

剪力:$V_t = \dfrac{1}{16}(\sin\theta + 8\sin\theta\cos\theta - 4\sin\theta\cos^2\theta) \times (p_{e2} + p_{w2} - p_{e1} - p_{w1})R_c$ (4.9)

式中：$p_{e2}$ 为管片环底拱中心水平方向土压力荷载；$p_{w2}$ 为管片环底拱中心水平方向水压力荷载。

(4) 盾构隧道拱腰水平方向地层反力的内力计算为

① $0 \leqslant \theta \leqslant \dfrac{\pi}{4}$

$$弯矩：W_{hc} = (0.2346 - 0.3536\cos\theta)K\delta R_c^2 \quad (4.10)$$

$$轴力：N_{hc} = (0.3536\cos\theta)K\delta R_c \quad (4.11)$$

$$剪力：V_{hc} = (0.3536\sin\theta)K\delta R_c \quad (4.12)$$

② $\dfrac{\pi}{4} \leqslant \theta \leqslant \dfrac{\pi}{2}$

$$弯矩：W_{hc} = (-0.3487 + 0.5\sin^2\theta + 0.2357\cos^3\theta)K\delta R_c^2 \quad (4.13)$$

$$轴力：N_{hc} = (-0.7071\cos\theta + \cos^2\theta + 0.7071\sin^2\theta\cos\theta)K\delta R_c \quad (4.14)$$

$$剪力：V_{hc} = (\sin\theta\cos\theta - 0.7071\sin\theta\cos^2\theta)K\delta R_c \quad (4.15)$$

其中

$$\delta = \dfrac{(2(q_{e1}+q_{w1}) - (p_{e1}+p_{w1}) - (p_{e2}+p_{w2}))R_c^4}{24(\eta EI + 0.0454 K R_c^4)}$$

式中：$\delta$ 为水平直径点地层变形量；$K$ 为地层抗力系数；$\eta EI$ 为管片有效抗弯刚度。

(5) 管片自重对管片的内力计算为

① $0 \leqslant \theta \leqslant \dfrac{\pi}{2}$

$$弯矩：W_g = \left(\dfrac{3}{8}\pi - \theta\sin\theta - \dfrac{5}{6}\cos\theta\right)gR_c^2 \quad (4.16)$$

$$轴力：N_g = \left(\theta\sin\theta - \dfrac{1}{6}\cos\theta\right)gR_c^2 \quad (4.17)$$

$$剪力：V_g = \left(\theta\cos\theta + \dfrac{1}{6}\sin\theta\right)gR_c \quad (4.18)$$

② $\dfrac{\pi}{2} \leqslant \theta \leqslant \pi$

$$弯矩：W_g = \left(-\dfrac{1}{8}\pi + (\pi-\theta)\sin\theta - \dfrac{5}{6}\cos\theta - \dfrac{\pi}{2}\sin^2\theta\right)gR_c^2 \quad (4.19)$$

$$轴力：N_g = \left(-\pi\sin\theta + \theta\sin\theta + \pi\sin^2\theta - \dfrac{1}{6}\cos\theta\right)gR_c \quad (4.20)$$

$$剪力：V_g = \left((\pi-\theta)\cos\theta - \pi\sin\theta\cos\theta - \dfrac{1}{6}\sin\theta\right)gR_c \quad (4.21)$$

式中，管片自重 $g = \dfrac{w}{2\pi R_c}$；$w$ 为隧道单位长度管片环重量。

### 4.6.5 管片结构设计

1) 分块设计

管片分块要考虑管片生产、储运、安装、纠偏以及对渗漏水和结构刚度的影响等。管片分割数目越少越好,但应考虑到搬运与组装的施工方便,一般情况下,小断面隧道(如市政管道等)分 4 块,中至大断面隧道(如地铁、公路隧道等)分 6～10 块。现在国内的地铁区间单线隧道大多采用 6 分块方案:3 块标准块(B 块)+2 块邻接块(L 块)+1 块封顶块(F 块),而且从有利于管片运输、拼装和减小盾构千斤顶的行程考虑,一般皆采用小封顶块(图 4.26、图 4.27)。

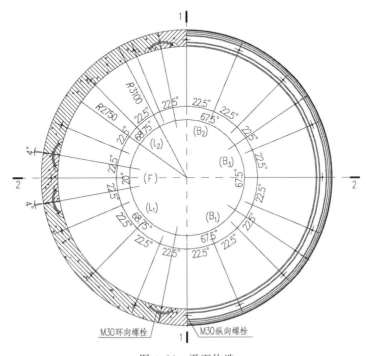

图 4.26 平面构造

2) 封顶块位置设计

理论上封顶块在任何位置都是可行的,但是封顶块位于不同部位时对千斤顶推力大小、管片受的挤压力却有很大不同:

(1) 当封顶块位于拱腰以上部位时,由于封顶块最后拼装,不会挤压两侧管片,因此便于施工;当封顶块位于拱腰以下部位时,两侧管片拼装后由于自重原因会挤向最后拼装的封顶块预留空间,这样拼装封顶块时需增大千斤顶推力,容易对管片造成挤压损坏。

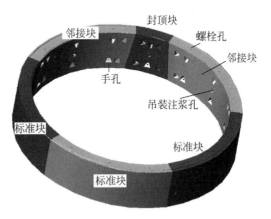

图 4.27 衬砌环构造

(2) 根据通用环纵向螺栓孔的设置情况及满足错缝拼装的要求,当封顶块位于拱腰水平部位时,管片错缝拼装时封顶块旋转到拱腰以下部位的次数相对较少,因此对管片造成挤压损坏相对较少。

封顶块的拼装形式有径向楔入、纵向插入等几种。径向楔入其半径方向的两边线必须呈内八字形或者至少是平行,受荷后有向下滑动的趋势,受力不利。采用纵向插入形式的封顶块受力情况较好,在受荷后,封顶块不易向内滑移,其缺点是在封顶块管片拼装时,需要加长盾构千斤顶行程。故也可采用半径向楔入和半纵向插入的方法以减少千斤顶行程。目前,中国、德国及比利时等多根据千斤顶的冲程大小来选用全纵向插入或根据冲程大小反算得出径向楔入及纵向插入长度,以此进行设计。在一些隧道工程中也有把封顶块设置于45°、135°甚至180°(圆环底部)处的。采用的封顶块位于拱腰的水平位置,封顶块拼装时先径向搭接三分之二管片长度,然后纵向用盾构千斤顶压入成环。

3) 管片内径设计

管片的内径主要根据限界(包括车辆限界、设备限界、受电弓限界、建筑限界),同时还要考虑施工误差、测量误差、设计拟合误差、不均匀沉降等因素确定。按已有的设计、施工经验,综合考虑隧道轴线的施工误差(包括测量误差)为±100mm、隧道后期不均匀沉降为±50mm。

4) 管片的形式及厚度设计

目前盾构隧道采用单层装配式衬砌,采用C50钢筋混凝土管片。单层衬砌要求具有一定刚度,其变形、接缝张开及混凝土裂缝开展等均能控制在预期的要求内。使用单层衬砌,施工工艺简单、工程实施周期短、投资省。地铁盾构区间隧道管片形式及深度,根据隧道覆土深度、周围环境、工程地质条件,以及地区设计、施工经验及运营检验上,经结构计算确定。

5) 环宽设计

从结构防水、提高施工进度、节省防水材料和管片连接件看,管片加宽是明显有利的。从结构受力方面考虑,管片加宽,区间隧道接缝减少,有利于提高结构的整体性。但管片加宽将造成盾构长度增加双倍的加宽量,影响其灵敏性。目前国内地铁管片主要有1.2m和1.5m两种环宽,而1.5m宽度的管片由于一个施工循环出土量较大,因此水平运输和垂直运输系统的要求相对于1.2m宽的管片要高,施工管理水平相对也较高,否则难以保证整个系统的匹配,也达不到提高工程进度的目的。因此管片宽度的选择主要取决于工程工期、施工管理水平和机械系统配套的协调性。

6) 楔形量设计

楔形量是通用环管片主要参数之一,在确定楔形量时,除了考虑曲线半径、衬砌外径、管片宽度和在曲线段使用楔形衬砌环所占的百分比外,还要按盾尾间隙量进行校核。据日本统计,当管片环外径5~7m的楔形量为30~60mm;外径8~10m的楔形量为40~80mm。楔形量是按照线路最小曲线半径并满足错缝拼装的要求,且要结合盾构施工纠偏考虑的,楔形量按下式计算:

$$\frac{2\Delta + 2\Delta \sin 45°}{D} = \frac{4L}{\rho} \tag{4.22}$$

式中:$\Delta$ 为楔形量;$D$ 为管片外直径长度;$L$ 为环宽;$\rho$ 为线路的曲线半径。

例如,某地区通用环管片取楔形量37.2mm,楔形角20°。管片最大、最小环宽处均位于水平位置,最大宽度为1218.6mm,最小宽度为1181.4mm(图4.28)。

7) 榫槽设置

榫槽的设置在不同时期、不同区域的工程实践中有着不同的理解。凹凸榫的设置有助于提高接缝刚度、控制不均匀沉降、改善接缝防水性能,也有利于管片拼装就位,但与此同时增加了管片制作、拼装的难度,影响了拼装的速度,同时也是拼装和后期沉降过程中管片开

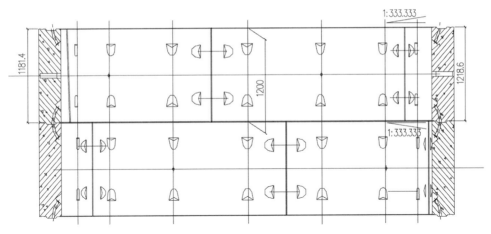

图 4.28 盾构环平剖楔形量

裂的因素之一,客观上又削弱了管片防水性能。平面式接头构造简单,加工方便,拼装快捷,接头剪力主要靠连接螺栓承担,主要适用于接缝承受较小剪力的情形。榫槽式接头刚度好,管片间剪力传递可靠,抵抗变形能力强,适用于强度低、灵敏度高的地层。

目前国内地铁工程对榫槽的设置也不统一。一般来说,在地基承载力较高的地层中一般不设置榫槽,国内这方面的设计实例很多。例如,广州地铁 1 号线、2 号线、深圳地铁和北京地铁 5 号线试验段等。在富水的软流塑地层中一般要设置榫槽,但是环纵缝榫槽设置情况也不一致,如上海地铁盾构区间隧道基本上是管片环、纵缝接触面皆设置榫槽,上海的黄浦江观光隧道(内径接近地铁区间隧道)和南京地铁区间盾构隧道管片只在纵缝接触面设置榫槽,而杭州地铁 1 号线盾构区间隧道只在环缝接触面设置榫槽。例如,某地区盾构区间隧道穿越的土层主要为软弱土层,高压缩性、高灵敏性,层面分布不均匀。为加强衬环间剪切刚度,防止管片间出现较大的错台,管片衬砌环缝接头面采用凹凸榫槽,纵缝接头面采用平面式,不设置榫槽(图 4.29)。

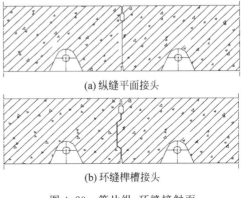

图 4.29 管片纵、环缝接触面

8)管片注浆及吊装孔设计

注浆孔为管片与地层之间管片背后注浆用,既可以作防水考虑,又可以加固地层所用,注浆孔可兼做吊装用,位于环片中点附近。

9)拼装方式设计

衬砌环的拼装形式有错缝、通缝两种形式(图 4.30):

从设计角度看,错缝拼装能使衬砌圆环接缝刚度分布趋于均匀,减少结构变形,可取得较好的空间刚度,成环管片间的接缝形式不再是"十"字形,而成为"T"形,没有了纵向通缝,增强了结构的整体性;由于错缝拼装,管片通过接缝将内力传递给相邻环,管片抗变形能力增强,提高了防水效果。采用通缝拼装其变形相对较大,环向螺栓受力大。

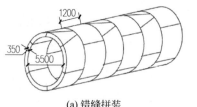
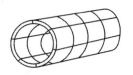

(a) 错缝拼装　　　　　　　　(b) 通缝拼装

图 4.30　拼装示意

从施工角度看,错缝拼装对管片制作精度及施工中管片拼装要求较高,但拼装质量好。相对来说,通缝拼装施工难度小。另外,通缝拼装的管片一般只能提供一种楔形环,而错缝拼装时,可以提供几种不同锥度的楔形环,使得管片选型余地更大,线路的拟合更容易、精确,防水效果更好;错缝拼装条件下,环、纵缝相交处呈丁字形,而通缝拼装时则为十字形,在接缝防水上丁字缝比十字缝较易处理。

10) 连接方式设计

目前常用的螺栓连接形式有直螺栓连接、弯螺栓连接、斜螺栓连接、无螺栓连接(砌块)以及销钉连接等。国内区间隧道的管片连接一般采用螺栓连接,而且螺栓是永久性的。这与欧洲的设计习惯差异很大,欧洲的管片接缝一般只在管片拼装时采用螺栓,工程竣工后大部分螺栓取消。国内管片连接的螺栓在早期上海地铁中以直螺栓为主,直螺栓构造较简单,施工方便,在隧道衬砌为箱形管片时适用性较好。但其用于平板形管片,在接头两侧需设置预埋钢连接盒或较大的手孔,对管片衬砌削弱较大。

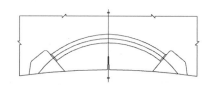

图 4.31　管片之间弯螺栓连接

国内地铁盾构区间隧道绝大部分采用弯螺栓作为管片衬砌间的连接方式(图 4.31)。弯螺栓连接时,接头两侧不需预埋连接盒,手孔也比直螺栓小,对管片截面的削弱也小。弯螺栓的连接存在两个问题:容许管片错位的能力差,因此管片若错位较大,经常造成管片手孔处混凝土的开裂。另外,弯螺栓钢材用量较大,造价稍高,而且安装相对困难,基本难以拆卸,为了管片螺栓拆卸方便,国外经常采用临时的斜螺栓连接。

斜螺栓连接方式就是在接头一侧管片中预埋钢或塑料的连接套筒(螺母),在接头另一侧设较小的手孔,拼装时用直螺栓从手孔中斜向插入,并与预埋连接套筒相连,螺栓回收率高,造价节省。斜螺栓的缺点是管片间接缝刚度近于铰接,衬砌整体性差,结构抵抗不均匀沉降能力差,不利于结构抗震。

无螺栓连接(砌块)以及销钉连接的接头间没有连接螺栓,也不能施加预紧力,衬砌整体刚度小,隧道的抗震和防水性能均较差,不适合应用于地下水位较高的软土地区及抗震设防地区的地铁区间隧道。

11) 定位棒设计

定位棒为管片螺栓孔对接标志,若设置定位棒则增加管片制作难度,且增加费用,但设置定位棒便于螺栓孔对齐和螺栓安装,从而方便施工,是否设置定位棒取决于施工水平。

12) 衬垫设计

设置橡胶衬垫的主要作用有以下两个:

(1) 保护管片。管片在拼装以及后期螺栓紧固的过程中,相邻管片混凝土面压力较大,由于拼装误差及沉降等原因,管片密贴面不一定水平,这就容易造成管片拼装或固定过程中,管片混凝土挤压崩裂。而设置橡胶衬垫,在混凝土间形成一层缓冲层,可以有效防止刚性挤压对混凝土管片造成的伤害。

(2) 施工纠偏。在盾构施工过程中,由于土质不均匀及操作等原因,容易出现掘进偏差,在管片拼装过程中也容易出现拼装误差,而在环缝设置不同厚度的衬垫,可以对管片拼装纵向误差进行纠正。但是设置衬垫大大增加了费用,因此是否设置衬垫也取决于施工水平。

### 4.6.6 管片结构配筋

对于施工阶段,管片配筋计算原则为强度控制;对于使用阶段,配筋计算原则为裂缝和强度双控制;根据计算以及分析结果,发现使用阶段的计算配筋起控制作用:管片按偏心受压构件计算。结构重要性系数1.1,保护层厚度:迎水面50mm;背水面40mm。管片配筋应结合工程经验进行配筋。欧洲地铁大多位于坚硬地层中,管片其含钢量一般处于80~100kg/m³,国内地铁大多位于软土地区,通常采用145~160kg/m³的含钢量。另外考虑具体施工、吊装和运输的影响,在管片四边沿环及纵向布置钢筋形成暗梁,使其整体性加强;在迎千斤顶面的暗梁部位凸榫设置加强筋;在螺栓挤压容易出现裂缝的环、纵向螺栓孔设置螺旋筋;在手孔部位设置加强V形筋(图4.32~图4.42)。

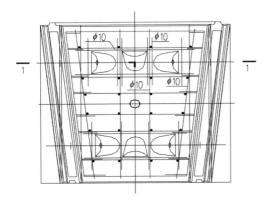

图 4.32 封顶块配筋立面

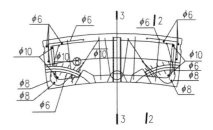

图 4.33 封顶块配筋1—1剖面

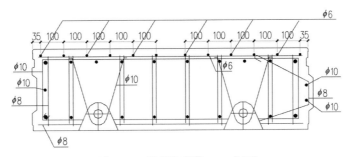

图 4.34 封顶块配筋2—2剖面

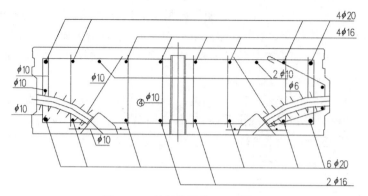

图 4.35 封顶块配筋 3—3 剖面

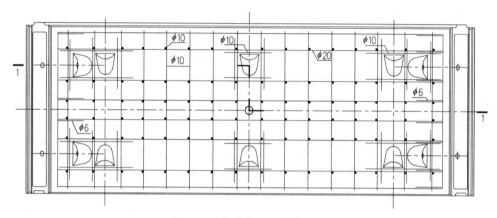

图 4.36 标准块($B_2$)配筋立面

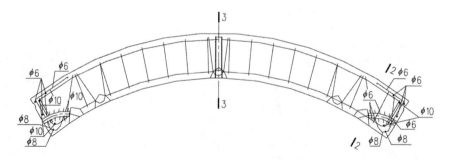

图 4.37 标准块($B_2$)配筋 1—1 剖面

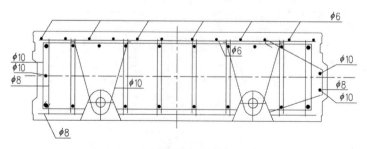

图 4.38 标准块($B_2$)配筋 2—2 剖面

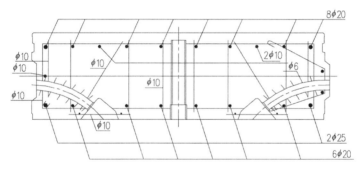

图 4.39 标准块($B_2$)配筋 3—3 剖面

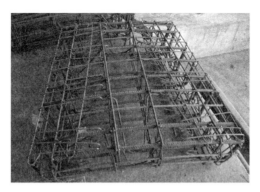

图 4.40 封顶块钢筋笼示意

图 4.41 盾构管片示意

图 4.42 盾构隧道示意

### 4.6.7 盾构端头井加固设计

盾构始发井与区间隧道位置,盾构始发作业、吊出作业时由于需凿除相邻车站部分围护结构以便盾构进出隧洞,从而令开挖面存在无支护状态,在软弱地层实施时极易引发施工安全问题。为了保证盾构隧道施工安全,需要对盾构始发和吊出作业井端头采取高压旋喷或者混凝土搅拌桩加固(图 4.43)。

越来越多盾构吊出作业采用钢套筒盾构吊出方案,采用该方案不仅能保证盾构吊出的安全(实施得当时不存在出现大规模涌水涌沙的可能),且当大规模、成批量采用钢套筒接收时,由于成本摊销将令该方案的工程措施费用低于传统端头地层加固方案(图 4.44)。

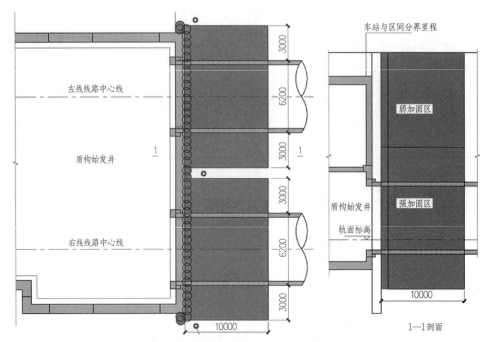

图 4.43 接收或者始发井地层加固方案

图 4.44 钢套筒盾构吊出方案现场

### 4.6.8 盾构区间隧道防水设计

#### 4.6.8.1 管片自防水设计

地铁盾构区间防水以管片自防水为主,接缝防水为重点,并对特殊部位进行处理,形成完整的防水体系。

(1) 管片采用 C50 混凝土制成的高精度管片,抗渗等级≥P10。

(2) 胶凝材料用量在 360~480 kg/m³。

(3) 管片钢筋净保护厚度外侧 35 mm、内侧 25 mm;同时外侧主筋净保护层厚度不小于 50 mm;内侧主筋净保护层厚度不小于 40 mm。

(4) 按有关规定严格控制混凝土中 $Cl^-$ 的含量,最大 $Cl^-$ 含量≤0.06%。每立方米混凝土中各类材料的总碱含量($Na_2O$ 当量)不得大于 3 kg。

(5) 选用低水化热水泥,水胶比不得大于 0.36。

#### 4.6.8.2 接缝防水

衬砌接缝防水包括弹性密封垫、内侧嵌缝(图4.45)。

(1) 弹性密封垫采用三元乙丙橡胶弹性密封垫材料,考虑管片拼装误差、密封材料应力松弛等因素,密封垫设计应保证在管片接缝张开量为6mm,错位10mm、水压力0.8MPa作用下不漏水。弹性密封垫的构造形成经试验确定验证合格,应满足100年耐久性要求,并满足设计及相关规范要求方可用于本工程。

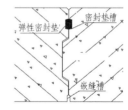

图4.45 管片之间防水构造

(2) 嵌缝:在洞口20环,联络通道两侧各20环、下穿河道范围及穿越河道前后各10环、曲线半径<400m区段全环施作嵌缝;一般段拱顶45°、拱底90°范围环纵缝采用聚硫密封胶进行嵌缝。若拱顶出现渗漏水,应先进行衬砌背后堵漏处理,然后采用聚硫密封胶进行嵌缝。

(3) 手孔及吊装孔(注浆孔)采用遇水膨胀橡胶圈止水。上半环手孔采用硫铝酸盐超早强(微膨胀)水泥充填,再用带有螺纹的塑料保护罩套于螺栓上,下半环的手孔采用硫铝酸盐超早强(微膨胀)水泥封堵。

(4) 管片生产中采用高频振动台加强振捣,确保混凝土密实,以满足抗渗等级要求。

(5) 管片在生产、运送、拼装过程中出现的大麻点、大缺角应用聚合物快凝水泥修补完好。

(6) 管片在使用期间应满足强度、抗裂要求,最大裂缝宽度不得大于0.2mm。

## 4.7 矿山法区间隧道设计

### 4.7.1 软土地层暗挖法

浅埋暗挖法施工适用于软土地层(强风化岩、各种黏性土层、松散砂卵石地层等),初次支护按承担施工期间全部荷载,二次模注衬砌承担正常使用期间全部荷载以及起到防水和耐久性等作用。

浅埋暗挖法采用多种辅助工法,超前支护,改善加固围岩,充分利用围岩的自承能力,在施工过程中监控量测、信息反馈,不断优化设计。

该法工艺简单、灵活,无需大型设备,特别是在变截面地段、软硬地层不均以及变断面隧道(如连洞、多跨断面、渡线区段等)具有较好的适应性和灵活性,但浅埋暗挖法不允许带水作业和开挖面土体具有相当的自立性和稳定性。当土体难以达到所需的稳定条件时,必须通过地层预加固和预处理来提高开挖面土体的自立性和稳定性。采用矿山法施工,一般单洞单线区间隧道断面面积较小,可采用台阶法施工;一般单洞双线区间隧道断面面积较大,可采用中隔壁法施工;双跨连拱断面施工可采用中洞法;折返线等位置若采用大跨度断面还可采用双侧壁导坑法施工。通常单洞单线矿山法隧道衬砌断面如图4.46所示。隧道结构为复合衬砌,由喷射混凝土的初期支护与模注混凝土的二次衬砌构成,两次衬砌之间有防水层分隔。

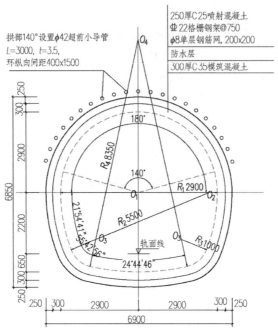

图 4.46 单洞单线浅埋暗挖法隧道衬砌断面

## 4.7.2 岩石地层钻爆法

在岩石地层中修建地铁区间隧道,常采用钻爆法,即通过钻孔、装药、爆破开挖岩石的方法,简称钻爆法。

基本工序为:钻孔、装药、放炮散烟、出渣、初期支护、衬砌。隧道的开挖方法一般有全断面法和分步开挖法。分步开挖法又分为台阶法、导洞法、CD法、CRD法和双侧壁导坑法等。隧道开挖方法应根据具体的围岩条件、断面大小、支护方法等综合确定。

对于围岩级别为Ⅰ~Ⅲ级的小断面隧道(如出入口隧道、单洞单线隧道,开挖跨度在7m以内),可采用全断面开挖;对于中等断面隧道(如单洞双线隧道、塔柱式车站隧道等)以及围岩分级为Ⅳ级以上的小断面隧道,可采用上下台阶分步开挖;当地质条件复杂或隧道断面较大时(如暗挖车站隧道、区间喇叭口隧道等),可采用导洞法分步开挖施工法(如弧形导洞法、品形导洞法等),即先掘进一定深度的小断面导洞,然后进行开帮或挑顶,最后采用光面爆破,将断面扩大至设计断面。当车站隧道处于浅埋状态,且围岩条件较差时,可采用双侧壁导坑法进行断面开挖及支护,可有效控制地面沉降。岩石地层常采用的初期支护参数见表4-5。

表 4-5 钻爆法隧道初期支护参数

| 围岩级别 | 开挖跨度 | 喷射混凝土厚度/cm | | 锚杆 | | | 钢筋网/(mm×mm) | 钢架 |
|---|---|---|---|---|---|---|---|---|
| | | 拱墙 | 仰拱 | 位置 | 长度/m | 间距/m | | |
| Ⅱ | 小跨 | 5 | — | 局部 | 2.0 | — | — | — |
| | 中跨 | 5 | — | 局部 | 2.0 | — | — | — |
| | 大跨 | 5~8 | — | 局部 | 2.5 | — | — | — |

续表

| 围岩级别 | 开挖跨度 | 初期支护参数 | | | | | | |
|---|---|---|---|---|---|---|---|---|
| | | 喷射混凝土厚度/cm | | 锚杆 | | | 钢筋网/(mm×mm) | 钢架 |
| | | 拱墙 | 仰拱 | 位置 | 长度/m | 间距/m | | |
| Ⅲ 硬岩 | 小跨 | 5～8 | — | 拱墙 | 2.0 | 1.2～1.5 | 拱部@25×25 | — |
| | 中跨 | 8～10 | — | 拱墙 | 2.0～2.5 | 1.2～1.5 | 拱部@25×25 | — |
| | 大跨 | 10～12 | — | 拱墙 | 2.5～3.0 | 1.2～1.5 | 拱部@25×25 | — |
| Ⅲ 软岩 | 小跨 | 8 | — | 拱墙 | 2.0～2.5 | 1.2～1.5 | 拱部@25×25 | — |
| | 中跨 | 8～10 | — | 拱墙 | 2.0～2.5 | 1.2～1.5 | 拱部@25×25 | — |
| | 大跨 | 10～12 | — | 拱墙 | 2.5～3.0 | 1.2～1.5 | 拱部@25×25 | — |
| Ⅳ 深埋 | 小跨 | 10～12 | — | 拱墙 | 2.5～3.0 | 1.0～1.2 | 拱部@25×25 | — |
| | 中跨 | 12～15 | — | 拱墙 | 2.5～3.0 | 1.0～1.2 | 拱部@25×25 | — |
| | 大跨 | 20～23 | 10～15 | 拱墙 | 3.0～3.5 | 1.0～1.2 | 拱墙@20×20 | 拱墙 |
| Ⅳ 浅埋 | 小跨 | 20～23 | — | 拱墙 | 2.5～3.0 | 1.0～1.2 | 拱墙@20×20 | 拱墙 |
| | 中跨 | 20～23 | — | 拱墙 | 2.5～3.0 | 1.0～1.2 | 拱墙@20×20 | 拱墙 |
| | 大跨 | 20～23 | 10～15 | 拱墙 | 3.0～3.5 | 1.0～1.2 | 拱墙@20×20 | 拱墙 |
| Ⅴ 深埋 | 小跨 | 20～23 | — | 拱墙 | 3.0～3.5 | 0.8～1.0 | 拱墙@20×20 | 拱墙 |
| | 中跨 | 20～23 | 20～23 | 拱墙 | 3.0～3.5 | 0.8～1.0 | 拱墙@20×20 | 全环 |
| | 大跨 | 23～25 | 23～25 | 拱墙 | 3.5～4.0 | 0.8～1.0 | 拱墙@20×20 | 全环 |
| Ⅴ 浅埋 | 小跨 | 23～25 | 23～25 | 拱墙 | 3.0～3.5 | 0.8～1.0 | 拱墙@20×20 | 全环 |
| | 中跨 | 23～25 | 23～25 | 拱墙 | 3.0～3.5 | 0.8～1.0 | 拱墙@20×20 | 全环 |
| | 大跨 | 25～27 | 23～25 | 拱墙 | 3.5～4.0 | 0.8～1.0 | 拱墙@20×20 | 全环 |

### 4.7.3 区间隧道结构设计实例

青岛某地区地铁区间隧道埋深12～21m，穿越地层为中风化流纹岩、微风化流纹岩，围岩等级主要有Ⅱ级、Ⅲ级、Ⅳ$_1$级、Ⅳ$_2$级和Ⅴ级围岩（图4.47～图4.51）。初期支护和二次衬砌设计如下：

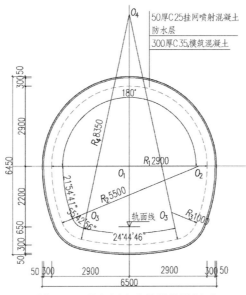

图4.47 Ⅱ级围岩支护结构横剖面

1）超前支护措施

根据围岩Ⅳ级、Ⅴ级围岩地段隧道拱部以上设单层 φ42 小导管注浆超前支护，在Ⅵ级围岩地段设双层 φ42 小导管注浆支护，小导管环向间距 0.4m，小导管长 3.0m，纵向间距 1.5～2.0m。

2）初期支护方案

通过类比其他实际工程及结构计算，支护参数详见图 4.48～图 4.51。

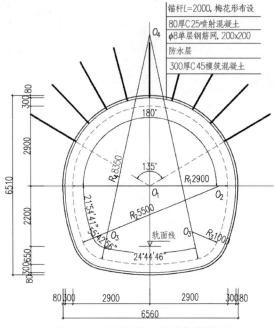

图 4.48　Ⅲ级围岩支护结构横剖面

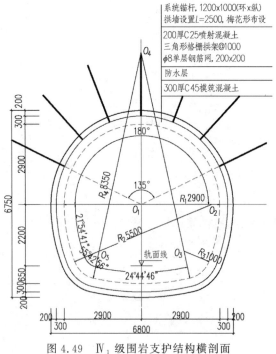

图 4.49　Ⅳ₁级围岩支护结构横剖面

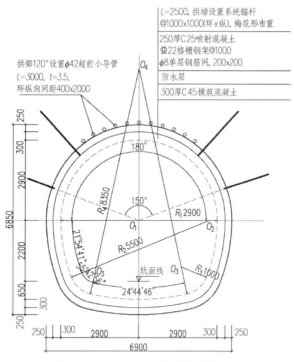

图 4.50　Ⅳ₂ 级围岩支护结构横剖面

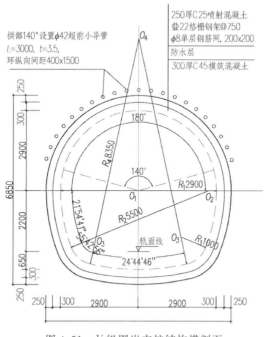

图 4.51　Ⅴ 级围岩支护结构横剖面

在设有初期支护背后采用水泥浆液或水泥砂浆进行注浆。注浆孔沿拱部及边墙布设，环向间距：拱部 2m，边墙 3m，纵向间距 3m，梅花形布置，注浆深度为初支背后 0.5m，注浆终压 0.5MPa。

纵向受力钢筋的混凝土保护层最小厚度：初期支护为外侧40mm，内侧35mm；二次衬砌结构为外侧35mm，内侧35mm；最外层钢筋的保护层厚度不小于35mm。

3）区间隧道断面内部尺寸的制定

地铁隧道断面尺寸应该考虑地铁限界，地铁限界包括车辆限界、设备限界和建筑限界。车辆限界分为隧道内车辆限界和隧道外车辆限界；按运行区域分区间车辆限界、站台计算长度内车辆限界和车辆基地内车辆限界。建筑限界分为隧道建筑限界、高架线及地面线建筑限界、地面建筑限界。设备限界是用以限制设备安装的控制线，建筑限界是在设备限界基础上，考虑了设备和管线安装尺寸后的最小有效断面。其中隧道限界又分为矩形隧道建筑限界、马蹄形隧道建筑限界、圆形隧道建筑限界（图4.52）。

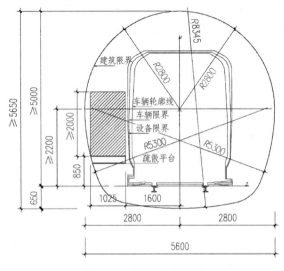

图4.52 隧道限界断面

暗挖区间隧道断面形式可以采用拱顶、直墙、带仰拱的断面和马蹄形断面两种形式。直墙断面与地铁设备限界最接近，开挖量少，但断面结构不圆顺，局部应力集中，结构受力的性能较差，配筋量大，不经济；目前通常采用马蹄形断面。例如，通常用的B型车，设计时速100km的隧道断面形式及尺寸如图4.53所示。

4）结构计算

在设计中，要对初期支护单独承载及初期支护与二次衬砌共同承载进行内力及位移分析，计算方法为荷载-结构法。结构主要尺寸的拟定原则如下：

① 结构尺寸应满足区间使用功能的要求；
② 结构尺寸应满足结构各种状态下承载、变形要求；
③ 结构尺寸应满足施工工艺的要求。

区间隧道计算模型采用荷载-结构模型，除考虑垂直土压力和侧向土压力外，还用一定刚度的弹簧（只能受压）模拟因地层对结构变形的约束作用产生的形变压力。

一般情况下，深埋隧道围岩压力小于浅埋隧道，但是深埋隧道在水压力作用下，总体外荷载有可能大于浅埋隧道，因此进行计算时选取区间隧道浅埋断面与深埋断面进行比较计算，进行二次衬砌设计按照最不利情况进行。

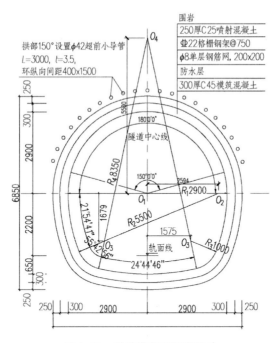

图 4.53 隧道横断面拟定设计

区间隧道均采用复合式衬砌，考虑到复合式衬砌中的初期支护结构不满足耐久性要求，在长期使用过程中，外部荷载因初期支护材料性能退化和刚度下降将向二次衬砌转移，故长期使用阶段不考虑初期支护与二次衬砌共同受力，只考虑二次衬砌的承载作用。由于隧道结构基本为平面应变状态，故可简化为平面问题进行计算，计算内力如图 4.54 所示，标准段Ⅵ级围岩配筋如图 4.55 所示。

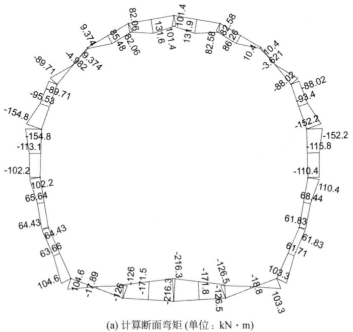

(a) 计算断面弯矩(单位：kN·m)

图 4.54 隧道断面计算内力

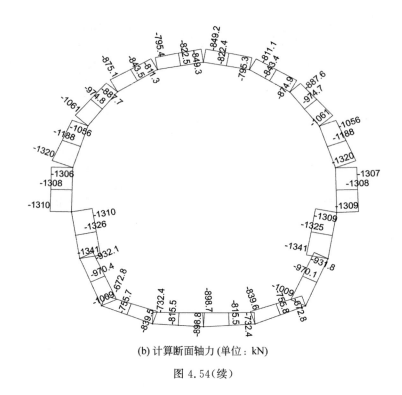

(b) 计算断面轴力(单位: kN)

图 4.54(续)

5) 二次衬砌结构配筋

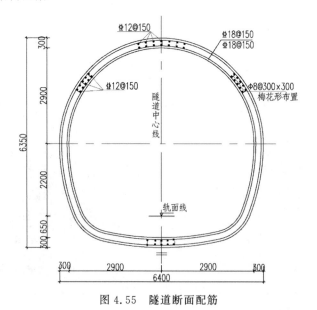

图 4.55 隧道断面配筋

### 4.7.4 矿山法区间隧道防水设计

1) 防水设计原则

(1) 地下结构防水应遵循"以防为主、多道设防、刚柔相济、因地制宜、综合治理"的原则,根据环境条件、结构形式、施工方法,选择有效、可靠、操作方便的防水方案(图 4.56~图 4.59)。

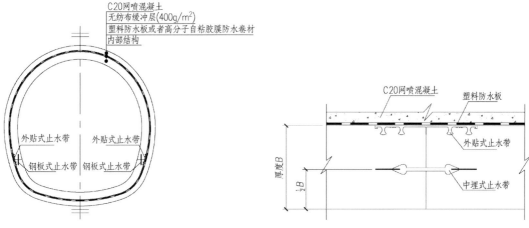

图 4.56　矿山法全包防水构造　　　　图 4.57　横向垂直施工缝防水构造 1

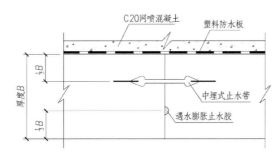

图 4.58　横向垂直施工缝防水构造 2

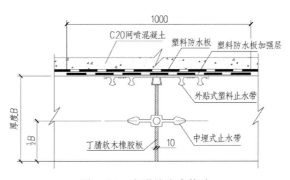

图 4.59　变形缝防水构造

(2) 地下结构应以混凝土结构自防水为主,确保混凝土、钢筋混凝土结构的抗渗性、抗裂性和耐久性。

(3) 防水材料的选择应适应该地区的环境和地下水条件,以方便施工、可靠、耐久、经济、安全、环保为原则。

(4) 地下结构永久防水不是排,而是防,根据城市环保及水资源要求,在城市修建土建工程不允许排水,排水措施是以排除混凝土结构内存水为原则。

2) 防水设计技术标准

(1) 矿山法施工的区间隧道及连接通道等附属的隧道结构防水等级为二级,不允许漏水,结构表面可有少量湿渍,总湿渍面积不应大于总防水面积的 2/1000；任意 100$m^2$ 防水面积上的湿渍不超过 3 处,单个湿渍最大面积不大于 0.2$m^2$；隧道工程中漏水的平均渗漏量不大于 0.05L/($m^2$·d),任意 100$m^2$ 防水面积渗漏量不大于 0.15L/($m^2$·d)。

(2) 区间二次衬砌模注混凝土结构采用防水混凝土,抗渗等级根据埋深制定。

(3) 在区间隧道的初期支护与二次衬砌之间设置防水卷材和无纺布土工布衬垫,仰拱(底板)防水层上设置细石混凝土保护层。

(4) 变形缝防水：结构迎水面设置背贴式止水带；结构中部设置中埋式止水带。

(5) 施工缝的防水措施：采用外贴止水带和结构中部设置止水构件的措施。

# 第5章

# 高架车站结构设计

## 5.1 高架车站结构设计概述

高架车站是站台等车站设施架设于高架构造物之上，离地面有一定高空落差的地铁车站。随着我国城市轨道交通的发展，轨道交通建设是道路、桥梁、隧道和车站的建设，高架车站以其经济、美观、施工方便，使用便利等特点，被越来越多地应用于轨道交通。目前高架车站结构往往采用横向双柱、横向三柱或多跨，也有个别地区采用独柱结构。

高架车站是桥梁、建筑的综合体。

## 5.2 设计原则和技术标准

### 5.2.1 设计原则

（1）结构设计以满足安全、实用、经济、美观为原则。

（2）车站结构形式和车站桥跨布置应考虑车站的功能、使用要求、结合车站所处的周边条件、城市规划要求，在满足结构安全的前提下，应服从景观要求。

（3）高架车站结构布置选用站-桥分离、站-桥合一或站-桥组合的结构形式，设计须确保结构安全可靠、经济合理、受力明确，并具有较好的整体性。

（4）高架车站结构形式应配合建筑尽量做到轻巧，满足景观要求。

（5）结构计算应满足强度、刚度、稳定性以及裂缝开展验算的要求。只受轨道车辆荷载的构件按铁路桥涵设计规范计算；不受轨道车辆荷载的构件按建筑结构设计规范计算；兼受轨道车辆荷载的构件，既要满足铁路桥涵设计规范又要满足建筑结构设计规范要求。

（6）当高架结构的墩柱有可能受机动车、船舶等撞击时，应设防止墩柱受撞击的保护措施。

（7）基础设计应综合考虑上部结构类型、工程地质、水文地质、环境要求，选择合理的桩型和持力层。

（8）结构工程的材料应根据结构类型、受力条件、使用要求和所处环境等选用，并应满足结构对材料的安全性、耐久性、可靠性、经济性和维护性的要求。

(9) 结构的净空尺寸应满足建筑限界及各种设备使用功能的要求,并考虑施工工艺、施工误差、结构变形及沉降等因素的影响。

(10) 结构设计及施工因地制宜,充分考虑对现有城市交通、区位环境的影响。

(11) 凡是在近期站与远期站交汇处,近期站的设计与施工应为远期站创造有利条件。

(12) 结构设计同时应满足施工工艺、运营、防水、防火、防雷、防迷流等要求。

### 5.2.2 技术标准

(1) 车站结构设计使用年限为100年,结构设计基准周期为50年。结构永久构件的安全等级为一级,按荷载效应基本组合进行承载力计算时相应的结构构件重要性系数 $\gamma_0$ 取1.1。

(2) 确定抗震设防区,设计基本地震加速度、抗震等级,进行抗震验算,应根据设防要求、场地条件、结构类型和埋深等因素选用能较好反映其地震工作性状的分析方法,并在结构设计时采取必要的构造处理措施,以提高结构的整体抗震能力。抗震设防等级应根据现行《中国地震动参数区划图》,结合项目工程场地地震安全性评估报告确定。车站结构抗震设防分类为重点设防类(A类)。

(3) 地基基础设计等级为甲级,桩基设计等级为甲级。

(4) 车站结构采取防止杂散电流腐蚀的措施。

(5) 地铁结构中主要构件的耐火等级为一级。

(6) 钢结构防腐体系使用年限为20年。

(7) 裂缝控制:①轨道梁,主力作用下0.20mm;②地上0.30mm;③地下室结构构件迎土(水)侧为0.20mm,背土(水)侧为0.30mm。其余按相关建规、桥规要求控制。

(8) 结构刚度控制。

① 建筑结构受弯构件的挠度限值应满足《混凝土结构设计规范》(GB 50010—2010,2015年版)规定,竖向挠度不大于 $L_0/300$ ($L_0$ 为构件跨度);

② 为减少预应力混凝土梁徐变值及减少无缝线路挠曲力值,桥梁结构须具有相应的竖向刚度,应满足《地铁设计规范》(GB 50157—2013)的规定,竖向静活载下挠度限值不大于1/2000。

(9) 桩基沉降控制:同时满足《建筑地基基础设计规范》(GB 50007—2011)以及《地铁设计规范》的要求;相邻柱距沉降差不大于 $L/1000$ ($L$ 为柱距)。

## 5.3 荷载及荷载组合

### 5.3.1 荷载

高架车站荷载按《铁路桥涵设计规范》(TB 10002—2017)分为主力荷载、附加力荷载和特殊荷载;按《建筑结构荷载规范》(GB 50009—2012)分为永久荷载、可变荷载、偶然荷载。详细分类如表5-1所示。

表 5-1　荷载分类

| 《铁路桥涵设计规范》 | 《建筑结构荷载规范》 | 荷 载 类 型 |
|---|---|---|
| 主力荷载 | 永久荷载 | 结构自重 |
| | | 附属设备和附属建筑自重（即二期恒载） |
| | | 预加应力 |
| | | 混凝土收缩及徐变影响 |
| | | 基础变位的影响 |
| | 可变荷载 | 列车竖向静活载 |
| | | 列车竖向动力作用 |
| | | 列车横向摇摆力 |
| | | 无缝线路纵向水平力 |
| | | 人群荷载 |
| 附加力 | 可变荷载 | 列车制动力或牵引力 |
| | | 风力 |
| | | 温度影响力 |
| 特殊荷载 | 偶然荷载 | 无缝线路断轨力 |
| | | 汽车的撞击力 |
| | | 地震力 |

(1) 结构自重。钢筋混凝土构件自重 $26kN/m^3$，素混凝土构件自重 $23kN/m^3$，钢结构自重 $78.5kN/m^3$。

(2) 桥面二期恒载。桥面二期恒载包括道床、线路设施、两侧护栏板、逃生平台、桥面铺装、接触网、电力及通信电缆和声屏障等。二期恒载考虑以上各项分别根据相关各专业提资后汇总计算。

(3) 混凝土收缩和徐变影响。混凝土的收缩应变和徐变系数终级值按《铁路桥涵混凝土结构设计规范》第 7.3.4 条第 6 款计算。

(4) 基础变位影响。连续结构强迫位移按 10mm 考虑，更换支座按 10mm 考虑。

(5) 列车活载。例如，采用 B 型车辆的尺寸及技术指标见车辆专业相关资料，列车活载计算如图 5.1 所示。

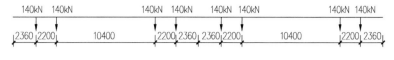

图 5.1　列车荷载示意

远期每列车编组 6 辆，每辆车长 19.52m，定距 12.6m，固定轴距 2.2m，车辆最大轴重 140kN，最小轴重 65kN，最大、最小轴重可按每节车长任意排列组合。

双线桥竖向活载不折减，多线桥按两线加载或所有线路在最不利位置作用 75% 的活载。

(6) 列车离心力按《地铁设计规范》计算。

(7) 列车竖向动力系数为 $1+\mu$，$\mu$ 宜取现行《铁路桥涵设计规范》规定的值乘以 0.8。

(8) 无缝线路作用力：按轨道专业提供的数值纳入结构计算。

(9) 民用建筑活载标准值应按活载规范规定采用(表 5-2)。

表 5-2  民用建筑活载标准值

| 项次 | 类别 | 标准 |
|---|---|---|
| 1 | 站厅、站台、楼梯 | $4kN/m^2$ |
| 2 | 其他设备用房楼面 | $8kN/m^2$,根据设备的实际重量、动力影响、安装等确定 |
| 3 | 屏蔽门 | $3.5kN/m$ 线活载 |
| 4 | 厕所、盥洗室 | $3.5kN/m^2$ |

注：①对自动扶梯等需要吊装的设备荷载,在结构计算时还应考虑设备吊点所设置的位置及起吊点的荷载,楼板设计时尚应考虑重型设备的运输荷载;②对设有触网支柱,尚应计入触网支柱荷载。

(10) 列车竖向活载应按左线有车、右线有车、两线有车三种情形考虑；制动力或牵引力按竖向静活载15%计算,但当与离心力同时计算时,制动力或牵引力应按竖向静活载的10%计算。双线桥采用一线的制动力或牵引力(车站两侧与车站相邻100m范围内双线桥按双线制动力,三线或三线以上的桥采用二线的制动力或牵引力)。制动力或牵引力作用在轨顶上 2m 处,当计算桥梁墩台时可移至支座中心处。

(11) 列车横向摇摆力作用在轨顶面处,其值按相邻两节车四个轴轴重的 15%计算。

(12) 风荷载按现行《建筑结构荷载规范》和《铁路桥涵设计规范》的规定执行。并考虑体型、风高、地形等影响。作用点位于结构物受风面重心处,列车在轨顶以上 2m 处。

(13) 温度变化的影响。

① 板内温度场按线性分布。

② 日照温差分别按单向及双向组合考虑。

③ 降温温差根据当地和具体工程情况考虑。

④ 日照温差及降温温差计算时,混凝土的受压弹性模量按《铁路桥涵混凝土结构设计规范》执行。

(14) 地面汽车撞击力对于无法设置防撞措施的墩台结构,应考虑汽车撞击力作用。顺汽车行驶方向撞击力为1000kN；垂直于汽车行驶方向撞击力为 500kN；作用点位置离路面高为 1.2m。

(15) 地震力按《铁路工程抗震设计规范》(GB 50111—2006,2009 年版)和《城市轨道交通结构抗震设计规范》(GB 50909—2014)进行设计。

(16) 荷载组合按照地铁规范、桥规、铁路工程抗震规范进行设计。

(17) 直线上车站不考虑离心力作用。

(18) 无缝线路伸缩力、挠曲力不同时,考虑取大值。

(19) 轨道梁及支撑结构按《铁路桥涵设计规范》进行荷载组合及结构设计,其余构件按现行建筑结构设计规范进行结构设计。

### 5.3.2 荷载组合

轨道梁及支撑结构荷载计算按《地铁设计规范》以及《铁路工程抗震设计规范》规定进行。

1）主力组合

① 自重＋二期恒载＋混凝土收缩及徐变；
② 自重＋二期恒载＋混凝土收缩及徐变＋基础变位；
③ 自重＋二期恒载＋混凝土收缩及徐变＋活载；
④ 自重＋二期恒载＋混凝土收缩及徐变＋活载＋基础变位。

2）主＋附组合

① 自重＋二期恒载＋混凝土收缩及徐变＋制动力；
② 自重＋二期恒载＋混凝土收缩及徐变＋基础变位＋制动力；
③ 自重＋二期恒载＋混凝土收缩及徐变＋活载＋制动力；
④ 自重＋二期恒载＋混凝土收缩及徐变＋活载＋基础变位＋制动力；
⑤ 自重＋二期恒载＋混凝土收缩及徐变＋温度力；
⑥ 自重＋二期恒载＋混凝土收缩及徐变＋基础变位＋温度力；
⑦ 自重＋二期恒载＋混凝土收缩及徐变＋活载＋温度力；
⑧ 自重＋二期恒载＋混凝土收缩及徐变＋活载＋基础变位＋温度力；
⑨ 自重＋二期恒载＋混凝土收缩及徐变＋制动力＋温度力；
⑩ 自重＋二期恒载＋混凝土收缩及徐变＋活载＋制动力＋温度力；
⑪ 自重＋二期恒载＋混凝土收缩及徐变＋活载＋基础变位＋制动力＋温度力。

3）主＋特殊荷载组合

自重＋二期恒载＋活载＋水平地震力。

4）支撑列车活载以外的构件荷载组合

按照《建筑结构荷载规范》及《建筑抗震设计规范》等有关民用建筑规范进行荷载组合（表 5-3）。

表 5-3 承载力极限状态荷载组合

| 序 号 | 组合验算工况 | 荷 载 | | |
|---|---|---|---|---|
| | | 永久荷载 | 可变荷载 | 地震荷载 |
| 1 | 基本组合构件强度计算 | 1.3 | 1.5 或 1.5×0.7 | — |
| 2 | 准永久组合构件裂缝宽度验算 | 1.0 | 1.0 | — |
| 3 | 构件变形计算 | 1.0 | 1.0 | — |
| 4 | 地震荷载作用下构件强度验算 | 1.2×1.0 | 1.2×0.5 | 1.3 |
| 5 | 构件抗浮稳定性验算 | 1.0 | — | — |

注：①荷载组合按照概率极限状态设计方法；②对于站台板以上结构，按照建筑结构规范执行，表中不再列入；③无缝线路伸缩力、挠曲力不同时考虑，取大值；④竖向地震作用用于大悬臂结构、转换结构；⑤对车站纵向受力构件在温度影响下的承载能力及裂缝宽度进行分析计算；⑥依据《建筑抗震设计规范》(5.1.3)条，地震荷载作用下构件强度验算组合值系数取 1.0、0.5 计算；⑦恒载控制的基本组合中，列车静活载、人群活载组合值系数依据《建筑结构荷载规范》(4.1.1)条取值。

## 5.4 高架车站结构形式分类、比选及计算理论

从车站和区间桥梁关系分为：站-桥分离、站桥合一、站桥组合；从车站结构形式分：框架式、桥式。根据站台布置方式分为：侧式和岛式。

### 5.4.1 高架车站结构形式分类

**1. 站-桥分离结构**

这种结构体系是区间线路高架桥结构从车站中间或车站两侧穿过,站-桥分离结构中站房、站台与桥梁之间完全脱开,车站站房和站台结构与高架线路桥梁结构两者之间设缝,各自形成独立的结构受力体系(图5.2、图5.3)。

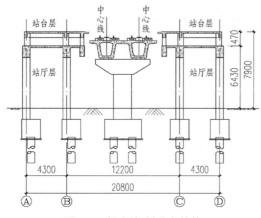

图 5.2 侧式站-桥分离结构

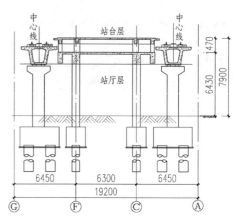

图 5.3 岛式站-桥分离式结构

1) 站-桥分离式结构体系优点

(1) 区间桥梁结构和车站建筑结构两种结构体系设缝分开,各自独立,可以分别满足铁路桥涵设计规范和建筑结构设计规范要求,结构体系清晰合理,受力明确。相关结构技术问题易解决。

(2) 区间高架桥结构可以采用合理的跨径,以保证区间线路的连续平顺,车站、区间无须过渡,结构较易处理。

(3) 由于采用各自独立的结构体系,列车运行产生的震动、噪声等被有效隔绝,不会对建筑结构产生影响,车站运营环境好。

2) 站-桥分离式结构体系缺点

(1) 由于区间桥梁结构跨径较大,桥墩及轨道梁断面尺寸较大,结构横向体量较大,占地较多,建筑平面和竖向布置均要考虑与之协调,不宜用于路中布置方案。

(2) 建筑结构横向刚度较弱,车站整体空间刚度偏小,抵抗地震等水平作用的能力较弱,不宜用于抗震设防烈度较高地区。

(3) 高架桥墩贯穿车站站厅层,由于桥墩截面过大、柱网模数与建筑不一致,将有碍建筑平面布局与车站美观,建筑立面造型受到一定的局限。

(4) 车站内设缝较多,施工协调困难。

**2. 站-桥合一结构**

站-桥合一结构又分为框架式高架站站-桥合一和桥式高架站站-桥合一。

1) 框架式高架站

框架式高架站站-桥合一结构主要指车站整体结构在横向剖面上两跨以上的结构(图5.4)。

行车的轨道梁设计成建筑结构梁,轨道梁与结构横梁刚接,钢筋混凝土框架结构作为高架车站的主体承重结构,桥梁构件完全被车站建筑构件取代,框架结构梁直接承受列车动荷载作用,轨道梁即为结构框架梁,并按照建筑要求布置梁板柱等结构构件的结构体系。承重体系不但要按照建筑结构设计规范进行结构设计,同时需要满足铁路桥涵设计规范的设计要求。

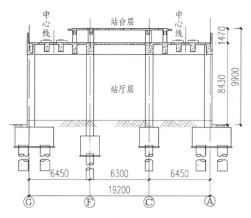

图 5.4　框架式高架站站-桥合一结构

（1）框架式高架站站-桥合一结构体系的优点

① 按照建筑习惯布置柱网,柱网布置整齐且能够较好地满足车站建筑功能要求,能够较好地体现车站的建筑风格和整体造型。

② 车站结构布置合理,结构断面尺寸合理,整体刚度好,空间刚度大,抗列车摇摆、地震作用能力强,比较适合于抗震烈度较高的地区。

③ 由于采用的是现浇钢筋混凝土框架结构体系,梁板柱现浇成整体,可以有效地降低车站总体高度,同时该车站形式的建筑体量相对较小,充分利用空间,经济性能较优。

（2）框架式站-桥合一结构体系的缺点

① 由于列车轨道直接铺在框架梁上,列车运行时产生的冲击震动荷载也直接作用在车站框架结构体系上,因此必须采取切实可行的减震降噪措施,可以在轨道梁下采取减震道床。

② 列车和轨道产生的制动力或牵引力、横向摇摆力、断轨力、伸缩力、挠曲力及撞击力等附加力直接作用在车站主体结构上,给车站主体结构设计带来较大难度。

③ 结构传力不够清晰等缺点,车站主体结构需要采用铁路桥涵设计规范和建筑结构设计规范同时进行设计,结构设计难度大。

④ 结构横向占地较大,难以利用路中绿化带布置路中,往往适用布置路侧方案。

2）桥式高架站

桥式高架站站-桥合一结构体系是将轨道梁作为建筑结构梁,既是房屋建筑结构又能承受列车荷载(图 5.5、图 5.6)。站-桥合一结构体系中轨道梁、盖梁和支撑墩柱需按铁路桥涵设计规范的设计要求设计;其他例如,站台层、站台板下行车层按照建筑结构设计规范进行结构设计。

（1）桥式高架站站-桥合一结构体系优点

① 柱网布置整齐,结构断面尺寸合理。

② 由于梁板柱现浇成整体,可以有效地降低车站总体高度,同时该车站形式的建筑体量相对较小,充分利用空间,在 3 种结构形式中经济性能较优。

③ 适合布置在路中绿化带内,道路占用小。

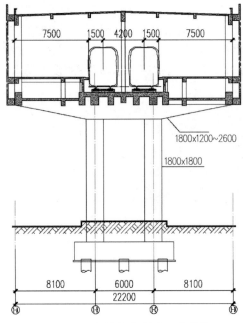 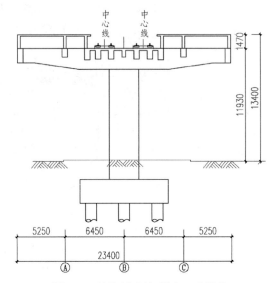

图 5.5 双柱桥式站-桥合一式结构　　　图 5.6 单柱桥式站-桥合一式结构

（2）桥式高架站站-桥合一结构体系缺点

① 由于列车轨道直接铺在房屋建筑结构梁上，列车运行时产生的冲击震动荷载也直接作用在车站房屋建筑结构体系上，因此必须采取切实可行的减震降噪措施，可以在轨道梁下采取减震道床。

② 列车和轨道产生的制动力或牵引力、横向摇摆力、断轨力、伸缩力、挠曲力及撞击力等附加力直接作用在建筑结构梁上，给结构梁设计带来较大难度。

③ 结构传力不够清晰等缺点，车站主体结构需要采用铁路桥涵设计规范和建筑结构设计规范同时进行设计，两套规范均需满足，设计难度加大。

④ 单柱桥式高架站不适合布置在地震高烈度地区。

**3. 站-桥组合**

站-桥组合结构体系是指轨道梁仍然采用区间桥梁预应力混凝土箱梁，预应力混凝土箱梁直接简支于桥式车站盖梁上，车站支撑墩柱以及盖梁承受列车荷载（图 5.7、图 5.8）。

两者构件之间既相互保持各自应有的特性又相互间存在力的传递。形成由轨道梁和建筑结构梁组合而成的站-桥组合结构体系。其中轨道梁、支承轨道梁的盖梁、支承盖梁的柱等构件及基础应按现行铁路桥涵设计规范进行结构设计，除上述构件外，均按现行建筑结构设计规范进行结构设计。

1) 站-桥组合结构体系优点

（1）该车站结构形式整体性好，柱网布置整齐，体系传力途径明确，通常可以设置成双柱单跨或独柱结构。

（2）建筑平面布置合理，建筑立面造型丰富，建筑在站厅层、站台层的布局较灵活。

（3）由于轨道梁通常是通过橡胶支座支承在结构横梁上，列车运行产生的冲击震动等得到较好的缓冲，对车站环境影响较小。

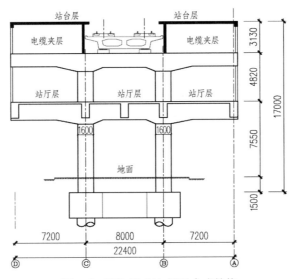

图 5.7 双柱桥式站-桥组合式结构

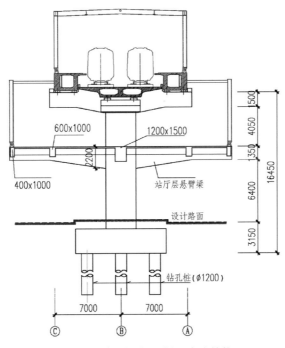

图 5.8 单柱桥式站-桥组合式结构

2) 站-桥组合结构体系缺点

(1) 由于需要同时采用铁路桥涵设计规范和建筑结构设计规范进行结构设计,在结构计算中还存在难以考虑结构空间协同工作的特点,结构设计较为复杂。

(2) 由于柱网要综合建筑柱网和桥梁跨度布置,组合结构跨度往往比车站柱跨大,比区间桥梁柱跨小,对桥梁结构而言没有达到经济跨度,对建筑结构而言跨度又偏大,导致结构断面尺寸偏大,不太经济。

(3) 由于轨道梁通常是支承在结构横梁上,需要设置独立的行车轨道梁,车站建筑横梁和轨道梁重叠,站台层高度随之增高,车站轨面线路标高需要提升。

(4) 车站、区间需要过渡,需要增加柱子或桥墩。

### 5.4.2 高架车站结构形式比选

结合具体站位、车站布置形式、建筑布置要求,高架车站可灵活采用站-桥分离、站-桥合一、站-桥组合三种形式。在同等条件下高架车站优先采用建筑布置灵活、车站体量小、对交通影响小的结构形式。车站基础采用桩基础。站厅层、设备用房、管理用房可依据实际情况灵活布置。从荷载传递关系、带来的结构问题、建筑布置、车站和区间的衔接、振动和噪声、工程投资等方面对上述方案列表比较,如表5-4所示。

表5-4 高架车站结构形式综合比较

| 比较项目 | 站-桥合一 | 站-桥分离 | 站-桥组合 |
| --- | --- | --- | --- |
| 荷载传递关系 | 列车运行荷载直接传递给站房的框架结构 | 完全分开,形成各自独立的结构体系,结构体系传力途径明确 | 列车荷载传递给轨道梁,然后传递给盖梁、墩柱 |
| 带来的结构问题 | 构件同时承受站房荷载和列车运行荷载,结构计算复杂 | 站房结构的横向刚度相对较弱 | 构件同时承受站房荷载和桥梁荷载;结构计算稍复杂,轨道梁和框架结构经济跨度不匹配 |
| 建筑布置 | 建筑布置较为方便,建筑高度小 | 桥墩和站房立柱分开设置,使建筑平面和竖向布置协调困难 | 柱网布置比较整齐,建筑布置灵活 |
| 车站和区间的衔接 | 需要设置过渡段,增加柱子或桥墩 | 不需要设置过渡段,结构较易处理 | 需要设置过渡段,增加柱子或桥墩 |
| 振动和噪声 | 较大 | 小 | 较小 |
| 工程投资 | 大 | 较小 | 较大 |

### 5.4.3 框架式高架站与桥式高架站计算理论体系

框架式高架站主要指车站整体结构在横向剖面上两跨以上的结构;桥式高架站是指车站整体结构在横向剖面上采用单跨或者独柱的结构形式。根据《地铁设计规范》(10.6.9)条,横向上三柱及以上的高架车站结构按现行的国家标准《建筑抗震设计规范》有关规定进行抗震设计和设防,对于框架式高架站采用的建筑结构设计规范,这里简称"建规"。

根据《地铁设计规范》(10.6.10)条,横向上单柱或双柱的高架车站墩柱结构按现行的国家标准《铁路工程抗震设计规范》有关规定进行抗震设计和设防,对于桥式高架站采用铁路桥涵设计规范。

两种规范体系的区别如下:

(1) 应用范围不同:铁路桥涵设计规范主要针对铁路桥梁和隧道结构,"建规"主要应用在民用建筑领域。

(2) 荷载分类不同：铁路桥涵设计规范按主力荷载、附加力荷载、特殊荷载分类；而"建规"按永久荷载、可变荷载、偶然荷载。

(3) 荷载组合不同：铁路桥涵设计规范按标准组合；而"建规"根据不同时期采用组合不同，有基本组合、标准组合、偶然组合、频遇组合、准永久组合。

(4) 计算理论基础不同：铁路桥涵设计规范采用弹性力学理论；而"建规"采用杆件的结构力学理论和塑性理论。由于单柱或双柱高架站结构布置多采用深梁、短柱等结构，往往采用弹性理论计算；而三柱以上高架站往往采用杆件结构力学理论和塑性理论进行计算。

(5) 采用的工程材料设计值不同。铁路桥涵设计规范采用的工程材料容许值，按容许应力进行设计；而"建规"采用的材料设计值，采用概率极限状态进行设计。容许应力法将材料视为理想弹性体，算出结构在标准荷载下的应力，要求任一点的应力，不超过材料的容许应力。材料的容许应力是由材料的屈服强度或极限强度除以安全系数而得；概率（极限状态）法以塑性理论为基础，正常使用状态以弹性理论为基础，提出了结构的功能函数和极限状态方程式，计算可靠指标和推导分项系数。概率（极限状态）法中将单一的安全系数转化成多个系数，分别用于考虑荷载、荷载组合和材料等的不定性影响，在设计参数的取值上引入概率和统计数学的方法（半概率方法）。概率（极限状态）分析法和容许应力法相比，在可靠度问题的处理上有质的变化，用多系数取代单一系数，从而避免了单一系数笼统的缺点，继承了容许应力法的优点；在结构分析方面，容许应力法的设计荷载等于荷载标准值组合，而概率（极限状态）设计法的设计荷载是荷载标准值与结构重要性系数、荷载分项系数、可变荷载的组合系数的一个组合值。

实际上不管对于桥式站还是框架站，这两种规范都需要同时采用，因此，《地铁设计规范》采取了折中的解决办法规定：支撑列车荷载的轨道梁以及轨道梁的支撑系统均按铁路桥涵设计规范进行设计计算，其余按"建规"设计。

## 5.5 基础、区间连接及屋盖结构形式

### 5.5.1 基础形式

通常采用桩＋承台，桩基形式主要有：人工挖孔桩、预应力混凝土管桩、钻孔灌注桩。

1) 人工挖孔桩

人工挖孔桩直径一般在 1.2～3m，此法施工因为工程造价低、成孔质量较高等特点，曾经被广泛使用，但是由于是人工在地下狭小空间施工，受地质条件、地下水等因素对人身安全的严重影响，工程事故较多，桩身长度一般也不超过 25m。

2) 预应力混凝土管桩

管桩沉桩方法有多种（图 5.9），在我国国内施工过的方法有：锤击法、静压法、震动法、

图 5.9 预应力混凝土管桩示意

射水法、预钻孔法及中掘法等,其中以静压法用得最多。预应力混凝土管桩的选用应根据工程地质条件、抗震设防、上部结构特点、荷载、施工条件、沉桩设备综合考虑。根据水平受力情况,可对管桩的箍筋进行调整(图 5.10)。

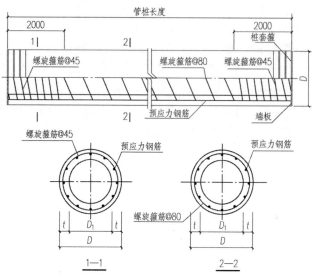

图 5.10 预应力混凝土管桩配筋

3) 钻孔灌注桩

钻孔灌注桩桩径一般在 0.6~2m,桩长可达 50m,桩身承载力依靠桩侧摩阻力和桩端阻力共同承担(图 5.11)。软土地层一般采用摩擦桩,由桩身摩擦力提供承载力。桩端持力层一般在中风化层或微风化层,承载力大,竖向变形小。

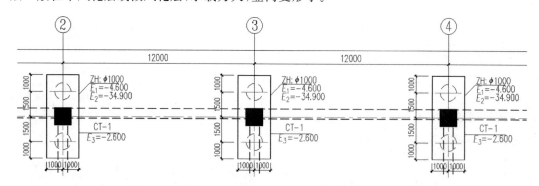

图 5.11 两桩承台钻孔灌注桩基础

### 5.5.2 主体结构与高架区间的连接

高架车站与区间桥梁的连接可采取分离式或结合式,分离式结构互相独立,互不影响;结合式,区间桥梁支承在框架结构上,美观、经济,但受力复杂,尤其在抗震方面,需要考虑其相互影响(图 5.12)。

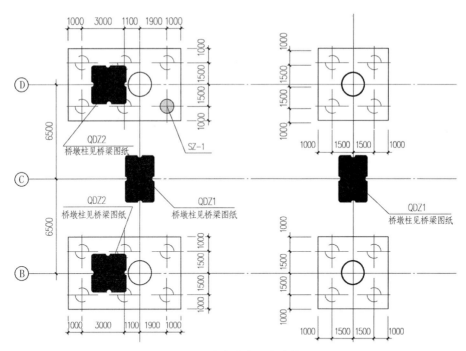

图 5.12 区间连接车站分离式支撑墩柱基础

### 5.5.3 屋盖结构形式

大跨屋盖的结构方案主要有型钢钢架、钢网架、钢桁架等轻型钢结构或混凝土交叉梁,以上方案均安全可靠(图 5.13)。

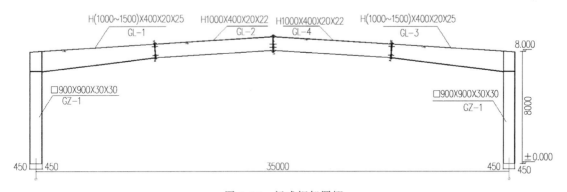

图 5.13 门式钢架罩棚

# 5.6 框架式高架站结构设计

## 5.6.1 框架式高架站计算原理

框架式高架站计算分两部分:支撑列车荷载的轨道梁和轨道梁的支撑系统,均按区间《铁路桥涵设计规范》进行设计计算,其余按建筑结构设计规范设计。按建筑结构设计规范设计计算的主要指标有：周期比、位移比、刚度比、层间受剪承载力之比、刚重比、剪重比等。

（1）周期比。周期比控制是衡量抗侧力构件结构扭转效应的重要指标。反映了平面布置的有效性和合理性，使结构不至出现过大的扭转。也就是说，周期比不是要求结构足够结实，而是要求结构承载布局合理。《高层建筑混凝土结构技术规程》(JGJ 3—2010，简称《高规》)(3.4.5)条对结构扭转为主的第一自振周期 $T_t$ 与平动为主的第一自振周期 $T_1$ 之比的要求给出了规定。如果周期比不满足规范要求，说明该结构的扭转效应明显，设计人员需要增加结构周边构件的刚度，降低结构中间构件的刚度，以增大结构的整体抗扭刚度。

（2）位移比（层间位移比），它是控制结构平面不规则性的重要指标。其限值在《建筑抗震设计规范》(3.4.3)条和《高规》(3.4.5)条中均有明确规定。需要指出的是，新规范中规定的位移比限值是按刚性板假定作出的，如果在结构模型中设定了弹性板，则必须在软件参数设置时选择"对所有楼层强制采用刚性楼板假定"，以便计算出正确的位移比。在位移比满足要求后，再去掉"对所有楼层强制采用刚性楼板假定"的选择，以弹性楼板设定进行后续配筋计算。

（3）刚度比，它是控制结构竖向不规则的重要指标。根据《建筑抗震设计规范》（简称《抗震规范》)和《高规》的要求，三种刚度比的计算方式分别是剪切刚度、剪弯刚度和地震力与相应的层间位移比。正确认识这三种刚度比的计算方法和适用范围是刚度比计算的关键：①剪切刚度主要用于底部大空间为一层的转换结构及对地下室嵌固条件的判定；②剪弯刚度主要用于底部大空间为多层的转换结构；③地震力与层间位移比是执行《抗震规范》(3.4.2)条和《高规》(3.4.5)条的相关规定，通常绝大多数工程都可用此法计算刚度比。

（4）层间受剪承载力之比，它也是控制结构竖向不规则的重要指标。其限值可参考《抗震规范》和《高规》的有关规定。

（5）刚重比，它是结构刚度与重力荷载之比。它是控制结构整体稳定性的重要因素，也是影响参数重力二阶效应的主要参数。该值如果不满足要求，则可能引起结构失稳倒塌，应当引起设计人员的足够重视。

（6）剪重比，它是抗震设计中非常重要的参数。规范之所以规定剪重比，主要是因为长期作用下，地震影响系数下降较快，由此计算出来的水平地震作用下的结构效应可能太小。而对于长周期结构，地震动态作用下的地面加速度和位移可能对结构具有更大的破坏作用，但采用振型分解法时无法对此作出准确的计算。因此，出于安全考虑，规范规定了各层水平地震力的最小值，该值如果不满足要求，则说明结构有可能出现比较明显的薄弱部位，必须进行调整。

### 5.6.2 框架式高架站计算实例

#### 5.6.2.1 车站简介及计算模型

某车站为路侧高架车站，车站总长118m，总宽20.4m，横向上为四柱三跨框架式高架车站，地上四层，由上至下分别为站台层、轨道层、站厅层、设备层。

设计使用年限为100年，结构设计基准周期为50年。结构永久构件的安全等级为一级,重要性系数 $\gamma_0$ 取 1.1。

抗震设防烈度为 8 度,设计地震动峰值加速度为 0.2g。场地类别主要为Ⅱ类,车站结构抗震设防分类为重点设防乙类,结构抗震等级为二级。

地基基础设计等级为甲级,桩基设计等级为甲级。

灌注桩:C35 混凝土;承台、拉梁:C35 混凝土;垫层:C20 混凝土;梁、板混凝土强度等级为 C40;框架柱混凝土强度等级为 C45;电缆夹层、消防水池的侧墙和底板:C35 防水混凝土;圈梁、构造柱:C25 混凝土。受力筋、箍筋均采用 HRB400 钢筋和 HPB300 钢筋。

主体结构计算按照整体模型建模(图 5.14),用 PKPM 软件进行结构内力分析。

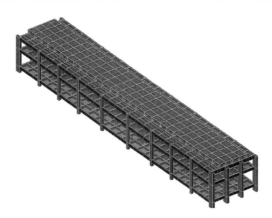

图 5.14　框架式高架站 PKPM 模型

#### 5.6.2.2　SATWE 主要计算过程和结果

本工程属不规则结构,进行构件内力计算时,在 SATWE 考虑耦联计算,计算位移限值和扭转周期时采用刚性楼板假定,计算配筋时不采用刚性楼板假定。主要包括计算的内力图以及使用状态的挠度、裂缝图:设计弯矩包络图、设计剪力包络图、挠度计算图、裂缝宽度计算图,计算参数见表 5-5。

表 5-5　SATWE 计算参数取值

| 参数 | 指标 | 参数 | 指标 |
| --- | --- | --- | --- |
| 结构类别 | 框架结构 | 框架的抗震等级 | 二级 |
| 地震烈度 | 8 | 梁端弯矩调幅系数 | 0.85 |
| 场地类别 | Ⅰ | 梁扭矩折减系数 | 0.40 |
| 设计地震分组 | 第一组 | 结构重要性系数 | 1.1 |
| 特征周期/s | 0.35 | 是否考虑偶然偏心 | 是 |
| 周期折减系数 | 0.8 | 结构的阻尼比/% | 5 |
| 是否考虑双向地震 | 是 | | |

SATWE 计算结果:

(1) 周期

考虑扭转耦联时的振动周期(s)、$X,Y$ 方向的平动系数、扭转系数如表 5-6 所示。

表 5-6　平动系数及扭转系数

| 振型号 | 周期 $T_i$/s | 转角/(°) | 平动系数($X+Y$) | 扭转系数 |
|---|---|---|---|---|
| 1 | 0.6558 | 90.00 | 1.00(0.00+1.00) | 0.00 |
| 2 | 0.5836 | 0.00 | 1.00(1.00+0.00) | 0.00 |
| 3 | 0.5712 | 180.00 | 0.00(0.00+0.00) | 1.00 |

由表 5-6 可知，$T_3/T_1 = \dfrac{0.5712}{0.6558} = 0.87 < 0.9$，满足《高层建筑混凝土结构技术规程》(3.4.5)条规定要求。

（2）层间位移角

地震作用：　　　$X$ 向　　　1/1187　　　$Y$ 向　　　1/949

风荷载作用：　　$X$ 向　　　1/9999　　　$Y$ 向　　　1/5980

以上计算值满足《建筑抗震设计规范》(5.5.1)条规定，即框架结构楼层内最大的弹性层间位移角限值(1/550)的要求。

（3）剪重比

$X$ 向　　　13.54%

$Y$ 向　　　13.98%

以上计算值满足《建筑抗震设计规范》(5.2.5)条规定楼层剪重比大于 1.6% 的要求。

（4）最大位移与层平均位移的比值

地震作用：　　　$X$ 向　　　1.01

　　　　　　　　$Y$ 向　　　1.21

风荷载作用：　　$X$ 向　　　1.01

　　　　　　　　$Y$ 向　　　1.05

对全楼采用强制刚性楼板假定，综合考虑满足《建筑抗震设计规范》(3.4.3)条、(3.4.4)条规定："不应大于 1.2 和不宜大于 1.5"。计算结果见表 5-7。

表 5-7　计算结果统计

| 项目 | 设计结果 | 规范限值 |
|---|---|---|
| 基本周期 | 0.6558 | |
| 周期比(第一扭转/第一平动) | 0.87 | 满足《高层建筑混凝土结构技术规程》(3.4.5)条规定周期比小于 0.9 的要求 |
| 最大位移角 | $X$：1/1187<br>$Y$：1/949 | 对全楼采用强制刚性楼板假定《建筑抗震设计规范》(5.5.1)条框架结构：1/550 |
| 位移比(最大弹性水平位移与层平均位移、最大弹性层间位移与平均层间位移的比值) | $X$：1.01<br>$Y$：1.21 | 对全楼采用强制刚性楼板假定，综合考虑满足《建筑抗震设计规范》(3.4.3)条、(3.4.4)条规定："不应大于 1.2 和不宜大于 1.5" |
| 最小侧向刚度比(考虑站台层模型) | $X$：0.0414(2 层 1 塔) | 根据《建筑抗震设计规范》(3.4.3)条，为竖向不规则薄弱层地震剪力增大系数 1.25 |
| 最小侧向刚度比(不考虑站台层模型) | 1.00(3 层 1 塔) | 满足《建筑抗震设计规范》(3.4.3)条 |
| 楼层抗剪承载力之比(考虑站台层模型) | 0.36(2 层) | 根据《建筑抗震设计规范》(3.4.3)条，为竖向不规则薄弱层地震剪力增大系数 1.25 |
| 楼层抗剪承载力之比(不考虑站台层模型) | 1.04(1 层) | 满足《建筑抗震设计规范》(3.4.3)条 |

续表

| 项目 | 设计结果 | 规范限值 |
|---|---|---|
| 最小剪重比 | X：13.54%<br>Y：13.98% | 《建筑抗震设计规范》(5.2.5)条楼层最小剪重比限值：1.6% |
| 最大轴压比 | 0.36 | 《建筑抗震设计规范》(6.3.6)条三级框架柱轴压比限值：0.85 |

经综合比较分析，计算参数、计算结果合理有效，可用于工程设计中。

#### 5.6.2.3 支撑列车荷载系统

支撑列车荷载的轨道梁以及轨道梁的支撑系统均按区间铁路规范("桥规")进行设计计算，计算参见5.5.3节。

#### 5.6.2.4 单桩极限承载力和特征值计算

基础采用钻孔灌注桩承台基础，桩长30.3m，采用C35混凝土，两桩承台高2m（图5.15）。地层由上往下发育为填土层1m，黏性土层8m，砂层7m，卵石层8m，强风化岩层3m，中风化岩层12m，弱风化（未揭露）。

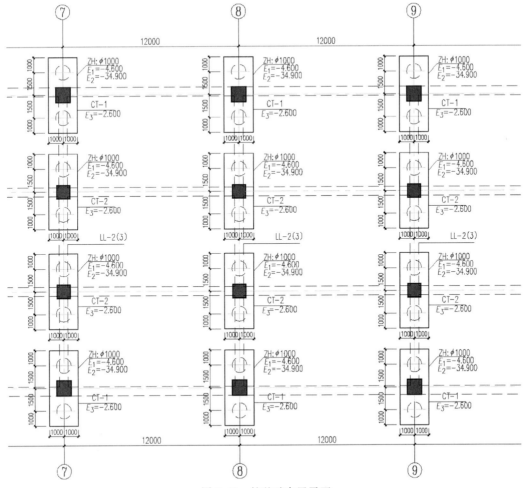

图5.15 桩基础布置平面

单桩极限承载力和特征值计算见表 5-8。

表 5-8 单桩极限承载力和特征值计算

| 序号 | 土层 | $q_{sik}$/kPa | 尺寸效应系数 $\psi_{si}$ | 土层厚度 $l_i$/m | $q_{sik}l_i\psi_{si}$/kN | 单位长度桩周面积 $u_i$/m | 侧阻力/kN $u_i(q_{sik}l_i\psi_{si})$ |
|---|---|---|---|---|---|---|---|
| 1 | 填土 | 15.00 | 0.956 | 1 | 14.34 | 3.14 | 45.03 |
| 2 | 粉黏土 | 55.00 | 0.956 | 8 | 420.64 | 3.14 | 1320.81 |
| 3 | 砂层 | 65.00 | 0.956 | 7 | 434.98 | 3.14 | 1365.84 |
| 4 | 卵石 | 85.00 | 0.956 | 8 | 650.08 | 3.14 | 2041.25 |
| 5 | 强风化 | 95.00 | 0.956 | 3 | 272.46 | 3.14 | 855.52 |
| 6 | 中风化 | 115.00 | 0.956 | 6 | 659.64 | 3.14 | 2071.27 |
| 桩周总摩擦力:$Q_{sk}=\sum u_i q_{sik} l_i \psi_{si}$ ||||||| 7699.72 |
| 端阻力 $q_{pk}$ | 2800.00 | 桩底面积 $A_p$ | 0.7854 | 效应系数 $\psi_p$ | 0.94 | $Q_{pk}=A_p q_{pk} \psi_p$ | 2067.17 |
| 单桩极限承载力/kPa:$Q_{uk}=Q_{sk}+Q_{pk}$ ||||||| 9766.89 |
| 单桩承载力特征值/kPa:$R_a=Q_{uk}/2$ ||||||| 4883.45 |

注:$q_{sik}$ 表示桩极限侧阻标准值。

### 5.6.3 框架式高架车站结构设计实例

1) 工程材料

(1) 混凝土强度等级

灌注桩:C35 混凝土;

承台、拉梁:C35 混凝土;

垫层:C15 混凝土;

梁、板混凝土强度等级为 C40;

框架柱混凝土强度等级为 C45;

电缆夹层、消防水池的侧墙和底板:C35 防水混凝土;

圈梁、构造柱:C35。

(2) 钢筋、钢材及焊条

所有钢筋宜优先采用延性、韧性和焊接性较好的钢筋。

① 钢筋:纵筋、箍筋均采用 HRB400 级钢筋。

HRB400 级热轧带肋钢筋强度设计值 $f_y=360\text{N/mm}^2$。

② 钢材:钢材的屈服强度实测值与抗拉强度实测值的比值不应大于 0.85;钢材应有明显的屈服台阶,且伸长率不应小于 20%;钢材应有良好的焊接性和合格的冲击韧性。

③ 焊条:按照《钢筋焊接及验收规程》(JGJ 18—2012)要求施工。

④ 锚筋:受力预埋件的锚筋应采用 HRB400 级,严禁使用冷加工钢筋。

⑤ 钢筋级别、规格应按设计采用,钢筋直径不得随意改动。当进行钢筋代换时,除应符合设计要求的构件承载力、最大力下的总伸长率、裂缝宽度验算以及抗震规定外,尚应满足最小配筋率、钢筋间距、保护层厚度、钢筋锚固长度、接头面积百分率及搭接长度等构造要

求。如果施工中,当需要以强度等级较高的钢筋替代原设计中的纵向受力钢筋时,应按照钢筋受拉承载力设计值相等的原则换算,并应满足最小配筋率的要求。

⑥ 抗震等级为一、二、三级的框架(框架梁、框架柱、框支梁、框支柱、板柱-抗震墙的柱)和斜撑构件(包含梯段),其纵向受力钢筋采用普通钢筋时,钢筋的抗拉强度实测值与屈服强度实测值的比值不应小于1.25;钢筋的屈服强度实测值与屈服强度标准值的比值不应大于1.3;且钢筋在最大拉力下的总伸长率实测值不应小于9%,具体验收标准详见《混凝土结构工程施工质量验收规范》(GB 50204—2015)。严禁采用改制钢材。钢筋强度标准值应具有不小于95%的保证率。

2) 主要施工方法

高架车站的施工方法除应综合考虑施工对地下管线,地下构筑物,地面建筑物的影响,还应充分考虑施工对城市交通及居民生活的影响。结合本站的实际工程情况,施工方法采用现浇主体钢筋混凝土框架及轨道梁。主要施工工艺有基槽土方开挖,钻孔灌注桩成孔,钢筋笼吊装,桩体混凝土浇筑及承台施工,现浇框架、轨道梁,钢结构现场安装施工,填充墙砌筑,装修工程等。钢结构部分采用先期工厂制作、现场安装。

主要施工步序为:三通一平→施工围挡→桩基施工(本站采用机械钻孔灌注桩,在桩基施工之前,需进行单桩竖向静载试验)→开挖基槽,进行承台及基础梁施工,并预埋框架柱纵筋插筋→依次进行框架柱钢筋绑扎、支模、混凝土浇筑→站厅层梁板钢筋绑扎、支模、混凝土浇筑→轨道梁、车道板及站台板下夹层梁板钢筋绑扎、支模、混凝土浇筑→站台板梁板钢筋绑扎、支模、混凝土浇筑,预埋钢结构屋盖的地脚螺栓等埋件→安装工厂预制作的屋盖钢结构→装修工程。框架式高架车站设计实例如图5.16~图5.23所示。

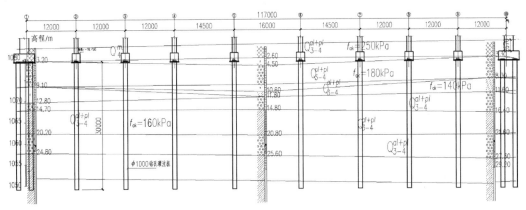

图 5.16 高架站基础地质纵剖面

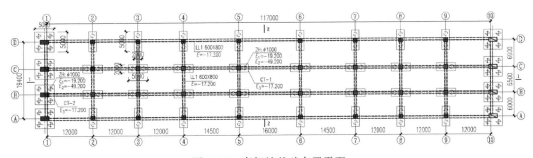

图 5.17 高架站基础布置平面

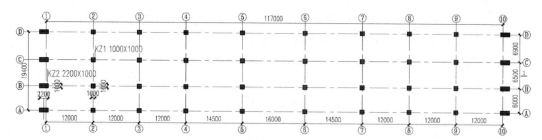

图 5.18　高架站框架柱布置平面

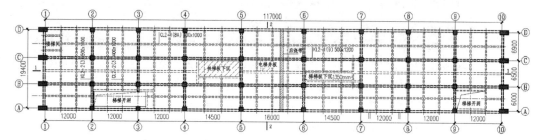

图 5.19　高架站楼板结构平面

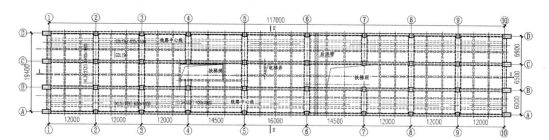

图 5.20　高架站行车板结构平面

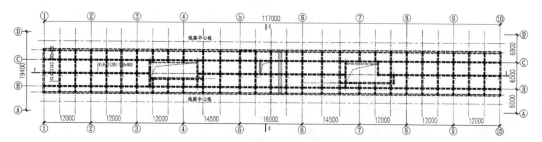

图 5.21　高架站站台板结构平面

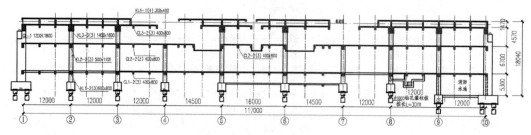

图 5.22　高架站结构纵剖面

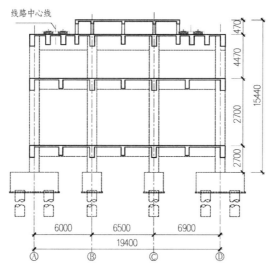

图 5.23 高架站结构横剖面

## 5.7 桥式高架站结构设计

### 5.7.1 结构计算

#### 5.7.1.1 车站设计简介及计算模型

某高架车站为高架路中三层侧式车站,通过天桥与道路两侧相接。车站规模 120m× 23.4m,设备房放在路侧地块内。车站横向单柱,共设 10 个墩(图 5.25 轴①～⑩),墩上设置悬臂盖梁,纵向柱距 24m,在站厅部分柱距 12m(图 5.24～图 5.26),各结构构件尺寸如下。

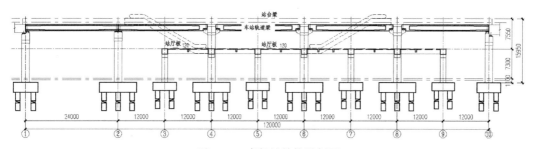

图 5.24 高架站结构纵剖面

墩柱:3.2m×2.0m、3.0m×1.5m;盖梁:1 号墩站台层盖梁长度 15m,宽度 2.1m,根部高度为 2.3m,端部 1.5m;2 号墩站台层盖梁长度 23.4m,宽度 2.1m,根部高度为 2.4m,端部 1.5m;3 号墩站厅层盖梁长度 13.2m,宽度 1.5m,根部高度为 2.2m,端部 1.35m;4、6 号墩站台层盖梁长度 15m,宽度 2.1m,根部高度为 2.6m,端部 1.5m,站厅层盖梁长度 23.4m,宽度 2.0m,根部高度为 2.2m,端部 1.5m;8 号墩站台层盖梁长度 23.4m,宽度 2.1m,根部高度为 2.8m,端部 1.5m,站厅层盖梁长度 23.4m,宽度 2.0m,根部高度为 2.2m,端部 1.35m;5、7、9 号墩站厅层盖梁长度 23.4m,宽度 1.5m,根部高度为 2.2m,端部

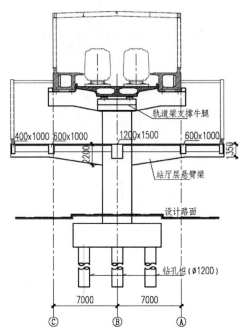

图 5.25 高架站结构横剖面

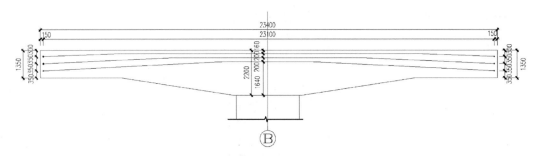

图 5.26 高架站盖梁预应力束布置

1.35m；10号墩站台层盖梁长度15m，宽度2.1m，根部高度为2.3m，端部1.5m；站厅层墩柱横梁：1.5m×(1.35～2.2)m；站厅层纵梁：0.8m×1.2m；站厅层次纵梁：0.4m×1m；站厅层横梁：0.4m×1m、0.6m×1m；站厅层板厚：0.12m；站台：5m×24m钢筋混凝土连续箱梁。

轨道梁：采用24m预应力混凝土跨简支梁，梁高1.6m，顶板宽8.9m，翼缘板长度2.15m，底板宽4.1m，顶底板厚度为250～350mm，底板厚度为250～350mm，腹板厚度为300～550mm，轨道梁支座采用铁路盆式橡胶支座，单片梁一端设两个固定支座，另一端设两个活动支座。

基础采用直径1.2m桩基础，设四桩承台、六桩承台及九桩承台。四桩承台：桩间距3.6m，承台尺寸6.0m×6.0m×2.5m；六桩承台：纵向桩间距3.6m，横向桩间距3.6m×3.6m，承台尺寸6.0m×9.6m×2.5m。桩基按摩擦桩设计，有效桩长为65m，单桩竖向承载力容许值5092kN。

设计使用年限：100年。

抗震设防类别：B 类。

盖梁、墩柱：C50 混凝土,混凝土弹性模量 $E_c=3.55\times10^4$ MPa,重度 $\gamma=26$ kN/m³。其余结构构件混凝土强度等级均为 C40。

预应力束：$\phi^j15.24$ 钢绞线,预应力钢绞线极限强度标准值 $f_{pk}=1860$ MPa,预应力钢绞线弹性模量 $E_p=1.95\times10^5$ MPa。

预应力损失计算参数：锚下张拉控制应力,$\sigma_{con}=0.72f_{pk}$。

波纹管成孔：预应力钢筋与孔道壁之间摩擦系数 $\mu=0.15$；孔道每米长度局部偏差摩擦系数 $k=0.0015$。

锚具变形：每端 6mm。

钢筋采用 HPB300($f_y=f_y'=270$ N/mm)、HRB400($f_y=f_y'=360$ N/mm)级钢筋。

采用 Midas Civil 进行结构分析,结构计算模型如图 5.27 所示。

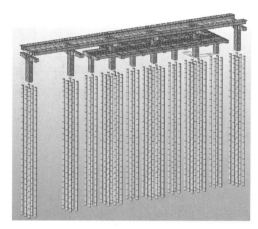

图 5.27　结构计算模型

#### 5.7.1.2　荷载计算及组合

1）荷载

(1) 恒载

① 结构自重。钢筋混凝土构件自重 26kN/m³,素混凝土构件自重 23kN/m³,钢结构自重 78.5kN/m³。

② 桥面二期恒载。桥面二期恒载包括道床、雨篷立柱、桥面铺装、电力及通信电缆和安全门等。二期恒载考虑以上各项分别根据相关各专业提资后汇总计算。

③ 预应力荷载。盖梁张拉控制应力为：1206MPa；轨道梁张拉控制应力为：1339MPa。

④ 混凝土收缩和徐变影响。混凝土的收缩应变和徐变系数终级值按《铁路桥涵混凝土结构设计规范》(7.3.4)条计算。

⑤ 支座沉降。支座沉降按 10mm 考虑。

(2) 活载

① 列车活载。采用车辆的尺寸及技术指标见车辆专业相关资料,列车活载布置如图 5.28 所示。

远期每列车编组 6 辆。每辆车长 19.52m,定距 12.6m,固定轴距 2.2m,车辆最大轴重

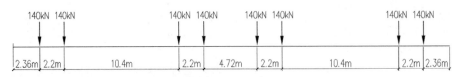

图 5.28 列车荷载布置

140kN，最小轴重 65kN，最大、最小轴重可按每节车长任意排列组合；双线桥竖向活载不折减，多线桥按两线加载或所有线路在最不利位置作用 75% 的活载；列车竖向动力系数为 $1+\mu$，$\mu$ 宜按现行《铁路桥涵设计规范》规定的值乘以 0.8。

② 无缝线路作用力：按轨道专业提供的数值纳入结构计算。

③ 人群荷载：按 4kPa 计算。

(3) 附加力

① 制动力或牵引力按竖向净活载 15% 计算，但当与离心力同时计算时，制动力或牵引力应按竖向静活载的 10% 计算。双线桥采用一线的制动力或牵引力（车站两侧与车站相邻 100m 范围内双线桥按双线制动力，三线或三线以上的桥采用二线的制动力或牵引力）。制动力或牵引力作用在轨顶上 2m 处，当计算桥梁墩台时可移至支座中心处。

② 横向摇摆力列车横向摇摆力作用在轨顶面处，其值为相邻两节车四个轴轴重的 15%。

③ 风荷载按现行《铁路桥涵设计规范》的规定执行，并考虑体型、风高、地形等影响。作用点位于结构物受风面重心处，列车在轨顶以上 2m 处。

(4) 温度变化的影响

① 板内温度场按线性分布。

② 日照温差分别按单向及双向组合考虑。单向考虑时，温差 $T_0=20℃$，双向组合时，温差 $T_0=16℃$。

③ 降温温差按 $-10℃$ 计算。日照温差及降温温差计算时，混凝土的受压弹性模量按铁路桥规执行。

(5) 特殊荷载

① 无缝线路断轨力按轨道专业提供的数值纳入结构计算。

② 抗震计算参照抗震专项研究报告。

2) 荷载组合

(1) 主力组合

① 自重+二期恒载+混凝土收缩及徐变；

② 自重+二期恒载+混凝土收缩及徐变+基础变位；

③ 自重+二期恒载+混凝土收缩及徐变+活载；

④ 自重+二期恒载+混凝土收缩及徐变+活载+基础变位。

(2) 主+附组合

① 自重+二期恒载+混凝土收缩及徐变+制动力；

② 自重+二期恒载+混凝土收缩及徐变+基础变位+制动力；

③ 自重+二期恒载+混凝土收缩及徐变+活载+制动力；

④ 自重+二期恒载+混凝土收缩及徐变+活载+基础变位+制动力；

⑤ 自重+二期恒载+混凝土收缩及徐变+温度力；

⑥ 自重＋二期恒载＋混凝土收缩及徐变＋基础变位＋温度力；
⑦ 自重＋二期恒载＋混凝土收缩及徐变＋活载＋温度力；
⑧ 自重＋二期恒载＋混凝土收缩及徐变＋活载＋基础变位＋温度力；
⑨ 自重＋二期恒载＋混凝土收缩及徐变＋制动力＋温度力；
⑩ 自重＋二期恒载＋混凝土收缩及徐变＋活载＋制动力＋温度力；
⑪ 自重＋二期恒载＋混凝土收缩及徐变＋活载＋基础变位＋制动力＋温度力。

(3) 主＋特殊荷载组合

自重＋二期恒载＋活载＋地震力（或断轨力）。

3) 施工阶段划分

① 施工桩基、承台；
② 施工墩柱；
③ 施工站厅层盖梁和轨道层盖梁，张拉站厅层和轨道层第一批钢束；
④ 施工站厅层其他楼板和主次梁；
⑤ 施工轨道层柱子、盖梁、其他主次梁、楼板施工；
⑥ 施工站台层结构、屋面层结构；
⑦ 拆除盖梁下方以及其他支架，张拉承轨层盖梁第二批钢束，张拉站厅层盖梁第二批钢束；
⑧ 拆除盖梁两端支架，施工外墙板结构、车站装修、铺轨；
⑨ 收缩徐变3650d。

#### 5.7.1.3 整体变形和位移计算

(1) 横向变形（图5.29）

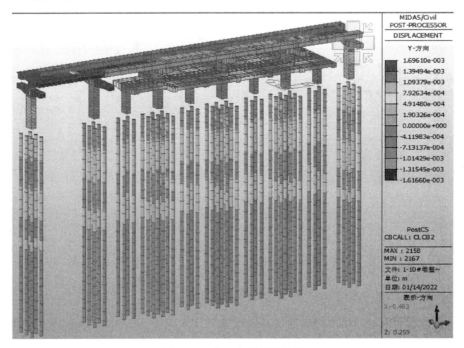

图5.29　横向变形计算结果

由图 5.30 计算结果可知:车站结构横向最大变形约为 1.7mm。

(2) 纵向变形(图 5.30)

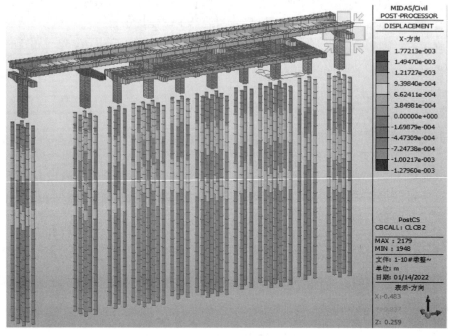

图 5.30　纵向变形计算结果

由图 5.31 计算结果可知:车站结构纵向最大变形为 5.64882mm。

(3) 竖向变形(图 5.31)

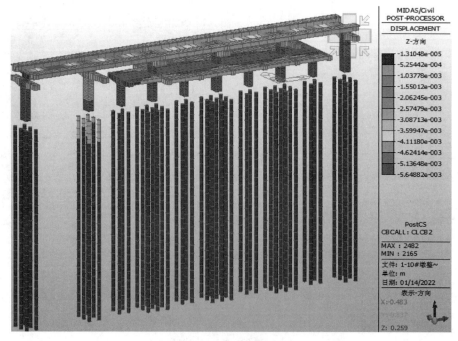

图 5.31　竖向变形计算结果

由图 5.32 计算结果可知:车站结构竖向最大变形发生在第一跨站台梁和 8 号盖梁端部,约为 5.6mm。

#### 5.7.1.4 轨道梁计算

轨道梁结构形式:24m 跨双线预应力混凝土简支箱梁,梁宽 8.9m,梁高 1.6m;预应力束(纵向)为腹板 4 束 15 根 $\phi^j15.24$ 钢绞线、底板 4 束 15 根 $\phi^j15.24$ 钢绞线;每个腹板跨中位置采用双肢 $\phi16@100mm$、变厚段采用双肢 $\phi16@100mm$、腹板加厚段采用双肢 $\phi16@100mm$ 钢筋。施工方法:采用满堂支架现浇施工。

计算模型(图 5.32)采用梁单元,全桥共分成 13 个单元、14 个节点,第二个支点为水平和垂直向约束,另一个为垂直向约束。

图 5.32 计算模型

(1) 强度验算

① 轨道梁内力如图 5.33、图 5.34 所示。

图 5.33 主力组合轨道梁最大弯矩(不含预应力效应)(单位:kN·m)

图 5.34 主力组合轨道梁最大剪力(不含预应力效应)(单位:kN)

② 正截面抗弯强度验算。

采用《铁路桥涵混凝土结构设计规范》(7.2.2)条和(7.2.3)条进行主力组合工况计算,计算截面为跨中截面,计算结果见表 5-9。

表 5-9 主力组合下跨中正截面强度计算

| 名　　称 | 符　　号 | 数　　值 | 单　　位 |
| --- | --- | --- | --- |
| 混凝土抗压极限强度 | $f_c$ | 33.5 | MPa |
| 预应力钢筋的抗拉计算强度 | $f_p=0.9f_{pk}$ | 1674 | MPa |
| 普通钢筋的抗拉计算强度 | $f_s=f'_s$ | 400 | MPa |
| 预应力钢筋的截面面积 | $A_p$ | 0.02184 | m² |

续表

| 名　称 | 符　号 | 数　值 | 单　位 |
|---|---|---|---|
| 预应力钢筋合力点至最近边的距离 | $a_p$ | 0.675 | m |
| 非预应力受拉钢筋的截面面积 | $A_s$ | 0.0031 | m² |
| 非预应力受压钢筋的截面面积 | $A'_s$ | 0.0067 | m² |
| 非预应力钢筋至最近边的距离 | $a_s = a'_s$ | 0.07 | m |
| 箱梁受压区翼缘板板宽 | $b'_f$ | 8.9 | m |
| 箱梁受压区翼缘板厚 | $h'_f$ | 0.25 | m |
| 截面有效高度 | $h_0$ | 0.945 | m |
| 混凝土受压区高度 | $x$ | 0.118 | m |
| 判断是否可以按矩形截面计算 | | $x < h'_f$，可按矩形截面计算 | |
| 《铁路桥涵混凝土结构设计规范》(6.2.4)条式(6.2.2)载面承受的极限弯矩 | $M_u$ | 33454.6 | kN·m |
| 计算弯距 | $M$ | 12378.3 | kN·m |
| 安全系数 $K = M_u / M$ | $K$ | 2.70 | |
| 安全系数控制值 | $[K]$ | 2.20 | |
| 结论 | | 合格 | |

③ 斜截面强度验算

根据《铁路桥涵混凝土结构设计规范》附录 C 的规定进行计算，斜截面抗剪强度的计算结果见表 5-10。

表 5-10　主力组合斜截面强度计算

| 名　称 | 符　号 | 支　点 | 单　位 |
|---|---|---|---|
| 混凝土抗拉极限强度 | $f_{ct}$ | 3.1 | MPa |
| 普通钢筋计算强度 | $f_s$ | 400 | MPa |
| 腹板宽度 | $b$ | 4.371 | m |
| 有效高度 | $h_0$ | 0.529 | m |
| 箍筋截面面积 | $A_v$ | 0.0008 | m² |
| 预应力纵向钢筋 | $A_p$ | 0 | m² |
| 预应力弯起钢筋 | $A_{pb}$ | 0.0084 | m² |
| 非预应力纵向钢筋 | $A_s$ | 0.0033 | m² |
| 箍筋间距 | $S_v$ | 0.1 | m |
| 箍筋配筋率 | $\mu_v$ | 0.002 | |
| 纵向钢筋配筋率 | $p$ | 0.615 | |
| 混凝土和箍筋承受的剪力 | $V_{cv}$ | 5632.3 | kN |
| 预应力弯起钢筋承受的剪力 | $V_b$ | 2856.9 | kN |
| 总抗剪力 | $V_{cv} + V_b$ | 8489.1 | kN |
| 计算剪力 | $V_j$ | 2569.6 | kN |
| 安全系数 | $K$ | 3.3 | |
| 安全系数控制值 | $[K]$ | 2.20 | |
| 结论 | | 合格 | |

(2) 施工阶段应力验算

① 传力锚固时钢绞线应力，根据《铁路桥涵混凝土结构设计规范》(7.4.3)条验算钢绞线的应力，验算结果见表 5-11。

表 5-11　传力锚固阶段钢绞线应力

| 钢　绞　线 | 钢绞线应力/MPa | | 结　　论 |
| --- | --- | --- | --- |
| | 计　算　值 | 控制值($0.65f_{pk}$) | |
| 第1道预应力筋 F1 | 1229.7 | 1209 | 超1.7%,合格 |
| 第2道预应力筋 F2 | 1219.5 | 1209 | 超0.8%,合格 |
| 第3道预应力筋 B1 | 1209.9 | 1209 | 超0.08%,合格 |

② 传力锚固时混凝土正应力(图 5.35、图 5.36)。

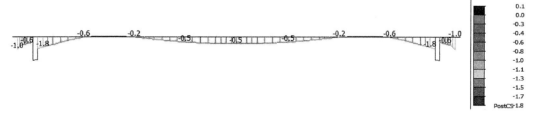

图 5.35　传力锚固阶段混凝土上缘正应力(单位:MPa)

图 5.36　传力锚固阶段混凝土下缘正应力(单位:MPa)

根据《铁路桥涵混凝土结构设计规范》(7.4.4)条分别验算混凝土的拉应力和压应力,验算结果见表 5-12。

表 5-12　传力锚固阶段混凝土正应力

| 项　　目 | 最大正应力/MPa | | 结　　论 |
| --- | --- | --- | --- |
| | 计算值 | 控制值($0.75f_c'$) | |
| 上缘正应力 | 1.83 | 25.125 | 合格 |
| 下缘正应力 | 11.72 | 25.125 | 合格 |

(3) 运营阶段应力验算

① 运营阶段主力混凝土最大、最小正应力(拉应力为正,压应力为负)(图 5.37～图 5.40)。

图 5.37　运营阶段"主力"组合下上缘混凝土最大正应力(单位:MPa)

图 5.38　运营阶段"主力"组合下上缘混凝土最小正应力(单位：MPa)

图 5.39　运营阶段"主力"组合下下缘混凝土最大正应力(单位：MPa)

图 5.40　运营阶段"主力"组合下下缘混凝土最小正应力(单位：MPa)

根据《铁路桥涵混凝土结构设计规范》(7.3.10)条,对运营荷载主力组合作用下混凝土正应力进行验算,验算结果见表 5-13。

表 5-13　运营阶段主力组合混凝土正应力

| 项　目 | 最大正应力/MPa | | 最小正应力/MPa | | 结　论 |
|---|---|---|---|---|---|
| | 计　算　值 | 控制值($0.5f_c$) | 计　算　值 | 控　制　值 | |
| 上缘正应力 | −1.41 | −16.75 | −2.82 | 0 | 合格 |
| 下缘正应力 | −9.01 | −16.75 | −10.7 | 0 | 合格 |

② 运营阶段"主力+附加力"组合下混凝土主拉、主压应力(拉应力为正,压应力为负)(图 5.41～图 5.44)。

图 5.41　运营阶段"主力+附加力"组合下上缘混凝土最大正应力(单位：MPa)

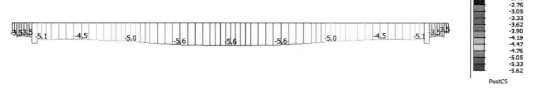

图 5.42　运营阶段"主力＋附加力"组合下上缘混凝土最小正应力(单位:MPa)

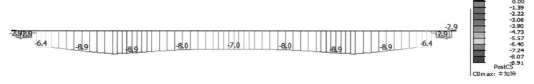

图 5.43　运营阶段"主力＋附加力"组合下下缘混凝土最大正应力(单位:MPa)

图 5.44　运营阶段"主力＋附加力"组合下下缘混凝土最小正应力(单位:MPa)

根据《铁路桥涵混凝土结构设计规范》(7.3.11)条对运营荷载"主力＋附加力"组合下混凝土正应力进行验算,验算结果见表 5-14。

表 5-14　运营阶段"主力＋附加力"组合下混凝土正应力

| 项　目 | 最大正应力/MPa | | 最小正应力/MPa | | 结　论 |
| --- | --- | --- | --- | --- | --- |
| | 计算值 | 控制值($0.55f_c$) | 计算值 | 控制值 | |
| 上缘正应力 | －5.63 | －18.43 | －5.62 | 0 | 合格 |
| 下缘正应力 | －8.91 | －18.43 | －11.34 | 0 | 合格 |

③ 混凝土主拉、主压应力(图 5.45、图 5.46)。

图 5.45　运营阶段包络混凝土最大主应力(主拉)(单位:MPa)

图 5.46　运营阶段包络混凝土最小主应力(主压)(单位:MPa)

根据《铁路桥涵混凝土结构设计规范》公式(7.3.7)和公式(7.3.12)验算运营阶段混凝土的主应力,验算结果见表5-15。

表5-15　运营阶段混凝土主应力

| 项　　目 | 最大主压应力/MPa | | 最大主拉应力/MPa | | 结　　论 |
|---|---|---|---|---|---|
| | 计算值 | 控制值($0.6f_c$) | 计算值 | 控制值($f_{ct}$) | |
| 主拉力、压应力 | 4.81 | 21.9 | 1.00 | 3.08 | 合格 |

④ 混凝土剪应力(图5.47)。

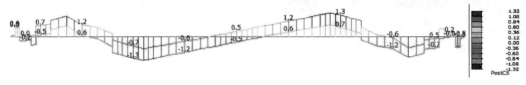

图5.47　运营阶段混凝土最大剪应力(单位:MPa)

根据《铁路桥涵混凝土结构设计规范》(7.3.15)条验算混凝土的最大剪应力,验算结果见表5-16。

表5-16　运营阶段混凝土剪应力

| 项　　目 | 最大正应力/MPa | | 结　　论 |
|---|---|---|---|
| | 计算值 | 控制值($0.17f_c$) | |
| 上缘正应力 | 1.32 | 5.695 | 合格 |

⑤ 截面抗裂性。

根据《铁路桥涵混凝土结构设计规范》(7.3.9)条验算,不考虑混凝土的塑性,修正系数$\gamma=1$,计算结果见表5-17。

表5-17　主力组合下抗裂性

| 名　　称 | 符　　号 | 数　　值 | 单　　位 |
|---|---|---|---|
| 抗裂安全系数 | $K_f$ | 1.200 | |
| 计算荷载在截面受拉边缘混凝土中产生的正应力 | $\sigma$ | 13.1 | MPa |
| 扣除相应阶段预应力损失后混凝土的预压应力 | $\sigma_c$ | 15.6 | MPa |
| 不考虑混凝土塑性的修正系数 | $\gamma$ | 1.51 | |
| 混凝土抗拉极限强度 | $f_{ct}$ | 3.100 | MPa |
| 右式 | $\sigma_c + \gamma f_{ct}$ | 20.29 | MPa |
| 左式 | $K_f \sigma$ | 15.72 | MPa |
| 判断是否满足规范要求 | $K_f \sigma < \sigma_c + \gamma f_{ct}$ | 满足规范要求 | |

⑥ 钢绞线疲劳应力幅(图5.48)。

活载作用下混凝土下缘最大拉应力2.3MPa,预应力钢绞线最大拉应力为:
$$2.3 \times E_p/E_c = (2.3 \times 1.95 \times 10^5/3.55 \times 10^4)\text{MPa} = 12.63\text{MPa}$$

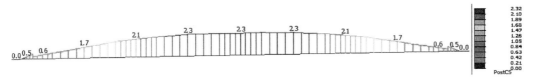

图 5.48 活载作用下混凝土下缘最大拉应力(单位:MPa)

从表 5-18 可知,钢绞线的疲劳应力幅满足《铁路桥涵混凝土结构设计规范》(7.3.14)条的要求。

表 5-18 钢绞线疲劳应力幅

| 钢绞线 | 疲劳应力幅/MPa | | 结 论 |
|---|---|---|---|
| | 计算值 | 控制值($\Delta\sigma_p$) | |
| F1~B1 | 12.63 | 140 | 合格 |

⑦ 静活载下梁的挠度(图 5.49)。

图 5.49 静活载作用下梁的最大竖向挠度

根据最大竖向挠度计算静活载作用下的挠跨比,见表 5-19。

表 5-19 静活载作用下挠跨比

| 截面位置 | 静活载作用下的挠跨比 | | 结 论 |
|---|---|---|---|
| | 计算值 | 控制值 | |
| 跨中 | $L/7328$ | $L/2000$ | 合格 |

注:$L$ 表示跨度。

⑧ 后期徐变上拱。

由图 5.50、图 5.51、表 5-20,线路铺设后的徐变上拱值满足《地铁设计规范》(10.1.10)条。

图 5.50 (二期恒载作用后)梁的位移

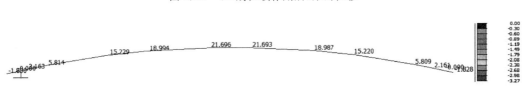

图 5.51 (徐变终了)梁的位移

表 5-20　线路铺设后的徐变上拱度

| 截面位置 | 徐变终了/mm | 二期恒载作用后/mm | 差值/mm | 控制值/mm | 结论 |
|---|---|---|---|---|---|
| 跨中 | 21.693 | 15.272 | 6.421 | 10 | 合格 |

（4）预拱度计算

持续作用荷载（梁自重、二期恒载及预加力）产生的向上位移见图 5.52、图 5.53，二期恒载于终张拉后 60d 施加。

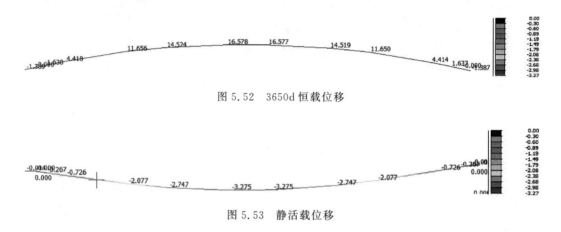

图 5.52　3650d 恒载位移

图 5.53　静活载位移

恒载及静活载产生的拱度为(16.578－3.275)mm＝13.3mm＜15mm，根据《铁路桥涵混凝土结构设计规范》(TB 10092—2017)(4.1.2)条，可不设预拱度。

（5）支座反力

各种荷载工况下的支座反力见表 5-21。

表 5-21　支座反力（每侧梁端）

| 荷载工况 | 恒载 | 活载最大值 | 活载最小值 | 温度 |
|---|---|---|---|---|
| 反力/kN | 925.8 | 524.8 | －103.9 | 0 |

（6）支座位移

支座位移的计算考虑了预应力效应、恒载与活载的作用、温度以及收缩徐变的影响，具体数值见表 5-22。

表 5-22　支座位移

| 荷载工况 | 预应力 | 自重、恒载与活载 | 温度 | 收缩徐变 | 总和 |
|---|---|---|---|---|---|
| 水平位移量/mm | 2.48 | 2.53 | 4.95 | 5.24 | 15.20 |

#### 5.7.1.5　站台层盖梁计算

盖梁、墩柱数值计算模型如图 5.54 所示。

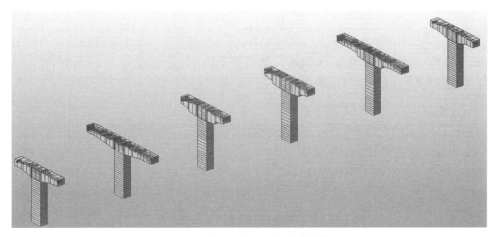

图 5.54 盖梁、墩柱预应力计算模型

(1) 正截面强度验算

盖梁计算弯矩如图 5.55 所示。

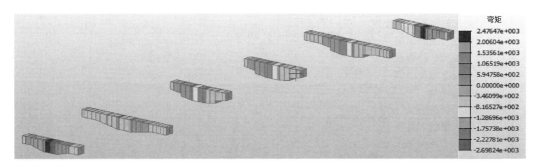

图 5.55 盖梁弯矩(单位:kN·m)

根据《铁路桥涵混凝土结构设计规范》进行计算,正截面抗弯强度验算见表 5-23。

表 5-23 第 8 轴桥墩盖梁正截面抗弯强度验算

| 名　　称 | 符　号 | 左支点 | 单　位 |
|---|---|---|---|
| 混凝土抗压极限强度 | $f_c$ | 33.5 | MPa |
| 预应力钢筋的抗拉计算强度 | $f_p$ | 1674 | MPa |
| 普通钢筋的抗拉计算强度 | $f_s = f_s'$ | 335 | MPa |
| 预应力钢筋截面面积 | $A_p$ | 0.02184 | $m^2$ |
| 预应力钢筋合力点至最近边距离 | $a_p$ | 0.89 | m |
| 非预应力钢筋截面面积 | $A_s$ | 0.01031 | $m^2$ |
| 非预应力钢筋截面面积 | $A_s'$ | 0.01031 | $m^2$ |
| 非预应力钢筋至最近边距离 | $a_s = a_s'$ | 0.065 | m |
| 箱梁受压区翼缘板宽 | $b_f'$ | 2.1 | m |
| 箱梁受压区翼缘板厚 | $h_f'$ | 1.4 | m |
| 截面有效高度 | $h_0$ | 1.98 | m |
| 混凝土受压区高度 | $x$ | 0.520 | m |
| 判断是否可以按矩形截面计算 | \multicolumn{3}{c}{$x < h_f'$,可按矩形截面计算} |

续表

| 名　称 | 符　号 | 左支点 | 单位 |
|---|---|---|---|
| 《铁路桥涵混凝土结构设计规范》式(6.2.2)截面能够承受的极限弯矩 | $M_u$ | 69550.243 | kN·m |
| 计算弯矩 | $M$ | 29348 | kN·m |
| 安全系数 $K=M_u/M$ | $K$ | 2.37 | 满足规范要求 |

（2）斜截面强度验算

根据《铁路桥涵混凝土结构设计规范》附录 C 的规定进行计算,斜截面抗剪强度验算见表 5-24。

表 5-24　第 8 轴桥墩盖梁斜截面抗剪强度计算

| 名　称 | 符　号 | 左支点截面 | 单　位 |
|---|---|---|---|
| 混凝土抗拉极限强度 | $f_{ct}$ | 3.1 | MPa |
| 普通钢筋计算强度 | $f_s$ | 335 | MPa |
| 腹板宽度 | $b$ | 2.1 | m |
| 有效高度 | $h_0$ | 1.981 | m |
| 截面箍筋总截面面积 | $A_v$ | 0.00123 | m² |
| 预应力纵向钢筋 | $A_p$ | 0.02184 | m² |
| 预应力弯起钢筋 | $A_{pb}$ | 0 | m² |
| 非预应力纵向钢筋 | $A_s$ | 0.01031 | m² |
| 箍筋间距 | $S_v$ | 0.1 | m |
| 箍筋配筋率 | $\mu_v$ | 0.006 | |
| 纵向钢筋配筋率 | $p$ | 0.7323 | |
| 混凝土和箍筋承受的剪力 | $V_{cv}$ | 16927 | kN |
| 预应力弯起钢筋承受的剪力 | $V_b$ | 0 | kN |
| $V_u = V_{cv} + V_b$ | $V_u$ | 16927 | kN |
| 计算剪力 | $V$ | 5813 | kN |
| 安全系数 $K=V_u/V$ | $K$ | 2.91 | |

从表 5-25 可以看出斜截面强度满足规范要求。

（3）正截面抗裂验算

根据《铁路桥涵混凝土结构设计规范》计算,正截面抗裂安全系数见表 5-25。

表 5-25　正截面抗裂安全系数

| 1 | 换算截面重心轴距梁底的距离 $Y$ | 1291.1mm |
|---|---|---|
| 2 | 换算截面重心轴以下面积对重心轴的面积矩 $S_0$ | $1.79884 \times 10^9$ mm³ |
| 3 | 换算截面重心轴以上面积对重心轴的面积矩 $S_0'$ | $1.79884 \times 10^9$ mm³ |
| 4 | 换算截面对换算截面重心轴的惯性矩 $I_0$ | $3.09892 \times 10^{12}$ mm⁴ |
| 5 | 对所验算的拉应力边缘的换算截面抵抗矩 $W_0$ | $2.40019 \times 10^9$ mm³ |
| 6 | 考虑混凝土塑性的修正系数 $\gamma$ | 1.50 |
| 7 | 计算荷载在截面受拉边缘混凝土中产生的正应力 $\sigma$ | 6.4MPa |
| 8 | 扣除相应阶段预应力损失后混凝土的预压应力 $\sigma_c$ | 7.3MPa |
| 9 | 受弯构件计算抗裂安全系数 $K_f$ | 1.86>1.2,满足要求 |

从表 5-25 可以看出正截面抗裂满足规范要求。

(4) 盖梁应力验算

根据《铁路桥涵混凝土结构设计规范》计算,盖梁应力验算见表 5-26~表 5-29。

表 5-26 施工阶段站台层盖梁应力验算

| 项 目 | 最大正应力/MPa | | 结 论 |
|---|---|---|---|
| | 计算值 | 控制值 | |
| 上缘正应力 | 12.1 | 24.6 | 合格 |
| 下缘正应力 | −0.7 | −2.2 | 合格 |

表 5-27 主力组合站台层盖梁应力验算

| 项 目 | 最大正应力/MPa | | 最小正应力/MPa | | 结 论 |
|---|---|---|---|---|---|
| | 计算值 | 控制值($0.5f_c$) | 计算值 | 控制值($0.7f_{ct}$) | |
| 上缘正应力 | 9.4 | 16.75 | 0.1 | −2.2 | 合格 |
| 下缘正应力 | 10.0 | 16.75 | 1.6 | −2.2 | 合格 |

表 5-28 "主力+附加力"组合站台层盖梁应力验算

| 项 目 | 最大正应力/MPa | | 最小正应力/MPa | | 结 论 |
|---|---|---|---|---|---|
| | 计算值 | 控制值($0.55f_c$) | 计算值 | 控制值($0.7f_{ct}$) | |
| 上缘正应力 | 12.9 | 18.42 | 0.1 | −2.2 | 合格 |
| 下缘正应力 | 10.4 | 18.42 | 1.6 | −2.2 | 合格 |

表 5-29 "主力+附加力"组合站台层盖梁主应力验算

| 项 目 | 最大主压应力/MPa | | 最大主拉应力/MPa | | 结 论 |
|---|---|---|---|---|---|
| | 计算值 | 控制值($0.6f_c$) | 计算值 | 控制值($f_{ct}$) | |
| 主拉、主压应力 | 10.4 | 21.9 | −2.6 | −3.08 | 合格 |

(5) 钢束应力验算

根据《铁路桥涵混凝土结构设计规范》计算,钢束应力验算见表 5-30、表 5-31。

表 5-30 传力锚固阶段钢束应力验算

| 钢绞线 | 钢绞线应力/MPa | | 结 论 |
|---|---|---|---|
| | 计算值 | 控制值($0.65f_{pk}$) | |
| N1 | 1040 | 1209 | 合格 |
| N2 | 1060 | 1209 | 合格 |
| N3 | 1070 | 1209 | 合格 |

表 5-31 运营阶段钢束应力验算

| 钢绞线 | 钢绞线应力/MPa | | 结 论 |
|---|---|---|---|
| | 计算值 | 控制值($0.6f_{pk}$) | |
| N1 | 1018 | 1116 | 合格 |
| N2 | 1030 | 1116 | 合格 |
| N3 | 1040 | 1116 | 合格 |

(6) 盖梁挠度验算

根据《铁路桥涵混凝土结构设计规范》计算,盖梁挠度验算见表 5-32～表 5-34。

表 5-32 线路铺设后的徐变上拱度

| 截面位置 | 计算值/m | 控制值/m | 结 论 |
| --- | --- | --- | --- |
| 盖梁端 | 0.0006 | 0.010 | 合格 |

表 5-33 最不利组合下盖梁挠度

| 截面位置 | 计算值/m | 控制值/m | 结 论 |
| --- | --- | --- | --- |
| 盖梁端 | 0.0007(上拱) | $L_0/600$ | 合格 |

注:$L_0$ 表示盖梁的计算跨度。

表 5-34 静活载作用下盖梁挠度

| 截面位置 | 计算值/mm | 控制值/m | 结 论 |
| --- | --- | --- | --- |
| 盖梁端 | $L_0/26000$ | $L_0/2000$ | 合格 |

### 5.7.1.6 桥墩计算

1) 桥墩刚度计算

桥墩刚度计算时,墩台基础考虑土的弹性抗力作用。承台顶的横向位移和转角用 m 法计算。单位力作用下,承台水平位移及转角引起墩顶位移加上墩弯曲变形位移的倒数即为墩柱的刚度。计算时取代表性桥墩 1、4、8 号验算。墩顶作用 1kN 时,桥墩刚度如表 5-35 所示。

表 5-35 桥墩纵向水平刚度计算

| | 墩顶纵向水平刚度计算 | 1号墩 | 4号墩 | 8号墩 |
| --- | --- | --- | --- | --- |
| | 桥上线路数 | 2 | 2 | 2 |
| | 跨度 $L$ | 24 | 24 | 24 |
| | 墩顶纵向水平线刚度 $[K]/(kN/cm)$ | 320.0 | 320.0 | 320.0 |
| | 墩顶最大水平位移 $\delta_{max}/mm$ | 0.03 | 0.03 | 0.03 |
| | 作用于桥墩顶部纵向水平力 $H/kN$ | 1.0 | 1.0 | 1.0 |
| | 桥墩混凝土的弹性模量 $E_c/kPa$ | $3.40\times10^7$ | $3.40\times10^7$ | $3.40\times10^7$ |
| 1 | 桥墩的计算高度 $L/m$ | 12.38 | 14.48 | 14.48 |
| 2 | 桥墩的横向宽度 $B/m$ | 3.20 | 3.20 | 3.20 |
| 3 | 桥墩的纵向厚度 $h/m$ | 2.00 | 2.00 | 2.00 |
| 4 | 桥墩的计算刚度 $0.8EI/(kN\cdot m^2)$ | $5.80\times10^7$ | $5.80\times10^7$ | $5.80\times10^7$ |
| 5 | 承台的个数 $n/$个 | 1 | 1 | 1 |
| 6 | 由单位水平力所引起的承台顶水平位移 $\delta_j$ | $2.26\times10^{-6}$ | $1.44\times10^{-6}$ | $1.44\times10^{-6}$ |
| 7 | 由单位水平力所引起的承台顶转角 $\varphi_j$ | $1.09\times10^{-7}$ | $3.62\times10^{-8}$ | $3.62\times10^{-8}$ |
| 8 | 由单位弯矩所引起的承台顶水平位移 $\delta_j$ | $1.09\times10^{-7}$ | $3.62\times10^{-8}$ | $3.62\times10^{-8}$ |
| 9 | 由单位弯矩所引起的承台顶转角 $\varphi_j$ | $3.68\times10^{-8}$ | $1.20\times10^{-8}$ | $1.20\times10^{-8}$ |
| 10 | 由基础水平变形引起的墩顶水平位移 $\delta_H/mm$ | 0.004 | 0.002 | 0.002 |
| 11 | 由基础转角变形引起的墩顶水平位移 $\delta_\varphi/mm$ | 0.007 | 0.003 | 0.003 |

续表

| | 墩顶纵向水平刚度计算 | 1号墩 | 4号墩 | 8号墩 |
|---|---|---|---|---|
| 12 | 由墩身弯曲引起的墩顶位移 $\delta_p$/mm | 0.011 | 0.017 | 0.017 |
| 13 | 墩顶纵向水平位移合计 $\sum\delta$/mm | 0.022 | 0.022 | 0.022 |
| 14 | 墩身刚度与下部结构总刚度比值/% | 50.7 | 77.7 | 77.7 |
| 15 | 墩顶纵向水平线刚度 $K$/(kN·cm) | 465.0 | 445.5 | 445.5 |
| | 是否满足要求 | >[K],满足 | >[K],满足 | >[K],满足 |

从表5-35可以看出墩顶纵向水平线刚度满足要求。

墩柱内力计算采用有代表性的1、8、9号桥墩进行验算。计算垂直方向荷载(表5-36、表5-37)。

表5-36 计算参数    m

| 计算项目 | 参数设置 | 计算项目 | 参数设置 |
|---|---|---|---|
| 桥梁计算跨度 $L$ | 24.00 | 轨顶距桥面 | 0.52 |
| 盆式支座 | 左固定 | 梁底至墩顶 | 0.30 |
| | 右活动 | 梁高 | 1.60 |
| 顺桥向支座中心距墩中心 | 1.55 | 线间距 | 4.20 |

表5-37 垂直方向荷载

| 荷载 | ⑩轴 $N_{min}$ $P_1$/kN | 单孔轻载 $M_x$/(kN·m) | $M_{y1}$/(kN·m) | 制动力计算时轴数 | 反力差 $\Delta P$/kN |
|---|---|---|---|---|---|
| 恒载 | 17108.1 | 330.80 | | | 48.90 |
| 单孔单列(计冲击) | 408.9 | 633.83 | 858.74 | 6.00 | |
| 单孔双列(计冲击) | 817.8 | 1267.67 | | | |
| 双孔单列(计冲击) | 829.6 | 552.56 | 1742.07 | 10.00 | 356.49 |
| 双孔双列(计冲击) | 1659.1 | 1105.12 | | | |
| 单孔单列(空车) | 204.5 | 316.92 | 429.37 | | |
| 双孔单列(空车) | 414.8 | 276.28 | 871.03 | | 178.24 |
| 恒载 | 17108.1 | 330.80 | | | 48.90 |
| 单孔单列(计冲击) | 1522.4 | 2359.69 | 9000.75 | 6.00 | |
| 单孔双列(计冲击) | 3044.8 | 4719.39 | | | |
| 双孔单列(计冲击) | 1758.5 | 271.17 | 9496.63 | 10.00 | 174.95 |
| 双孔双列(计冲击) | 3517.0 | 542.34 | | | |
| 单孔单列(空车) | 761.2 | 1179.85 | 1598.50 | | |
| 双孔单列(空车) | 879.3 | 135.58 | 1846.45 | | 87.47 |

2) 水平荷载(表5-38、表5-39)

表5-38 水平方向荷载输入参数

| 荷载项目 | 参数设置 | 荷载项目 | 参数设置 |
|---|---|---|---|
| 桥梁计算跨度 $L$ | 24.00m | 轨顶距桥面 | 0.52m |
| 列车轴重 $P$ | 140.0kN/轴 | 梁底至墩顶 | 0.30m |
| 空车轴重 | 70kN/轴 | 梁高 | 1.60m |

表 5-39　水平方向荷载计算

| 名　称 | 计算依据 | 数值 | 单位 | 数量 | 合计 |
|---|---|---|---|---|---|
| 列车竖向活载 $P$ | $P(1+\mu)$ | 164.89 | kN/轴 | | |
| 动力系数 $1+\mu$ | $1+\mu=1+0.8\times 12/(30+L)$ | 1.18 | | | |
| 无缝线路纵向力 | 伸缩力 $T_1$ | 27.24 | kN/股 | 1 | 27.2 |
| | 挠曲力 $T_2$ | 13.50 | kN/股 | 1 | 13.5 |
| 本线设计列车速度 $V$ | | 80 | km/h | | |
| 曲线半径 $R$ | | 1802.1 | m | | |
| 离心率 $C$ | $C=V^2/(127R)$ | 0.028 | | | |
| 离心力 $N_{max}$ | $F=$列车竖向静活载$\times C$ | 3.9 | kN/轴 | 6 | 11.74 |
| | | | | 12 | 23.49 |
| | | | | 10 | 19.57 |
| | | | | 20 | 39.15 |
| 制动力或牵引力 $N_{min}$ | 列车竖向静活载 $P$ 的 15% | 21.00 | kN/轴 | 12 | 126.00 |
| | | | | 20 | 210.00 |
| | 与离心力同时计算时列车竖向静活载 $P$ 的 10% | 14.00 | kN/轴 | 12 | 84.00 |
| | | | | 20 | 140.00 |
| 制动力或牵引力 $N_{max}$ | 列车竖向静活载 $P$ 的 15%（站内计入双线制动力） | 21.00 | kN/轴 | 12 | 126.00 |
| | | | | 20 | 210.00 |
| | 与离心力同时计算时列车竖向静活载 $P$ 的 10%（站内计入双线制动力） | 14.00 | kN/轴 | 12 | 84.00 |
| | | | | 20 | 140.00 |
| 横向摇摆力 | 相邻两节车四个轴轴重的 15% 计 | 84.00 | kN/（孔、列） | 1 | 84.0 |
| | | | | 1 | 84.0 |
| | | | | 1 | 84.0 |
| | | | | 1 | 84.0 |
| 无缝线路断轨力 | 断轨力 $T_3$ | 171.36 | kN/股 | 1 | 171.4 |
| 风力 | 见《风荷载计算表》 | | | | |
| 地震力 | 见《空间动力分析结果》 | | | | |

3）风荷载（表 5-40）

表 5-40　风荷载

| 名　称 | 公式 | 横桥向 依据 | 横桥向 数量 |
|---|---|---|---|
| 风荷载强度 | $W_1=K_1K_2K_3W_0$ | | 0.864 |
| 基本风压值 | $W_0$ | 查表得：城市 | 0.80 |
| 风载体型系数 | $K_1$ | 查表得：短边迎风矩形截面 | 1.20 |
| 风压高度变化系数 | $K_2$ | 查表得：全桥均取轨顶高度处；≤20m | 1.0 |
| 地形地理条件系数 | $K_3$ | 查表得：城市 | 0.90 |
| 墩所受的风力 | $F=SW_1$ | | 13.82 |
| 迎风面积 | $S$ | 计算得：（顺桥向墩尺寸×墩高） | 16.00 |
| 作用点 | | 墩中心 | |
| 距墩底高度 | $H$ | | 4.00 |

续表

| 名　　称 | 公　　式 | 横桥向 依据 | 数　　量 |
|---|---|---|---|
| 墩底弯矩 | $W=FH$ | | 55.296 |
| 风荷载强度 | $W_2=K_1K_2K_3W_0$ | 梁上无车时（考虑声屏障） | 0.936 |
| | $W_3=K_1K_2K_3W_0$ | 梁上有车时，且≤1250Pa | 0.936 |
| 基本风压值 | $W_0$ | 查表得：城市 | 0.80 |
| 风载体型系数 | $K_1$ | 查表得：其他构件 | 1.30 |
| 风压高度变化系数 | $K_2$ | 查表得：全桥均取轨顶高度处≤20m | 1.0 |
| 地形地理条件系数 | $K_3$ | 查表得：城市 | 0.90 |
| 梁所受的风力 | $F=SW_2$ | 梁上无车时 | 35.94 |
| | $F=SW_3$ | 梁上有车时 | 35.94 |
| 迎风面积 | $S$ | 梁高×梁长 | 38.40 |
| | | 计算桥跨结构理论受风面积×系数1.0 | 38.40 |
| | 作用点 | 梁中心 | |
| 距墩顶高度 | $H$ | | 1.10 |
| 墩顶弯矩 | $W=FH$ | 梁上无车时 | 39.53 |
| | | 梁上有车时 | 39.53 |
| 距墩底高度 | $H$ | | 15.58 |
| 墩底弯矩 | $W=FH$ | 梁上无车时 | 559.95 |
| | | 梁上有车时 | 559.95 |
| 声屏障所受风力 | $F=SW_3$ | 对于车站为钢罩棚所受风力 | 336.96 |
| 迎风面积 | $S$ | 高度×列车实际计算长度$L$ | 360.00 |
| | 作用点 | 梁顶以上声屏中心 | |
| 距墩顶高度 | $H$ | | 1.02 |
| 墩顶弯矩 | $W=FH$ | | 343.70 |
| 距墩底高度 | $H$ | | 15.50 |
| 墩底弯矩 | $W=FH$ | | 5222.88 |
| 名　　称 | 公　　式 | 顺桥向 依据 | 数　　量 |
| 风荷载强度 | $W_1=K_1K_2K_3W_0$ | | 1.01 |
| 基本风压值 | $W_0$ | 查表得：城市 | 0.80 |
| 风载体型系数 | $K_1$ | 查表得：长边迎风矩形截面 | 1.40 |
| 风压高度变化系数 | $K_2$ | 查表得：全桥均取轨顶高度处≤20m | 1.0 |
| 地形地理条件系数 | $K_3$ | 查表得：城市 | 0.90 |
| 墩所受的风力 | $F=SW_1$ | | 115.69 |
| 迎风面积 | $S$ | 计算得：横桥向墩尺寸×墩高 | 114.54 |
| | 作用点 | 墩中心 | |
| 距墩底高度 | $H$ | | 7.24 |
| 墩底弯矩 | $W=FH$ | | 837.60 |

注：列车、桥面系和上承梁顺桥向风力不予计算；桥梁计算跨度为相邻两跨长度之和的一半。

4）地震力

计算模型采用全车站空间分析模型，并采用简化单墩模型校核，取包络结果进行设计。考虑桩土共同作用，其中梁体的地震作用顺桥向位于支座中心，横桥向位于梁高的1/2处，顺桥向不计活载引起的地震力，横桥向只计50%活载引起的地震力，且作用在轨顶以上2m处。活载垂直力均计100%，另外，双线桥只考虑单线活载。7度Ⅳ类场地。地震力计算建立车站结构整体空间模型，采用振型分解反应谱法计算。

5）桥底荷载（表5-41、表5-42）

**表5-41 桥底荷载计算参数**　　　　　　　　　　　　　　　　　　m

| 荷载项目 | 参数设置 | 荷载项目 | 参数设置 |
| --- | --- | --- | --- |
| 墩高 $H$ | 14.48 | 轨顶距桥面 | 0.52 |
| 墩横桥向 $b$ | 3.20 | 梁底至墩顶 | 0.30 |
| 墩顺桥向 $h$ | 2.00 | 梁高 | 1.60 |
| 桥梁跨度 $L$ | 24.00 | 线间距 | 4.20 |

**表5-42 桥底荷载计算内力**

| 荷载 | $P$/kN | $M_x$/(kN·m) | $M_y$/(kN·m) | $H_x$/kN | $H_y$/kN |
| --- | --- | --- | --- | --- | --- |
| 恒载 | 19517.57 | 5622.04 | 0.00 | | |
| 单孔单列（计冲击） | 408.92 | 633.83 | 858.74 | | |
| 单孔双列（计冲击） | 817.85 | 1267.67 | 0.00 | | |
| 双孔单列（计冲击） | 829.56 | 552.56 | 1742.07 | | |
| 双孔双列（计冲击） | 1659.11 | 1105.12 | 0.00 | | |
| 单孔单列（空车） | 204.46 | 316.92 | 429.37 | | |
| 双孔单列（空车） | 414.78 | 276.28 | 871.03 | | |
| 离心力1（单孔单列） | | | 443.95 | 23.49 | |
| 离心力2（单孔双列） | | | 887.91 | 46.98 | |
| 离心力3（双孔单列） | | | 739.92 | 39.15 | |
| 离心力4（双孔双列） | | | 1479.85 | 78.30 | |
| 制动力1（单孔单列） | | 3686.76 | | | 252.00 |
| 制动力2（双孔单列） | | 6144.6 | | | 420.00 |
| 制动力3（单孔单列、与离心力组合） | | 2457.84 | | | 168.00 |
| 制动力4（双孔单列、与离心力组合） | | 4096.40 | | | 280.00 |
| 单孔单列（计冲击） | 1522.38 | 2359.69 | 9000.75 | | |
| 单孔双列（计冲击） | 3044.77 | 4719.39 | 0.00 | | |
| 双孔单列（计冲击） | 1758.52 | 271.17 | 9496.63 | | |
| 双孔双列（计冲击） | 3517.04 | 542.34 | 0.00 | | |
| 单孔单列（空车） | 761.19 | 1179.85 | 1598.50 | | |
| 双孔单列（空车） | 879.26 | 135.58 | 1846.45 | | |
| 离心力1（单孔单列） | | | 443.95 | 23.49 | |
| 离心力2（单孔双列） | | | 887.91 | 46.98 | |
| 离心力3（双孔单列） | | | 739.92 | 39.15 | |
| 离心力4（双孔双列） | | | 1479.85 | 78.30 | |

续表

| 荷 载 | $P$/kN | $M_x$/(kN·m) | $M_y$/(kN·m) | $H_x$/kN | $H_y$/kN |
|---|---|---|---|---|---|
| 制动力1(单孔单列) | | 3686.76 | | | 252.00 |
| 制动力2(双孔单列) | | 6144.6 | | | 420.00 |
| 制动力3(单孔单列、与离心力组合) | | 2457.84 | | | 168.00 |
| 制动力4(双孔单列、与离心力组合) | | 4096.40 | | | 280.00 |
| 摇摆力1(单孔单列) | | | 1419.60 | 84.00 | |
| 摇摆力2(单孔双列) | | | 1419.60 | 84.00 | |
| 摇摆力3(双孔单列) | | | 1419.60 | 84.00 | |
| 摇摆力4(双孔双列) | | | 1419.60 | 84.00 | |
| 纵向风力 | | 835.87 | | | 115.45 |
| 横向风力1(单孔)(声屏、梁) | | | 5322.97 | 350.78 | |
| 横向风力2(双孔)(声屏、梁) | | | 5322.97 | 350.78 | |
| 横向风力3(无车)(声屏、梁) | | | 5322.97 | 350.78 | |
| 桥墩纵向风力 | | 835.87 | | | 115.45 |
| 桥墩横向风力 | | | 100.09 | 13.82 | |
| 伸缩力 $T_1$ | | 398.52 | | | 27.24 |
| 挠曲力 $T_2$ | | 197.51 | | | 13.50 |
| 断轨力 $T_3$(固定) | | 2507.00 | | | 171.36 |
| 汽车撞击力(纵向) | | 2300.00 | | | 1000.00 |
| 汽车撞击力(横向) | | | 1150.00 | 500.00 | |
| 横向地震力(墩底) | | | 21188.00 | 1452.20 | |
| 纵向地震力(墩底) | | 17495.00 | | | 1299.00 |
| 墩自重 | 2409.47 | | | | |

6) 墩底荷载组合(固定区) $N_{\max}$(表 5-43)

表 5-43 墩底荷载组合

| 荷 载 组 合 | $P$/kN | $M_x$/(kN·m) | $M_y$/(kN·m) | $H_x$/kN | $H_y$/kN |
|---|---|---|---|---|---|
| 横桥向 $N_{\max}$ | | | | | |
| 主力 | | | | | |
| 恒载+双孔双列+离心力4+摇摆力4 | 23034.61 | 6164.37 | 2899.45 | 162.30 | 0.00 |
| 恒载+单孔双列+离心力2+摇摆力2 | 22562.34 | 10341.42 | 2307.51 | 130.98 | 0.00 |
| 恒载+双孔单列+离心力3+摇摆力3+2伸缩力 | 21276.09 | 6690.25 | 11656.16 | 123.15 | 54.48 |
| 恒载+单孔单列+离心力1+摇摆力1+2伸缩力 | 21039.96 | 8778.77 | 10864.30 | 107.49 | 54.48 |
| 主力+附加力 | | | | | |
| 恒载+双孔双列+离心力4+横向风力2+摇摆力 | 23034.61 | 6164.37 | 8222.41 | 513.08 | 0.00 |
| 恒载+单孔双列+离心力2+横向风力1+摇摆力 | 22562.34 | 10341.42 | 7630.47 | 481.76 | 0.00 |
| 恒载+双孔单列+离心力3+横向风力2+摇摆力+2伸缩力 | 21276.09 | 6690.25 | 16979.12 | 473.93 | 54.48 |

续表

| 荷载组合 | $P$/kN | $M_x$/(kN·m) | $M_y$/(kN·m) | $H_x$/kN | $H_y$/kN |
|---|---|---|---|---|---|
| 恒载＋单孔单列＋离心力1＋横向风力1＋摇摆力＋2伸缩力 | 21039.96 | 8778.77 | 16187.27 | 458.27 | 54.48 |
| 恒载＋$4T_2$＋横向风力 | 19517.57 | 7216.12 | 5322.97 | 350.78 | 108.96 |
| 主力＋特殊力 | | | | | |
| 恒载＋双孔双列＋离心力4＋摇摆力＋汽车撞击力 | 23034.61 | 6164.37 | 4049.45 | 662.30 | 0.00 |
| 恒载＋单孔双列＋摇摆力2＋离心力2＋汽车撞击力 | 22562.34 | 10341.42 | 3457.51 | 630.98 | 0.00 |
| 恒载＋双孔单列＋离心力3＋摇摆力＋2伸缩力＋汽车撞击力 | 21276.09 | 6690.25 | 12806.16 | 623.15 | 54.48 |
| 恒载＋单孔单列＋摇摆力1＋离心力2＋伸缩力＋汽车撞击力 | 21039.96 | 8778.77 | 12014.30 | 607.49 | 54.48 |
| 恒载＋$4T_2$＋汽车撞击力 | 19517.57 | 7216.12 | 1150.00 | 500.00 | 108.96 |
| 恒载＋双孔单列＋离心力3＋横向地震力＋摇摆力 | 21276.09 | 5893.20 | 32844.16 | 1575.35 | 0.00 |
| 恒载＋单孔单列＋离心力1＋横向地震力＋摇摆力 | 21039.96 | 7981.73 | 32052.30 | 1559.69 | 0.00 |
| 恒载＋横向地震力 | 19517.57 | 5622.04 | 21188.00 | 1452.20 | 0.00 |
| 顺桥向 $N_{\max}$ | | | | | |
| 主力 | | | | | |
| 恒载＋$4T_2$ | 19517.57 | 7216.12 | 0.00 | 0.00 | 108.96 |
| 主力＋附加力 | | | | | |
| 恒载＋双孔双列＋制动力2＋纵向风力＋离心力＋摇摆力 | 23034.61 | 13144.85 | 2899.45 | 162.30 | 535.45 |
| 恒载＋单孔双列＋制动力1＋纵向风力＋离心力＋摇摆力 | 22562.34 | 14864.06 | 2307.51 | 130.98 | 367.45 |
| 恒载＋双孔单列＋制动力2＋纵向风力＋$2T_2$＋离心力＋摇摆力 | 21276.09 | 13670.72 | 11656.16 | 123.15 | 589.93 |
| 恒载＋单孔单列＋制动力1＋纵向风力＋$2T_2$＋离心力＋摇摆力 | 21039.96 | 13301.41 | 10864.30 | 107.49 | 421.93 |
| 恒载＋$4T_2$＋纵向风力 | 19517.57 | 8051.99 | 0.00 | 0.00 | 224.41 |
| 主力＋特殊力 | | | | | |
| 恒载＋双孔双列＋离心力4＋摇摆力＋纵向汽车撞击力 | 23034.61 | 8464.37 | 2899.45 | 162.30 | 1000.00 |
| 恒载＋单孔双列＋摇摆力2＋离心力2＋纵向汽车撞击力 | 22562.34 | 12641.42 | 2307.51 | 130.98 | 1000.00 |
| 恒载＋双孔单列＋离心力3＋摇摆力＋2伸缩力＋纵向汽车撞击力 | 21276.09 | 8990.25 | 11656.16 | 123.15 | 1054.48 |
| 恒载＋单孔单列＋摇摆力1＋离心力2＋伸缩力＋纵向汽车撞击力 | 21039.96 | 11078.77 | 10864.30 | 107.49 | 1054.48 |
| 恒载＋$4T_2$＋纵向汽车撞击力 | 19517.57 | 9516.12 | 0.00 | 0.00 | 1108.96 |
| 恒载＋双孔单列＋$T_2$＋$T_3$＋离心力＋摇摆力 | 21276.09 | 8798.72 | 11656.16 | 123.15 | 198.60 |

续表

| 荷 载 组 合 | $P$/kN | $M_x$/(kN·m) | $M_y$/(kN·m) | $H_x$/kN | $H_y$/kN |
|---|---|---|---|---|---|
| 恒载＋单孔单列＋$T_2$＋$T_3$＋离心力＋摇摆力 | 21039.96 | 10887.25 | 10864.30 | 107.49 | 198.60 |
| 恒载＋3$T_2$＋$T_3$ | 19517.57 | 9324.60 | 0.00 | 0.00 | 253.08 |
| 恒载＋纵向地震力 | 19517.57 | 23117.04 | 0.00 | 0.00 | 1299.00 |
| 最大值 | 23034.61 | | | | |

7) 墩顶变形验算

按《铁路桥涵设计规范》(5.3.3)条规定的分别取顺桥向和横桥向荷载最不利组合，计算方法同墩柱刚度计算，结算结果满足设计要求(表5-44)。

表 5-44 墩顶水平位移计算

| | 荷 载 组 合 | 位移计算值/mm | 容许值/mm | 判 定 |
|---|---|---|---|---|
| 顺桥向 | 恒载＋单孔双列＋制动力1＋纵向风力＋支座摩阻力 | 23.93 | $5\times\sqrt{25}=25.0$ | 合格 |
| 横桥向 | 恒载＋离心力3＋双孔单列＋横向风力2 | 17.89 | $4\times\sqrt{25}=20.0$ | 合格 |

8) 墩身截面强度检算

(1) 墩柱截面配筋设计。

墩柱采用C40混凝土，墩柱截面尺寸3200mm×2000mm(横×纵)。主筋：顺桥向⌀32@130mm；横桥向⌀32@150mm。箍筋：加密区12⌀16@100mm，墩底加密区高度为3600mm；其他部位12⌀16@150mm。

(2) 墩身截面承载力验算(表5-45)。

表 5-45 墩身截面承载力验算

| 墩 号 | | | D1 墩 | | |
|---|---|---|---|---|---|
| 组合类型 | | | 主力 | 主力＋附加力 | 主力＋特殊力 |
| 计算方向 | | | 横桥向 | 横桥向 | 横桥向 |
| 判断主力或是主力＋附加力 | | | 1 | 2 | 2 |
| 钢筋类型选用 | | | 3 | 3 | 3 |
| 结构部位 | | | 2 | 2 | 2 |
| 两端固定形式 | | | 3 | 3 | 3 |
| 墩柱尺寸 | 顺桥向/m | $a$ | 2 | 2 | 2 |
| | 横桥向/m | $b$ | 3.2 | 3.2 | 3.2 |
| | 墩高/m | $l$ | 14.48 | 14.48 | 14.48 |
| 荷载 | 最大轴向压力/kN | $N_{max}$ | 21040.0 | 23034.6 | 23034.6 |
| | 对应最大弯矩的轴向力/kN | $N$ | 21040.0 | 23034.6 | 19517.6 |
| | 最大弯矩/(kN·m) | $M_{max}$ | 11656.2 | 16979.1 | 32052.3 |
| | 偏心距/m | $e$ | 0.554001 | 0.737113 | 1.642228 |
| 受拉侧钢筋布置 | 钢筋直径/mm | | 32 | 32 | 32 |
| | 根数 | | 20 | 20 | 20 |
| | 钢筋截面面积/m² | $A_s$ | 0.016084 | 0.016084 | 0.016084 |

续表

| 墩 号 | | | D1 墩 | | |
|---|---|---|---|---|---|
| 受压侧钢筋布置 | 钢筋直径/mm | | 32 | 32 | 32 |
| | 根数 | | 20 | 20 | 20 |
| | 钢筋截面面积/m² | $A_s'$ | 0.016084 | 0.016084 | 0.016084 |
| 相关系数 | 钢筋弹性模量/(kN/m²) | $E_s$ | 200000000 | 200000000 | 200000000 |
| | 混凝土强度等级 | | C40 | C40 | C40 |
| | 混凝土弹性模量/(kN/m²) | $E_c$ | 34000000 | 34000000 | 34000000 |
| | 混凝土容许应力值/MPa | $[\sigma_c]$ | 13.50 | 17.55 | 20.25 |
| | 钢筋弹模与混凝土变形模量比值 | $n$ | 8 | 8 | 8 |
| | 钢筋保护层/m | $a_s$ | 0.045 | 0.077 | 0.077 |
| | 有效高度/m | $h_0$ | 3.155 | 3.123 | 3.123 |
| | 全截面换算截面面积/m² | $A_0$ | 6.657344 | 6.657344 | 6.657344 |
| | 截面惯性矩/m⁴ | $I_0$ | 6.083598 | 6.058250 | 6.058250 |
| | 换算截面重心到受压边缘/m | $y_1$ | 1.6 | 1.6 | 1.6 |
| | 换算截面重心到受拉边缘/m | $y_2$ | 1.6 | 1.6 | 1.6 |
| | 截面抵抗矩/m³ | $W_0$ | 3.802248 | 3.786406 | 3.786406 |
| 判断大小偏心 | 受压截面核心距离/m | $k_1$ | 0.571136 | 0.568756 | 0.568756 |
| | 受拉截面核心距离/m | $k_2$ | 0.571136 | 0.568756 | 0.568756 |
| | 混凝土截面惯性矩/m⁴ | $I_c$ | 5.461333 | 5.461333 | 5.461333 |
| | 轴向力作用点至截面重心/m | $e_0$ | 0.554001 | 0.737113 | 1.642228 |
| | 考虑偏心距对 $\eta$ 值的影响系数 | $\alpha$ | 0.428006 | 0.392370 | 0.300214 |
| | 安全系数 | $K$ | 2 | 1.6 | 1.6 |
| | 压杆计算长度/m | $l_0$ | 14.48 | 14.48 | 14.48 |
| | 挠度对偏心距影响的增大系数 | $\eta$ | 1.011376 | 1.010863 | 1.012044 |
| | 偏心距 $e_0' = \eta e_0$/m | $e_0'$ | 0.560304 | 0.745121 | 1.662007 |
| | 判断 | | $e_0' < k_1$,为小偏心受压 | $e_0' > k_1$,为大偏心受压 | $e_0' > k_1$,为大偏心受压 |
| 大偏心受压构件的计算 | 判断是否按大偏心受压构件的计算 | | 不按此方法计算 | 按此方法计算 | 按此方法计算 |
| | 系数 $A$ | | — | 2 | 2 |
| | 系数 $B$ | | — | −5.129275 | 0.372042 |
| | 系数 $C$ | | — | 1.150514 | 2.566245 |
| | 系数 $D$ | | — | −5.422324 | −7.687493 |
| | $f(x) = Ax^3 + Bx^2 + Cx + D$/m | $f(x)$ | — | 0.005942 | −0.004985 |
| | 中性轴距受压区边缘距离/m | 设 $x$ | 0.5628 | 2.72 | 1.249 |
| | $f(x') = 3Ax^2 + 2Bx + C$/m | $f(x')$ | — | 17.637658 | 12.855612 |
| | $x_1 = x - f(x)/f(x')$/m | $x_1$ | — | 2.719663 | 1.249388 |
| | 验算混凝土最大压应力/MPa | $\sigma_{cmax}$ | — | 8.151061 | 16.586984 |
| | | $\sigma_{hmax} \leq [\sigma_h]$ | — | 满足要求 | 满足要求 |
| | 验算受压钢筋最大应力/MPa | $\sigma_s'$ | — | 63.362510 | 124.515265 |
| | | $\sigma_s' \leq [\sigma_s]$ | — | 满足要求 | 满足要求 |
| | 验算受拉钢筋最大应力/MPa | $\sigma_s$ | — | 9.661404 | 199.096934 |
| | | $\sigma_s \leq [\sigma_s]$ | — | 满足要求 | 满足要求 |

续表

| 墩号 | | | D1 墩 | | |
|---|---|---|---|---|---|
| 小偏心受压构件的计算 | 判断是否按小偏心受压构件计算 | | 按此方法计算 | 不按此方法计算 | 不按此方法计算 |
| | 混凝土压应力/MPa | $\sigma_c$ | 6.260883746 | — | — |
| | | $\sigma_c \leqslant [\sigma_c]$ | 满足要求 | — | — |
| | 钢筋压应力/MPa | $\sigma_s'$ | 49.38946401 | — | — |
| | | $\sigma_s' \leqslant [\sigma_s]$ | 满足要求 | — | — |
| 按轴心受压构件的验算 | 混凝土压应力允许值 | $[\sigma_c]$ | 10.8 | 14.04 | 16.2 |
| | 强度验算 $\sigma_c = N/(A_c + mA_s')$ | $\sigma_c$ | 3.188142 | 3.490388 | 3.490388 |
| | 计算轴向压力/MN | $N$ | 21.03995551 | 23.03461378 | 23.03461378 |
| | 混凝土截面面积/m² | $A_c$ | 6.4 | 6.4 | 6.4 |
| | 受压纵筋截面面积/m² | $A_s'$ | 0.016084 | 0.016084 | 0.016084 |
| | 钢筋抗拉强度标准值与混凝土抗压极限强度之比 | $m$ | 12.4 | 12.4 | 12.4 |
| | 长细比 | $l_0/b$ | 7.24 | 7.24 | 7.24 |
| | 纵向弯曲系数 | $\varphi$ | 1 | 1 | 1 |
| | 是否满足要求 | $\sigma_c \leqslant [\sigma_c]$ | 满足要求 | 满足要求 | 满足要求 |
| 稳定性验算 | $\sigma_c = N/\varphi(A_c + mA_s')$ | $\sigma_c$ | 3.188142 | 3.490388 | 3.490388 |
| | 是否满足要求 | $\sigma_c \leqslant [\sigma_c]$ | 满足要求 | 满足要求 | 满足要求 |
| 裂缝宽度验算 | 裂缝计算宽度/mm | $\omega_f$ | 0.000000 | 0.011808 | |
| | 钢筋表面影响系数 | $K_1$ | 0.8 | 0.8 | |
| | 荷载特征影响系数 | $K_2$ | 1.5 | 1.5 | |
| | 活载作用下的弯矩/kN | $M_1$ | 0 | 0 | |
| | 恒载作用下的弯矩/kN | $M_2$ | 11656.15802 | 16979.12378 | |
| | 全部弯矩/kN | $M$ | 11656.15802 | 16979.12378 | |
| | 中性轴到受拉边缘与到受拉筋重心的比值 | $r$ | 1.017360 | 1.191067 | |
| | 受拉钢筋重心处的应力/MPa | $\sigma_s$ | 0.000000 | 9.661404 | |
| | 钢筋弹模/MPa | $E_s$ | 200000 | 200000 | |
| | 受拉钢筋直径/mm | $d$ | 32 | 32 | |
| | 受拉钢筋有效配筋率 | $\mu_z$ | 0.089361 | 0.052224 | |
| | 单根一束 | $n_1$ | 20 | 20 | |
| | 2根一束 | $n_2$ | 0 | 0 | |
| | 3根一束 | $n_3$ | 0 | 0 | |
| | 成束系数 | $\beta_1$ | 1 | 1 | |
| | | $\beta_2$ | 0.85 | 0.85 | |
| | | $\beta_3$ | 0.7 | 0.7 | |
| | 单根钢筋截面面积/m² | $A_{s1}$ | 0.000804 | 0.000804 | |
| | 与受拉钢筋相互作用的受拉混凝土面积/m² | $A_{c1}$ | 0.18 | 0.308 | |
| | 裂缝宽度标准值/mm | $[\omega_f]$ | 0.2 | 0.24 | |
| | 是否满足要求 | $\omega_f < [\omega_f]$ | 满足要求 | 满足要求 | |

9）罕遇地震作用验算

① 根据《铁路工程抗震设计规范》墩身延性验算如表 5-46 所示。

表 5-46 墩身罕遇地震延性验算

| 场 地 类 别 | Ⅰ 类 |
|---|---|
| 地震烈度 | 7 |
| 场地特征周期 | 0.65s |
| 桥墩类型 | 8号墩 |
| 标准墩桥墩抗震计算（纵向） | |
| 单排柱根数 $N_p$ | 1根 |
| 桥墩墩身高度 $H$ | 14.48m |
| 桥墩承台高度 $H_f$ | 2.50m |
| 水平地震基本加速度 $a$ | 0.450 |
| 剪力振型耦合系数 $C_q$ | 1.00 |
| 桥墩基底单位弯矩产生的转角 $\delta_{22}$ | $1.40\times10^{-8}$ rad/(kN·m) |
| 墩身弹性模量 $E_c$ | $2.72\times10^7$ kPa |
| 墩底截面总惯性矩 $I_{0t}$ | 2.13333m⁴ |
| 第一振型基础质心角变位函数 $k_{f1}$ | 0.00959 |
| 墩顶处的计算质量 $m_b$ | 1715.70t |
| 基础质量 $m_f$ | 778.28t |
| 墩形截面参数： | 矩形 |
| 墩身广义质量 $m_p^*$ | 79.377t |
| 墩身广义刚度 $K_p^*$ | 58255.50kN/m |
| 第一振型的振型参与系数 $\gamma_1$ | 1.0247 |
| 桥墩的自振周期 $T$ | 1.21s |
| 第一振型的动力系数 $\beta_1$ | 1.287139 |
| 地基土较柔的低桥墩判断 | 17.77>1.0 |
| 桥墩基础顶面每根墩柱的剪力 $V_1$ | 1074.47kN |
| 桥墩基础顶面每根墩柱的弯矩 $M_1$ | 15328.31kN·m |
| 标准墩桥墩抗震计算 | 横向有车 |
| 单排柱根数 $N_p$ | 1根 |
| 桥墩墩身高度 $H$ | 14.48m |
| 桥墩承台高度 $H_f$ | 2.50m |
| 水平地震基本加速度 $a$ | 0.450 |
| 剪力振型耦合系数 $C_q$ | 1.00 |
| 桥墩基底单位弯矩产生的转角 $\delta_{22}$ | $1.40\times10^{-8}$ rad/(kN·m) |
| 墩身弹性模量 $E_c$ | $2.72\times10^7$ kPa |
| 墩底截面总的惯性矩 $I_{0t}$ | 5.46133m⁴ |
| 第一振型基础质心角变位函数 $K_{f1}$ | 0.02455 |
| 墩顶处的计算质量 $m_b$ | 2815.46t |
| 基础质量 $m_f$ | 778.28t |

续表

| 场 地 类 别 | Ⅰ 类 |
|---|---|
| 墩形截面参数: | 矩形 |
| 墩身广义质量 $m_p^*$ | 127.821t |
| 墩身广义刚度 $K_p^*$ | 149134.07kN/m |
| 第一振型的振型参与系数 $\gamma_1$ | 1.0193 |
| 桥墩的自振周期 $T$ | 1.09s |
| 第一振型的动力系数 $\beta_1$ | 1.4129 |
| 地基土较柔的低桥墩判断 | 6.94>1.0 |
| 桥墩基础顶面每根墩柱的剪力 $V_1$ | 1891.04kN |
| 桥墩基础顶面每根墩柱的弯矩 $M_1$ | 27088.76kN·m |
| 墩延性计算(纵向) | |
| 水平地震基本加速度 $a$ | 1.300 |
| 桥墩的自振周期 $T$ | 1.209 |
| 比例系数 $\lambda_{m1}$ | 0.845 |
| 比例系数 $\lambda_{m4}$ | 0.895 |
| 比例系数 $\lambda_{m3}$ | 0.878 |
| 罕遇地震下墩身截面最大弯矩 $M_{max}$ | 62637.95kN·m |
| 桥墩的屈服弯矩 $M_y$ | 39204.78kN·m |
| 线性弯矩比 $\mu_m$ | 1.598 |
| 非线性位移延性比 $\mu_u$ | 1.403 |
| 非线性位移延性比容许值 $[\mu_u]$ | 4.8 |
| 是否满足要求 | $\mu_u<[\mu_u]$,满足要求 |
| 墩延性计算(横向无车) | |
| 水平地震基本加速度 $a$ | 1.300 |
| 桥墩的自振周期 $T$ | 0.856 |
| 比例系数 $\lambda_{m1}$ | 1.993 |
| 比例系数 $\lambda_{m4}$ | 1.748 |
| 比例系数 $\lambda_{m3}$ | 1.830 |
| 罕遇地震下墩身截面最大弯矩 $M_{max}$ | 67524.15kN·m |
| 桥墩的屈服弯矩 $M_y$ | 51415.20kN·m |
| 线性弯矩比 $\mu_m$ | 1.313 |
| 非线性位移延性比 $\mu_u$ | 2.403 |
| 非线性位移延性比容许值 $[\mu_u]$ | 4.8 |
| 是否满足要求 | $\mu_u<[\mu_u]$,满足要求 |

② 根据《城市桥梁抗震设计规范》弹塑性变形验算。

依据工程场地地震安全评估罕遇地震作用参数,对车站模型进行抗震验算,得到墩底内力,超过墩身屈服弯矩,结构进入弹塑性阶段。考虑墩身刚度折减后重新计算得到结构变形。依据《城市桥梁抗震设计规范》,进行墩柱弹塑性变形验算(表 5-47)。

表 5-47 墩柱罕遇地震弹塑性变形验算

| 项目 | 横桥向 | 顺桥向 |
| --- | --- | --- |
| 特征周期 $T_g$/s | 0.65 | 0.65 |
| 计算结构周期 $T^*$/s | 0.81 | 0.81 |
| 结构自振周期 $T$/s | 1.55 | 1.03 |
| $T^*/T$ | 0.52 | 0.79 |
| 地震位移修正系数 $R_d$ | 1.00 | 1.00 |
| E2 地震墩顶位移/mm | 103.40 | 99.95 |
| 横、顺桥向墩顶位移/mm | 10.34 | 10.00 |
| 塑性铰区长度 $L_p$/m | 1.44 | 1.44 |
| 墩身高度 $H$/m | 14.48 | 14.48 |
| 主筋直径/mm | 32.00 | 32.00 |
| 屈服曲率 | $1.30\times10^{-5}$ | $2.41\times10^{-5}$ |
| 极限曲率 | $6.02\times10^{-5}$ | $7.99\times10^{-5}$ |
| 容许转角/(°) | $3.40\times10^{-3}$ | $4.03\times10^{-3}$ |
| 容许弹塑性位移/mm | 13.56 | 22.13 |

10) 能力保护构件验算

根据整体动力分析结果,E2 地震作用下墩柱进入弹塑性阶段,需进行能力保护构件设计。E2 地震作用下墩柱抗剪验算(能力保护构件)(表 5-48、表 5-49):

表 5-48 E2 地震作用下墩柱抗剪验算(横桥向)

| 项 目 | 数 值 | 单位 |
| --- | --- | --- |
| E2 地震作用下墩身弯矩 $M_{xzc}$ | 69291.89 | kN·m |
| 墩身高度 $H$ | 14.48 | m |
| 延性墩柱剪力设计值 $V_{co}$ | 5734.50 | kN |

表 5-49 E2 地震作用下墩柱抗剪验算(顺桥向)

| 项 目 | 数 值 | 单位 |
| --- | --- | --- |
| E2 地震作用下墩身弯矩 $M_{xzc}$ | 44159.33 | kN·m |
| 墩身高度 $H$ | 14.48 | m |
| 延性墩柱剪力设计值 $V_{co}$ | 3654.57 | kN |

根据《城市桥梁抗震设计规范》(CJJ 166—2011)7.4 节分别验算顺桥向和横梁向墩柱抗震能力保护,验算结果满足要求。

### 5.7.2 结构设计

1) 双柱结构桥式站(图 5.56~图 5.61)

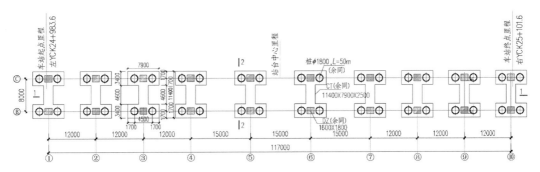

图 5.56 高架站基础布置平面

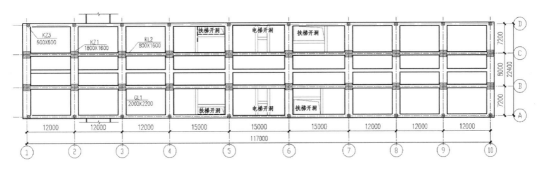

图 5.57 高架站楼板结构布置平面

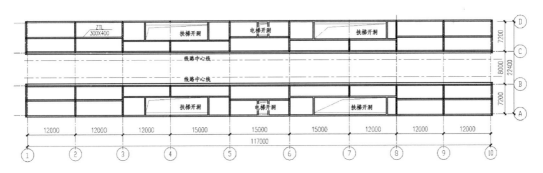

图 5.58 高架站站台板结构布置平面

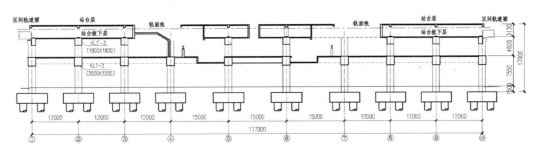

图 5.59 高架站结构纵剖面

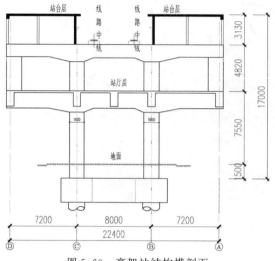

图 5.60 高架站结构横剖面

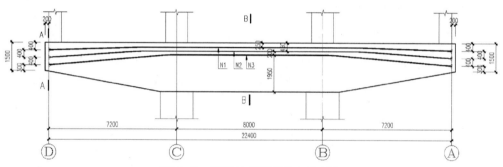

图 5.61 高架站盖梁预应力束布置

2) 单柱结构桥式站（图 5.62～图 5.64）

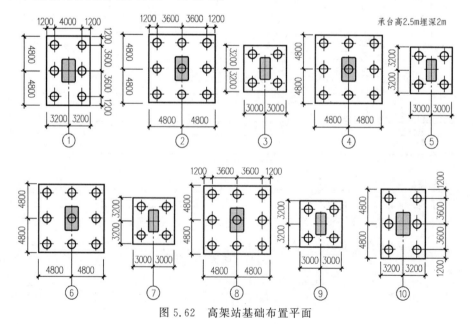

图 5.62 高架站基础布置平面

# 第5章 高架车站结构设计

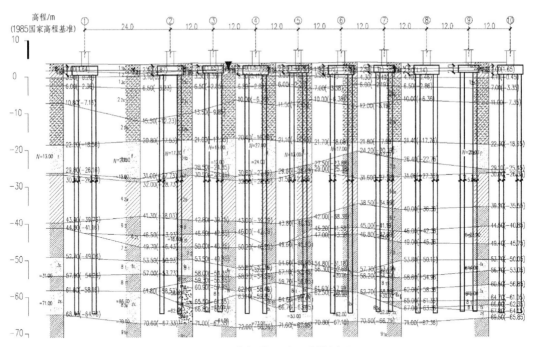

图 5.63 高架站基础地质纵剖面

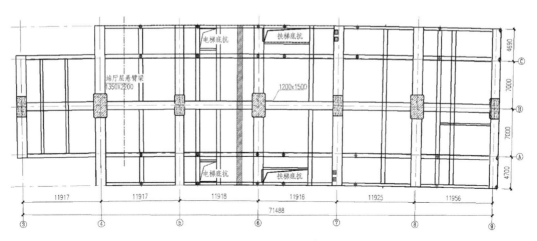

图 5.64 高架站楼板结构布置平面

# 第6章

# 高架区间结构设计

## 6.1 高架区间设计原则及技术标准

### 6.1.1 设计原则

(1) 高架区间设计应做到技术先进、安全适用、经济合理、确保质量;应考虑结构在制造、安装及运营过程中具有足够的强度、刚度及稳定性,并保证结构具有足够的耐久性;应考虑城市景观效果、与城市人文景观融合。

(2) 高架桥设计应尽可能标准化,便于工厂化、机械化施工,以利于控制工程整体质量,缩短施工工期,利于运营期间的维修养护。

(3) 高架桥设计应按现行《铁路工程抗震设计规范》(GB 50111—2006)(2009年版)采取相应的构造处理措施,以提高结构的整体抗震性能。

(4) 高架桥设计应根据城市规划及轨道交通线网的要求,并考虑城市综合开发的多功能性和发展的持续性,选用适宜的结构形式和施工方法。

(5) 高架桥梁结构施工必须考虑生态环境的影响,并应采取相应工程措施。

(6) 高架桥梁结构应具有足够的竖向刚度、横向刚度和抗扭刚度,并具有良好的动力特性。符合轨道稳定性、平顺性要求,满足列车运行安全性和旅客乘坐舒适度的要求。

(7) 高架桥孔跨布置应满足立交、通航、防洪等规划要求。高架桥与地下管线、架空高压线之间的最小距离应符合现行相关国家标准及行业标准的规定。

(8) 高架桥应预留设备安装、检修和更换条件,并满足养护、维修和乘客紧急疏散的要求。

(9) 有关桥上声屏障、电气化立柱、电缆槽、综合接地、轨道等接口与有关专业统筹设计,并根据环保、防灾等要求配备相关设备。

(10) 车站高架结构中轨道梁、支撑轨道梁的横梁、支撑横梁的柱等构件及柱下基础的结构设计,均按现行铁路桥涵设计相关规范执行。

### 6.1.2 技术标准

(1) 区间高架桥梁结构设计使用年限为100年,结构设计基准周期为50年。结构永久构件的安全等级为一级。

(2) 确定抗震设防区,设计基本地震加速度、抗震等级,进行抗震验算,应根据设防要求、场地条件、结构类型和埋深等因素选用能较好反映其地震工作性状的分析方法,并在结构设计时采取必要的构造处理措施,以提高结构的整体抗震能力。抗震设防烈度应根据现行《中国地震动参数区划图》,结合项目安全评估报告确定。结构抗震设防分类为重点设防类(A类)。

(3) 地基基础设计等级为甲级,桩基设计等级为甲级。

(4) 区间高架桥结构采取防止杂散电流腐蚀的措施。

(5) 地铁结构中主要构件的耐火等级为一级。

(6) 钢结构防腐体系使用年限为20年。

(7) 裂缝控制:轨道梁,主力作用下0.2mm,主力+附加力作用下0.24mm,地上0.30mm。

(8) 结构刚度控制。

① 为减少预应力混凝土梁徐变值及减少无缝线路挠曲力值,桥梁结构须具有相应的竖向刚度,应满足《地铁设计规范》(GB 50157—2013)的规定,竖向静活载下挠度限值不大于$L/2000$($L$表示跨度)。

② 桩基沉降控制。同时满足《建筑地基基础设计规范》(GB 50007—2011)以及《地铁设计规范》的要求:静定结构承台的均匀沉降量不大于20mm、相邻承台的沉降差不大于10mm,超静定结构还需考虑沉降对结构产生的次应力或附加力。

# 6.2 荷载、组合及工况

## 6.2.1 荷载

高架区间荷载见表6-1。

表6-1 荷载

| | | |
|---|---|---|
| 主力 | 恒载 | 结构自重 |
| | | 附属设备和附属建筑自重(即二期恒载) |
| | | 预加应力 |
| | | 混凝土收缩及徐变影响 |
| | | 基础变位的影响 |
| | 活载 | 列车竖向静活载 |
| | | 列车竖向动力作用 |
| | | 列车横向摇摆力 |
| | | 无缝线路纵向水平力 |
| | | 人群荷载 |
| 附加力 | | 列车制动力或牵引力 |
| | | 风力 |
| | | 温度影响力 |
| 特殊荷载 | | 无缝线路断轨力 |
| | | 汽车的撞击力 |
| | | 地震力 |
| | | 施工临时荷载 |

1) 恒载

(1) 结构自重

钢筋混凝土构件自重 26kN/m³,素混凝土构件自重 23kN/m³,钢结构自重 78.5kN/m³。

(2) 桥面二期恒载

桥面二期恒载包括道床、线路设施、两侧护栏板、逃生平台、桥面铺装、接触网、电力及通信电缆和声屏障等。二期恒载考虑以上各项分别根据相关各专业提供资料后汇总计算。

(3) 混凝土收缩和徐变影响

混凝土的收缩应变和徐变系数按《铁路桥涵混凝土结构设计规范》(TB 10092—2017)(7.3.4)条办理。

(4) 基础变位影响

连续结构强迫位移按 10mm 考虑,更换支座按 10mm 考虑。

2) 活载

(1) 列车活荷载。例如,采用车辆的尺寸及技术指标见车辆专业相关资料,常用的 B 型列车活载分布如图 5.1 所示。

单线及双线桥竖向活载不折减,多线桥按两线加载或所有线路在最不利位置作用 75% 的活载加载。

(2) 列车离心力。按照列车竖向静活载乘以离心率 $C$,其中 $C=V^2/(127R)$,$V$ 为线路设计最高列车速度(km/h),$R$ 为曲线半径。

(3) 列车竖向动力。系数为 $1+\mu$,其中 $\mu$ 按《铁路桥涵设计规范》(TB 10002—2017)规定计算。

3) 附加力

(1) 列车制动力或者牵引力按列车竖向静活载的 15% 计算,当与离心力同时计算时,按竖向静活载 10% 计算;区间双线桥采用一条线的制动力或者牵引力,三线以上的桥采用两条线的制动力或者牵引力;高架车站及与车站相邻 100m 范围内的区间双线桥应按双线制动力或者牵引力计算,每条线制动力或者牵引力值应为竖向静活载的 10%。

(2) 列车横向摇摆力按相邻两节车四个轴重的 15% 计算,并以横向集中力形式取最不利位置作用于轨顶面。多线桥只计算任一条线上的横向摇摆力。

(3) 风荷载按现行《铁路桥涵设计规范》的规定执行。并考虑体型、风高、地形等影响。作用点位于结构物受风面重心处,列车在轨顶以上 2m 处。

4) 温度荷载

(1) 板内温度场按线性分布。

(2) 日照温差分别按单向及双向组合考虑。单向考虑时,$T_0=20℃$;双向组合考虑时,$T_0=16℃$。

(3) 降温温差按 $-10℃$ 计算。

(4) 日照温差及降温温差计算时,混凝土的受压弹性模量按《铁路桥涵混凝土结构设计规范》附录 B 计算。

5) 特殊荷载

(1) 对于无法设置防撞措施的墩台结构,应考虑汽车撞击力作用;

顺汽车行驶方向撞击力为1000kN,垂直于汽车行驶方向撞击力为500kN,作用点位置离路面高为1.2m。

（2）地震力：设计烈度按《中国地震动参数区划图》《铁路工程抗震设计规范》和《城市轨道交通结构抗震设计规范》(GB 50909—2014)确定。

（3）施工荷载。

（4）列车脱轨荷载。

（5）无缝线路断轨力。

### 6.2.2 组合

（1）组合Ⅰ：主力（自重＋二期恒载＋预应力＋收缩徐变＋活载＋沉降）。

（2）组合Ⅱ：主力＋附加力（自重＋二期恒载＋预应力＋收缩徐变＋活载＋沉降＋温度作用）。

### 6.2.3 工况

采用满堂支架现浇的方法施工。施加桥上二期荷载。徐变终止期15000d。

## 6.3 常用区间高架桥比选

### 6.3.1 结构体系的选择

结合现有的设计及施工经验，高架桥梁在一般情况下，除超大跨径外，目前比较成熟且应用较多的受力体系就是简支体系或者连续体系，两种体系比较如表6-2所示。

表6-2 简支体系或者连续体系对比

| 受力体系 | 简支体系 | 连续体系 |
| --- | --- | --- |
| 结构受力特性 | 整体性稍差，刚度小，抗振动能力差 | 整体性好，刚度大，抗振动性能强 |
| 基础适应性 | 基础沉降对结构受力基本不产生影响 | 对基础不均匀沉降要求较高 |
| 施工方法 | 预制架设、预制拼装、膺架法 | 支架现浇、悬臂法 |
| 施工进度 | 快 | 快，但现场工作量大 |
| 施工难度 | 小 | 中等 |
| 桥上行车舒适性 | 接缝多，无缝线路设计可解决舒适性问题 | 行车舒适 |
| 对城市环境的影响 | 影响小 | 影响较大 |
| 桥梁景观 | 成熟、稳重，全线下部整体景观好 | 全线下部整体景观稍差，但上部结构景观较好 |
| 造价 | 工程造价较低 | 工程造价略高 |

为满足现状及规划要求，根据实际情况，节点桥梁布置原则按照所有路口均采用一跨跨越，桥墩尽量布置于绿化带内，不侵入人行过街通道内进行设计。一般地段采用标准跨30m简支梁跨越，立交路口基本采用连续梁跨越。

### 6.3.2 梁截面形式选择

国内轨道交通高架桥常用跨度简支梁的截面形式有：单箱形、双箱形、槽形等；目前国内常用梁形式如表 6-3 所示。

表 6-3 轨道交通高架桥常用跨度简支梁的截面形式统计

| 序 号 | 项目名称 | 线路长/km | 高架长/km | 梁 形 式 | 施工方法 |
|---|---|---|---|---|---|
| 1 | 上海明珠线一期 | 24.97 | 24.97 | 30m 跨简支箱梁 | 现浇 |
| 2 | 上海莘闵线 | 17.2 | 17.2 | 30m 跨简支箱梁 | 现浇 |
| 3 | 上海共和新路高架 | 12.46 | 8.25 | 30m 跨简支箱梁 | 现浇 |
| 4 | 上海地铁 9 号线 | 30.98 | 15.55 | 30m、25m 简支组合箱梁 | 预制吊装 |
| 5 | 杭州地铁 1 号线 | 10.887 | 6.6 | 30m 跨简支箱梁 | 现浇 |
| 6 | 南京地铁 1 号线 | 16.9 | 4.25 | 3×25m 连续箱梁 | 现浇 |
| 7 | 南京地铁 2 号线 | 25.154 | 8.264 | 30m 跨简支箱梁 | 现浇 |
|   |   |   |   | 25m 简支 U 形梁 | 预制吊装 |
| 8 | 无锡地铁 1 号线 | 29.42 | 7.157 | 30m 跨简支箱梁 | 现浇 |
| 9 | 无锡地铁 2 号线 | 26.2 | 10.163 | 30m 跨简支箱梁 | 现浇 |
| 10 | 广州地铁 4 号线 | 46.4 | 30.14 | 30m 跨简支箱梁 | 节段拼装/预支吊装 |
| 11 | 广州地铁 6 号线 | 42 | 16 | 30~40m 连续钢构 | 节段拼装 |
| 12 | 北京城市铁路 | 40.9 | 12.3 | 3×25m 连续箱梁 | 现浇 |
| 13 | 北京地铁八通线 | 18.96 | 11.05 | 25m 工字简支组合梁 | 预支吊装 |
| 14 | 北京地铁 5 号线 | 27.7 | 10.7 | 3×30m 连续箱梁 | 现浇 |
| 15 | 北京地铁奥运线 | 4.528 | 4.528 | 30m 跨简支箱梁 | 节段拼装 |
| 16 | 北京机场线 | 28.1 | 23 | 30m 跨简支箱梁 | 预制架设 |
| 17 | 天津津滨轻轨 | 45.41 | 39.7 | 3×25m 连续箱梁 | 现浇 |
| 18 | 天津地铁 1 号线 | 26.19 | 8.74 | 3×25m 连续箱梁 | 现浇 |
| 19 | 大连快轨 3 号线 | 46.45 | 14.21 | 25m 连续箱梁/组合槽形梁 | 预制吊装/现浇 |
| 20 | 武汉轨道交通一期 | 10.27 | 10.27 | 25m 简支箱梁 | 现浇 |
| 21 | 重庆地铁较新线 | 14.28 | 8.8 | 25m 简支 PC 轨道梁 | 预制吊装 |

从表 6-3 可以看出，目前国内轨道交通高架桥中整孔箱梁居多。梁形选择如表 6-4 所示。

表 6-4 梁形选择对比

| 受力特性 | 单 箱 梁 | 双 箱 梁 | 槽 形 梁 |
|---|---|---|---|
| 主要特点 | 闭合截面 | 闭合截面 | 节约净空、降噪效果好 |
| 受力性能 | 整体受力性能好 | 受力性能较好 | 自重大、抗扭不利 |
| 配套墩形 | 单柱居多 | 双柱、Y 形柱 | T 形墩、双柱墩 |
| 适合的施工方法 | 预制、现浇 | 分片预制架设、吊装 | 移动模架、支架现浇 |
| 建造经验 | 技术成熟 | 技术成熟 | 适用范围小 |
| 景观性 | 线条流畅、造型美观 | 较单箱梁稍差 | 腹板很高、显得庞大 |

### 6.3.3 简支梁跨度比选

城市轨道交通高架桥跨越城市道路、规划道路、河道等较多,为便于制定稳定桥跨布置方案,常用简支梁跨度为 25m、30m、35m 等系列。国内目前常用的桥跨统计如表 6-5 所示。

**表 6-5 国内主要城市轨道交通高架结构标准跨径统计**

| 序 号 | 项目名称 | 标准跨径/m | 序 号 | 项目名称 | 标准跨径/m |
|---|---|---|---|---|---|
| 1 | 上海明珠一期 | 30 | 9 | 武汉轨道交通1号线一期 | 25 |
| 2 | 北京城市铁路 | 3×25 | 10 | 天津津滨轻轨 | 3×25 |
| 3 | 北京地铁八通线 | 25 | 11 | 重庆地铁较新线 | 25 |
| 4 | 北京地铁5号线 | 3×30 | 12 | 大连快轨3号线 | 25 |
| 5 | 上海莘闵线 | 30 | 13 | 上海地铁9号线 | 30 |
| 6 | 上海共和新路高架 | 30 | 14 | 广州地铁4号线一期 | 30 |
| 7 | 南京地铁1号线 | 3×25 | 15 | 广州地铁4号线一期 | 30 |
| 8 | 南京地铁2号线东延 | 25 | | | |

目前国内国道交通高架结构标准跨以 30m 为主、25m 为辅。30m 标准跨径全面满足结构受力安全性、合理性、经济性、可实施性以及标准化施工要求。

### 6.3.4 常用跨度简支梁梁部施工方案比选

施工方案影响道路交通、干扰居民生活,因此选择合适的施工方案十分重要。梁部的施工方法主要有整孔现浇、整孔预制和节段拼装三种方法(图 6.1~图 6.3),该三种方法的比较如表 6-6 所示。

**表 6-6 简支箱梁施工方法比较**

| 施工方法 | 整孔现浇 | 整孔预制 | 节段拼装 |
|---|---|---|---|
| 主要优点 | 整体性好;可多段同时开工;不需大型设备;对连续结构施工无体系转换 | 对城市环境、交通影响较小;施工场地占地少;利于大规模生产,质量外观好;上下结构可同时施工,施工速度快;节省大量模架 | 对城市环境、交通影响较小;施工场地占地少;工厂化生产,施工工艺简单;从预制场运至工地运输容易 |
| 主要缺点 | 对城市环境桥下交通影响较大;需要大量支架;占用施工场地多;工期长 | 工程前期投入大 | 工程前期投入较大;施工技术难度较大;质量外观不易控制;工序多,施工速度慢 |
| 施工速度 | 施工速度最慢,每孔梁当采用支架现浇需要 15~20d;当采用移动模架施工需要 10~15d | 施工速度最快,每天可架设 2 孔梁 | 施工速度介于前两者之间,每孔梁需要 3~5d |
| 经济比较 | 由于不需要大型设备,中短距离桥梁施工费用较节省 | 前期投入预制场地费用高,梁体材料指标最高,对超长桥梁有优势 | 前期投入预制场地费用高,梁体材料指标最高,对超长桥梁有优势 |
| 适用条件 | 使用项目量少的中小桥或斜弯桥 | 适用于大跨工程项目或者长大特殊桥梁 | 适用于大跨工程项目或者长大特殊桥梁 |

图 6.1 整孔现浇施工示意

图 6.2 整孔预制施工示意

图 6.3 节段拼装施工示意

### 6.3.5 常用跨度简支梁桥墩和基础

区间高架结构桥和墩是桥梁的有机组成部分,桥墩不仅要与上部结构匹配、相映生辉,给人以美感,又要很好地表达自身的力线,使人看后有一种自然、稳健、踏实的效果。

#### 6.3.5.1 常用简支梁桥墩选型

高架桥墩型选择除必须满足上部结构受力要求,满足结构本身强度、刚度和稳定性外,还应配合地面道路交通和规划要求,应该与上部结构及周边环境和谐统一,并还应注重人文景观特点,合理的选型能使上下结构协调一致,轻巧美观。特别是位于城市主干道上长距离多跨桥梁结构,其造型为人们关注的重点。根据地面布设桥墩条件,主要可分为独柱和双柱两种形式。双柱受力明确、简单合理,适应主干道上中间有较宽隔离带上的高架桥梁;独柱桥墩占用下部空间少,选型紧凑、简洁,对于地面道路有中央分隔带特别是路侧建桥环境有较好的适应性。桥墩采用现浇施工,在满足结构受力安全条件下,综合考虑高架结构景观以及梁型匹配。

#### 6.3.5.2 基础设计

基础设计除要满足承载力要求外,还应满足桥墩线刚度要求,以及桥墩基础的工后沉降量、相邻桥墩间的沉降差控制要求。目前常用的基础为承台+钻孔灌注桩,一般桥梁钻孔桩直径为 1.0～1.25m,大跨特殊结构钻孔灌注桩采用桩直径为 1.5～2.5m。

## 6.4 桥涵布置原则及方案

### 6.4.1 桥涵布置原则

(1) 桥涵孔跨布置一般以 30m 简支梁等跨布置,25m 及 35m 简支梁跨用于调跨,桥梁基础尽量避开地下管线,不能避开时尽量将管线迁改量降到最低或管线迁改风险降到最小。

(2) 当跨越公路、道路、通航河流等,通常桥跨无法通过时,根据情况采用特大跨度连续梁或者其他特殊桥梁结构时,预应力混凝土连续梁跨度一般采用(30+50+30)m、(40+60+40)m、(40+70+40)m 等。

(3) 跨越道路时,桥梁结构不得侵入道路建筑限界。跨越交叉路口时,原则上不在路口立墩,保证桥下道路顺畅。

(4) 跨越排洪河流时,桥孔跨径必须满足设计洪水要求,并考虑桥前壅水、冲刷等对上下游的影响;另外应满足《内河通航标准》及有关部门的规定和要求,其通航水位、桥下净高、孔跨、通航孔数及墩位布置等应征求航运部门的意见,并取得书面意见,签订协议。

(5) 桥梁跨越防洪(河)堤时,桥墩应设于堤岸坡脚以外,并根据堤岸迎水坡脚外桥墩周围水流对堤岸的影响,采取相应的防护措施,确保堤岸的安全。

(6) 与既有桥梁并行时,原则上对孔布置桥墩。

(7) 涵洞设置应尽量以不改变原有的交通、灌溉以及排水系统为原则,并考虑远期的发展。

### 6.4.2 高架区间桥梁布置方案

(1) 地铁线路高架与公路路基并行各走一侧(图 6.4)。

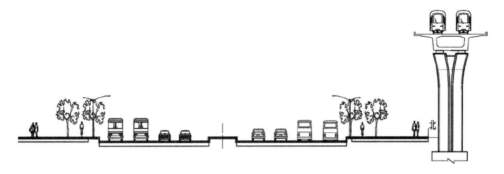

图 6.4 地铁线路沿路侧敷设

(2) 地铁线路高架走路中央敷设,桥墩设置于绿化带内,公路走两侧(图 6.5)。

(3) 从公路侧面过渡到公路中间布置方案。地铁线路高架由公路一侧并入公路中间以及公路中间外移至公路一侧均采用门式墩过渡(图 6.6)。

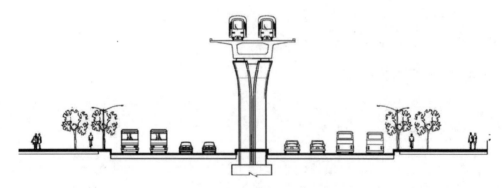

图 6.5　地铁线路沿路中央敷设

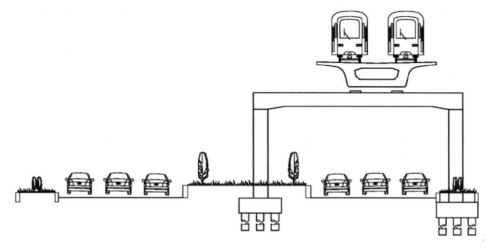

图 6.6　地铁线路由路一侧过渡到路中或者路一侧过渡到路另一侧方案

### 6.4.3　高架区间桥面布置

城市轨道交通工程是涉及多专业的系统工程,包括机车车辆系统、轨道系统、电力系统、通信信号系统等。桥面宽度及布置形式不仅要满足限界要求,还要满足桥面构造措施,桥面布置如图 6.7 所示。

### 6.4.4　涵洞结构选型

一般采用钢筋混凝土框架箱涵,涵洞的设置以不改变原有交通排水系统为原则,适当考虑远期发展。排洪涵布置宜顺接天然河沟,交通涵布置以方便为原则。排洪孔径不小于 1.5m,行人交通涵孔径不小于 2.5m,机动车交通涵孔径不小于 4.0m,有条件时应预留发展条件。涵洞孔径要根据现场具体情况适当调整。交通涵(过车)的孔径≥4.0m,净高≥3.5m,有条件时应预留发展条件。当净高<5.0m 时应设置限高架。一般情况下排洪涵和交通涵不合并设置。交通涵内应设置 C30 混凝土防磨层,厚度不小于 0.15m。

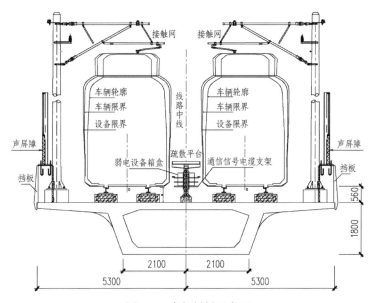

图 6.7　高架桥桥面布置

# 6.5　高架区间结构设计实例

## 6.5.1　结构计算

### 6.5.1.1　工程材料计算参数

（1）混凝土

梁体：C50 混凝土，混凝土弹性模量 $E_c = 3.55 \times 10^4$ MPa，重度 $\gamma = 26$ kN/m³；轴心抗压极限强度 $f_c = 33.5$ MPa，轴心抗拉极限强度 $f_{ct} = 3.1$ MPa。

（2）预应力

预应力束：$\phi^j 15.24$ 钢绞线，预应力钢绞线极限强度标准值 $f_{pk} = 1860$ MPa，预应力钢绞线弹性模量 $E_p = 1.95 \times 10^5$ MPa。

（3）预应力损失

锚下张拉控制应力：$\sigma_{con} = 0.70 f_{pk} = 1302$ MPa；波纹管成孔：预应力筋与孔道壁之间摩擦系数 $\mu = 0.25$，孔道每米长度局部偏差摩擦系数 $k = 0.0025/$m；锚具变形：每端 6mm。

（4）普通钢筋

采用 HRB400 钢筋，弹性模量 $E_s = 2.0 \times 10^5$ MPa，重度 $\gamma = 78.5$ kN/m³，抗拉计算强度 $f_s =$ 抗压计算强度 $f'_s = 400$ MPa。

### 6.5.1.2　设计荷载及组合

1）二期恒载

桥面二期恒载包括轨道荷载、电缆、声屏障等，具体如表 6-7 所示。

表 6-7　桥面二期恒载

| 荷 载 名 称 | 整体道床(曲线)/(kN/m²) |
|---|---|
| 轨道 | 38 |
| 供电电缆+电缆槽 | 5.65 |
| 通信信号电缆+电缆槽 | 3.25 |
| 防水+保护层 | 10 |
| 声屏障(4m 直立式) | 4.2 |
| 护栏板(0.5m 宽) | 23.2 |
| 疏散平台 | 3.3 |
| 接触网立柱 | 4.5 |
| 接触网立柱处护栏板加厚 | 1.95 |
| 合计 | 94.05 |

2) 列车活载

车辆按 6 节编组，单列纵向最大轴重按 140kN 取值，轻载按轴重 80kN 计(图 5.1)。

列车竖向活载的动力系数为 $(1+\mu)$，$\mu$ 按现行《铁路桥涵设计规范》规定值乘以 0.8。

3) 温度荷载

温度梯度按《铁路桥涵混凝土结构设计规范》附录 B。

梯度升温：温差 $T_0=20℃$，查表得，温差曲线指数 $\alpha=5$，考虑 40mm 厚桥面铺装后，调整后的温差为 16.4℃。

梯度降温：温差 $T_0=-10℃$，查表得，温差曲线指数 $\alpha=14$，考虑 40mm 厚桥面铺装后，调整后的温差为 $-5.7℃$。

整体升温 17.9℃，整体降温 $-14.6℃$。

4) 基本风压强度

基本风压 800Pa。

5) 地震基本烈度

地震基本烈度为 6 度。

6) 混凝土收缩徐变

混凝土徐变初始加载龄期为 8d，终极加载龄期为 15000d。

7) 支座沉降

支座沉降取 10mm。

8) 荷载组合

组合Ⅰ：主力(自重+二期恒载+预应力+收缩徐变+活载+沉降)。

组合Ⅱ：主力+附加力(自重+二期恒载+预应力+收缩徐变+活载+沉降+温度作用)。

### 6.5.1.3　计算工况

(1) 采用满堂支架现浇法施工。

(2) 施加桥上二期荷载。

(3) 徐变终止期 15000d。

（4）配筋成果。

主梁纵向预应力束布置见图 6.8。预应力束的具体参数见表 6-8。

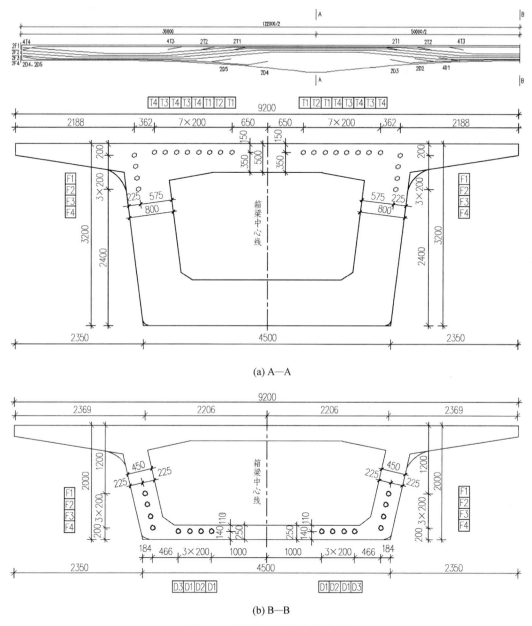

(a) A—A

(b) B—B

图 6.8  主梁纵向预应力束布置

表 6-8  预应力束布置情况

| 钢束编号 | 每束钢束/mm | 束数 | 钢束总长/m | 钢束总重/kg | 每束波纹管长/mm | 波纹管总长/m | 张拉伸长量/mm | |
|---|---|---|---|---|---|---|---|---|
| T1 | 22056 | 8 | 176.4 | 2331.2 | 20056 | 160.4 | 66.5 | 66.5 |
| T2 | 30056 | 4 | 120.2 | 1588.4 | 28056 | 112.2 | 92.4 | 92.4 |

续表

| 钢束编号 | 每束钢束/mm | 束数 | 钢束总长/m | 钢束总重/kg | 每束波纹管长/m | 波纹管总长/m | 张拉伸长量/mm | |
|---|---|---|---|---|---|---|---|---|
| T3 | 38056 | 8 | 304.4 | 4022.4 | 36056 | 288.4 | 118.1 | 118.1 |
| T4 | 123440 | 6 | 740.6 | 9785.3 | 121440 | 728.6 | 387.2 | 387.2 |
| F1 | 123713 | 2 | 247.4 | 5175.9 | 121713 | 243.4 | 377.4 | 377.4 |
| F2 | 123693 | 2 | 247.4 | 5175.1 | 121693 | 243.4 | 377.3 | 377.3 |
| F3 | 123674 | 2 | 247.3 | 5174.3 | 121674 | 243.3 | 377.1 | 377.1 |
| F4 | 123656 | 2 | 247.3 | 5173.5 | 121656 | 243.3 | 377.0 | 377.0 |
| D1 | 22045 | 4 | 88.2 | 1165.0 | 20045 | 80.2 | 66.7 | 66.7 |
| D2 | 28046 | 2 | 56.1 | 741.1 | 26046 | 52.1 | 86.0 | 86.0 |
| D3 | 34055 | 2 | 68.1 | 899.9 | 32055 | 64.1 | 104.9 | 104.9 |

注：表中 T、D、F 分别为顶板、底板及腹板索，每个腹板加厚段位置采用 8 ⌽16@100mm、腹板等厚段采用 4 ⌽20@100mm 钢筋。

#### 6.5.1.4 计算程序及模型

1) 计算程序

本桥采用 MIDAS/Civil 计算（图 6.9）。

图 6.9 计算模型

2) 计算模型

采用梁单元，全桥共分成 97 个单元，98 个节点。

#### 6.5.1.5 主梁纵向计算结果及分析

1) 主梁内力图计算（图 6.10～图 6.13）

图 6.10 主力组合弯矩图（不含预应力效应）（单位：kN·m）

图 6.11 主力组合剪力图（不含预应力效应）（单位：kN）

图 6.12　主力＋附加力组合弯矩图(不含预应力效应)(单位：kN·m)

图 6.13　主力＋附加力组合剪力图(不含预应力效应)(单位：kN)

2) 主梁强度验算

(1) 正截面抗弯强度验算。采用《铁路桥涵混凝土结构设计规范》(简称《铁规》)(7.2.2)条和(7.2.3)条的规定进行主力组合工况计算,计算结果见表 6-9。

表 6-9　主梁截面强度计算(成桥)

| 名　　称 | 符　号 | 1/2 跨 | 1/8 跨 | 中支点 | 单　　位 |
| --- | --- | --- | --- | --- | --- |
| 混凝土抗压极限强度 | $f_c$ | 33.5 | 33.5 | 33.5 | MPa |
| 预应力钢筋的抗拉计算强度 | $f_p$ | 1674 | 1674 | 1674 | MPa |
| 普通钢筋的抗拉计算强度 | $f_s = f_s'$ | 335 | 335 | 335 | MPa |
| 预应力钢筋的截面面积 | $A_p$ | 0.0347 | 0.0414 | 0.0482 | $m^2$ |
| 预应力钢筋合力点至最近边的距离 | $a_p$ | 0.300 | 0.271 | 0.249 | m |
| 受压区非预应力钢筋的截面面积 | $A_s'$ | 0.01870 | 0.00925 | 0.00925 | $m^2$ |
| 受压区非预应力钢筋至最近边的距离 | $a_s'$ | 0.065 | 0.065 | 0.065 | m |
| 受拉区非预应力钢筋的截面面积 | $A_s$ | 0.00925 | 0.01870 | 0.01870 | $m^2$ |
| 受拉区非预应力钢筋至最近边的距离 | $a_s$ | 0.065 | 0.065 | 0.065 | m |
| 箱梁受压区翼缘板宽 | $b_f'$ | 9.2 | 4.5 | 4.5 | m |
| 箱梁受压区翼缘板厚 | $h_f'$ | 0.28 | 0.43 | 0.8 | m |
| 箱梁腹板总厚 | $b$ | 0.9 | 0.9 | 1.6 | m |
| 截面有效高度 | $h_0$ | 1.712 | 2.441 | 2.964 | m |
| 混凝土受压区高度 | $x$ | 0.178 | 0.481 | 0.556 | m |
| 判断是否可以按矩形截面计算 |  | 是 | 否 | 是 |  |
| 《铁路桥涵混凝土结构设计规范》公式(6.2.2)截面能够承受的极限弯矩 | $M_u$ | 94277.3 |  | 243245 | kN·m |
| 《铁路桥涵混凝土结构设计规范》公式(6.2.3)截面能够承受的极限弯矩 | $x$<br>$M_u$ |  | 0.684<br>166071 |  | m |
| 主力组合下计算弯矩 | $M$ | 27743 | 34781 | 74252 | kN·m |
| 主力组合下 $K = M_u/M$ | $K$ | 3.40 | 4.77 | 3.28 | 满足规范 |
| 主力＋附加力组合下计算弯矩 | $M$ | 29152 | 36736 | 76205 | kN·m |
| 主力＋附加力组合下 $K = M_u/M$ | $K$ | 3.23 | 4.52 | 3.19 | 满足规范 |

(2) 斜截面强度验算。根据《铁路桥涵混凝土结构设计规范》(7.2.4)款的规定进行计算,运营阶段斜截面抗剪强度的计算结果见表 6-10。

表 6-10 斜截面抗剪强度计算

| 名　　称 | 符　号 | 边墩支点 | 1/8 跨 | 中墩支点 | 单　位 |
|---|---|---|---|---|---|
| 混凝土抗拉极限强度 | $f_{ct}$ | 3.1 | 3.1 | 3.1 | MPa |
| 普通钢筋计算强度 | $f_s$ | 335 | 335 | 335 | MPa |
| 腹板宽度 | $b$ | 1 | 0.9 | 1.6 | m |
| 有效高度 | $h_0$ | 1.1 | 2.411 | 2.964 | m |
| 箍筋截面面积 | $A_v$ | 0.00161 | 0.00126 | 0.00161 | m² |
| 预应力纵向钢筋截面面积 | $A_p$ | 0.0381 | 0.0414 | 0.0482 | m² |
| 预应力弯起钢筋截面面积 | $A_{pb}$ | 0.0000 | 0.0000 | 0.0000 | m² |
| 非预应力纵向钢筋截面面积 | $A_s$ | 0.02795 | 0.02795 | 0.02795 | m² |
| 箍筋间距 | $S_v$ | 0.1 | 0.1 | 0.1 | m |
| 箍筋配筋率 | $\mu_v$ | 0.0161 | 0.0140 | 0.0101 | |
| 纵向钢筋配筋率 | $\rho$ | 3.5000 | 3.1960 | 1.6057 | |
| 混凝土和箍筋承受的剪力 | $V_{cv}$ | 10.514 | 18.781 | 29.017 | MN |
| 预应力弯起钢筋承受的剪力 | $V_b$ | 0.000 | 4.918 | 0.000 | MN |
| $V_u = V_{cv} + V_b$ | $V_u$ | 10.514 | 23.699 | 29.017 | MN |
| 计算剪力(主力) | $V_j$ | 3979 | 6534 | 8584 | kN |
| 安全系数 $K = V_u/V_j$(主力) | $K$ | 2.642 | 3.627 | 3.380 | |
| 计算剪力(主力+附加力) | $V_j$ | 4213 | 6535 | 8586 | kN |
| 安全系数 $K = V_u/V_j$(主力+附加力) | $K$ | 2.496 | 3.626 | 3.380 | |
| | | 满足要求 | 满足要求 | 满足要求 | |

3) 施工阶段应力验算

(1) 传力锚固时钢绞线应力根据《铁路桥涵混凝土结构设计规范》(7.4.3)条的规定进行计算,验算钢绞线的应力,验算结果见表 6-11。

表 6-11 传力锚固阶段钢绞线应力

| 钢束名称 | 钢绞线应力/MPa | | 结　论 |
|---|---|---|---|
| | 计算值 | 控制值($0.65 f_{pk}$) | |
| T1 | 1131.9 | 1209 | 合格 |
| T2 | 1198.4 | 1209 | 合格 |
| T3 | 1206.4 | 1209 | 合格 |
| T4 | 1208.3 | 1209 | 合格 |
| F1 | 1206.9 | 1209 | 合格 |
| F2 | 1205.7 | 1209 | 合格 |
| F3 | 1206.2 | 1209 | 合格 |
| F4 | 1206.6 | 1209 | 合格 |
| D1 | 1120.1 | 1209 | 合格 |
| D2 | 1205.8 | 1209 | 合格 |
| D3 | 1207.3 | 1209 | 合格 |

(2) 传力锚固时混凝土正应力(图 6.14～图 6.17)。

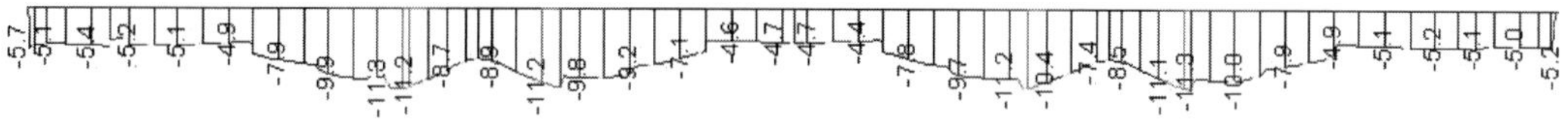

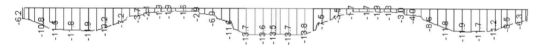

图 6.14 传力锚固阶段混凝土上缘正应力(单位:MPa)

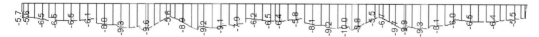

图 6.15 传力锚固阶段混凝土下缘正应力(单位:MPa)

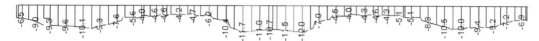

图 6.16 施加二期荷载(施工阶段 4)混凝土上缘正应力(单位:MPa)

图 6.17 施加二期荷载(施工阶段 4)混凝土下缘正应力(单位:MPa)

根据《铁路桥涵混凝土结构设计规范》(7.4.4)条的规定进行计算,分别验算混凝土的拉应力和压应力,验算结果见表 6-12、表 6-13。

表 6-12 传力锚固阶段混凝土正应力

| 项 目 | 最大正应力/MPa | | 结 论 |
|---|---|---|---|
| | 计算值 | 控制值($0.75f'_c$) | |
| 上缘正应力 | 11.3 | 25.125 | 合格 |
| 下缘正应力 | 13.8 | 25.125 | 合格 |

表 6-13 施加二期荷载后混凝土正应力

| 项 目 | 最大正应力/MPa | | 结 论 |
|---|---|---|---|
| | 计算值 | 控制值($0.75f'_c$) | |
| 上缘正应力 | 10.0 | 25.125 | 合格 |
| 下缘正应力 | 11.7 | 25.125 | 合格 |

4) 运营阶段应力验算

(1) 运营阶段钢绞线应力。根据《铁路桥涵混凝土结构设计规范》(7.3.13)条的规定进行计算,验算钢绞线的应力,验算结果见表 6-14。

表 6-14 运营阶段钢绞线应力

| 钢束名称 | 钢绞线应力/MPa | | 结 论 |
|---|---|---|---|
| | 计算值 | 控制值($0.6f_{pk}$) | |
| T1 | 1030.5 | 1116 | 合格 |

续表

| 钢束名称 | 钢绞线应力/MPa | | 结 论 |
|---|---|---|---|
| | 计算值 | 控制值($0.6f_{pk}$) | |
| T2 | 1090.9 | 1116 | 合格 |
| T3 | 1113.5 | 1116 | 合格 |
| T4 | 1112.5 | 1116 | 合格 |
| F1 | 1091.3 | 1116 | 合格 |
| F2 | 1091.9 | 1116 | 合格 |
| F3 | 1093.9 | 1116 | 合格 |
| F4 | 1093.8 | 1116 | 合格 |
| D1 | 1053.4 | 1116 | 合格 |
| D2 | 1077.8 | 1116 | 合格 |
| D3 | 1078.7 | 1116 | 合格 |

(2) 主力组合下运营阶段混凝土最大、最小应力(压应力为正,拉应力为负)(图6.18～图6.21)。

图6.18 运营阶段主力组合下上缘混凝土最大正应力(单位:MPa)

图6.19 运营阶段主力组合下上缘混凝土最小正应力(单位:MPa)

图6.20 运营阶段主力组合下下缘混凝土最大正应力(单位:MPa)

图6.21 运营阶段主力组合下下缘混凝土最小正应力(单位:MPa)

根据《铁路桥涵混凝土结构设计规范》(7.3.10)条的规定进行计算,对运营阶段荷载主力组合作用下混凝土正应力进行验算,验算结果见表6-15。

表6-15 运营阶段主力组合混凝土正应力

| 项 目 | 最大正应力/MPa | | 最小正应力/MPa | | 结 论 |
|---|---|---|---|---|---|
| | 计算值 | 控制值($0.5f_c$) | 计算值 | 控制值 | |
| 上缘正应力 | 10.0 | 16.75 | 2.7(压) | 0 | 合格 |
| 下缘正应力 | 12.6 | 16.75 | 3.1(压) | 0 | 合格 |

(3) 主力+附加力下，运营阶段混凝土最大、最小应力(压应力为正，拉应力为负)(图6.22~图6.25)。

图6.22 运营阶段主力+附加力组合下上缘混凝土最大正应力(单位：MPa)

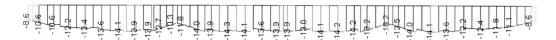

图6.23 运营阶段主力+附加力组合下上缘混凝土最小正应力(单位：MPa)

图6.24 运营阶段主力+附加力组合下下缘混凝土最大正应力(单位：MPa)

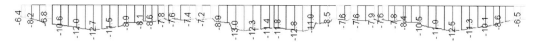

图6.25 运营阶段主力+附加力组合下下缘混凝土最小正应力(单位：MPa)

根据《铁路桥涵混凝土结构设计规范》(7.3.10)条的规定，对运营荷载主力加附加力组合作用下混凝土正应力进行验算，验算结果见表6-16。

表6-16 运营阶段主力+附加力组合下混凝土正应力

| 项 目 | 最大正应力/MPa | | 最小正应力/MPa | | 结 论 |
| --- | --- | --- | --- | --- | --- |
| | 计算值 | 控制值($0.55f_c$) | 计算值 | 控制值 | |
| 上缘正应力 | 14.3 | 18.425 | 0.9(压) | 0 | 合格 |
| 下缘正应力 | 13.0 | 18.425 | 2.0(压) | 0 | 合格 |

(4) 混凝土主拉、主压应力(图6.26、图6.27)。

图6.26 运营阶段包络混凝土最大主应力(主拉包含剪、扭)(单位：MPa)

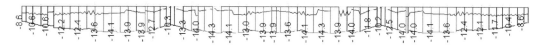

图6.27 运营阶段包络混凝土最小主应力(主压)(单位：MPa)

根据《铁路桥涵混凝土结构设计规范》(7.3.9)条的规定进行计算，运营阶段混凝土的主应力，验算结果见表6-17。

表 6-17　运营阶段混凝土主应力

| 项　目 | 最大主压应力/MPa | | 最大主拉应力/MPa | | 结　论 |
|---|---|---|---|---|---|
| | 计算值 | 控制值($0.6f_c$) | 计算值 | 控制值($f_{ct}$) | |
| 主拉、压应力 | −14.3 | −20.1 | 1.3 | 3.1 | 合格 |

(5) 混凝土剪应力(图 6.28)。

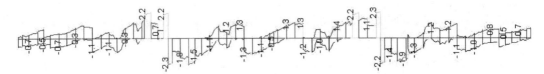

图 6.28　运营阶段混凝土剪应力(单位：MPa)

根据《铁路桥涵混凝土结构设计规范》(7.3.15)条的规定进行计算,验算混凝土的最大剪应力,验算结果见表 6-18。

表 6-18　运营阶段混凝土剪应力

| 项　目 | 最大剪应力/MPa | | 结　论 |
|---|---|---|---|
| | 计算值 | 控制值($0.17f_c$) | |
| 剪应力 | 2.3 | 5.695 | 合格 |

(6) 截面抗裂性验算。根据《铁路桥涵混凝土结构设计规范》(7.3)条的规定进行计算,从计算表 6-19～表 6-21 满足设计要求。

表 6-19　主力＋附加力组合下中墩墩顶截面抗裂性

| 名　称 | 符　号 | 数　值 | 单　位 |
|---|---|---|---|
| 抗裂安全系数 | $K_f$ | 1.2 | |
| 计算荷载在截面受拉边缘混凝土中产生的正应力 | $\sigma$ | 9.0 | MPa |
| 扣除相应阶段预应力损失后混凝土的预压应力 | $\sigma_c$ | 11.3 | MPa |
| 考虑混凝土塑性的修正系数 | $\gamma$ | 1.18 | |
| 混凝土抗拉极限强度 | $f_{ct}$ | 3.1 | MPa |
| 右式 | $\sigma_c+\gamma f_{ct}$ | 14.96 | MPa |
| 左式 | $K_f\sigma$ | 10.8 | MPa |
| 判断是否满足规范要求 | $K_f\sigma<\sigma_c+\gamma f_{ct}$ | 满足规范要求 | |

表 6-20　主力＋附加力组合下主梁跨中抗裂性

| 名　称 | 符　号 | 数　值 | 单　位 |
|---|---|---|---|
| 抗裂安全系数 | $K_f$ | 1.2 | |
| 计算荷载在截面受拉边缘混凝土中产生的正应力 | $\sigma$ | 14.8 | MPa |
| 扣除相应阶段预应力损失后混凝土的预压应力 | $\sigma_c$ | 17.1 | MPa |
| 考虑混凝土塑性的修正系数 | $\gamma$ | 1.57 | |
| 混凝土抗拉极限强度 | $f_{ct}$ | 3.1 | MPa |

续表

| 名称 | 符号 | 数值 | 单位 |
|---|---|---|---|
| 右式 | $\sigma_c + \gamma f_{ct}$ | 21.97 | MPa |
| 左式 | $K_f \sigma$ | 17.76 | MPa |
| 判断是否满足规范要求 | $K_f \sigma < \sigma_c + \gamma f_{ct}$ | 满足规范要求 | |

表 6-21 主力+附加力组合下主梁斜截面抗裂性

| 组合 | 主压应力/MPa(中跨 1/4 跨位置) | | 主拉应力/MPa(中支点附近) | | 结论 |
|---|---|---|---|---|---|
| | 计算值 | 控制值($0.6 f_c$) | 计算值 | 控制值($f_{ct}$) | |
| 主力+附加力 | −14.3 | −20.1 | 1.3 | 3.1 | 合格 |

(7) 钢绞线疲劳应力幅。

活载作用下混凝土最大拉应力为 3.8MPa,最大压应力为 −2.3MPa,预应力钢绞线最大拉应力 $= 6.1 \times \dfrac{E_p}{E_s} = 6.1 \times \dfrac{1.95 \times 10^5}{3.55 \times 10^4} \mathrm{MPa} = 33.5 \mathrm{MPa}$,其中,$E_p$ 表示预应力钢绞线弹性模量;$E_s$ 表示钢筋弹性模量。

从图 6.29、表 6-22 可知,钢绞线的疲劳应力幅满足《铁路桥涵混凝土结构设计规范》(7.3.14)条的要求。

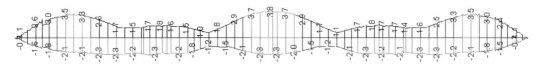

图 6.29 活载作用下混凝土应力包络(单位:MPa)

表 6-22 钢绞线疲劳应力幅

| 钢绞线 | 疲劳应力幅/MPa | | 结论 |
|---|---|---|---|
| | 计算值 | 控制值($\Delta \sigma_p$) | |
| D1~D3、F1~F4 | 33.5 | 140 | 合格 |

(8) 静活载作用下梁的挠度。

根据图 6.30、表 6-23,最大竖向挠度计算静活载作用下的挠跨比满足设计要求。

图 6.30 静活载作用下梁的最大竖向挠度

表 6-23 静活载作用下挠跨比

| 截面位置 | 静活载作用下的挠跨比 | | 结论 |
|---|---|---|---|
| | 计算值 | 控制值 | |
| $L = 50 \mathrm{m}$ 跨 | $0.03676/L$ | $L/1500$ | 合格 |

注:$L$ 表示桥梁跨度。

(9) 梁上拱度计算。

持续作用荷载(梁自重、二期恒载及预加力)梁产生的拱度见图6.31、图6.32,二期恒载于梁终张拉后90d施加。

图6.31　15000d恒载下梁位移

图6.32　静活载下梁位移

恒载及静活载下梁产生的拱度为28.1mm－13.6mm＝14.5mm＜15mm,根据《铁路桥涵混凝土结构设计规范》(4.1.2)条,有砟铁路桥梁不需设预拱度。

(10) 后期梁的徐变上拱。

线路铺设后的徐变上拱值满足《地铁设计规范》(10.1.10)条规定(图6.33、图6.34、表6-24)。

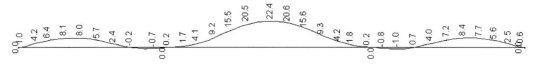

图6.33　(二期恒载作用后)梁的位移

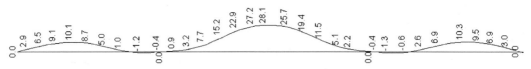

图6.34　(徐变终了)梁的位移

表6-24　线路铺设后的徐变上拱度　　　　　　　　　　　　　　mm

| 徐变终了 | 二期恒载作用后 | 差　值 | 控　制　值 | 结　论 |
| --- | --- | --- | --- | --- |
| 28.1 | 22.4 | 5.7 | 10 | 合格 |

(11) 梁支座反力。各种荷载工况下梁的支座反力见表6-25。

表6-25　梁支座反力　　　　　　　　　　　　　　kN

| 支座位置 | 支座形式 | 沉降最大 | 沉降最小 | 恒载合计 | 活载最大 | 活载最小 | 温度最大 | 温度最小 | 反力最大 | 反力最小 |
| --- | --- | --- | --- | --- | --- | --- | --- | --- | --- | --- |
| 边墩支座 | 纵向活动支座 | 73 | －73 | 1513 | 776 | －234 | 117 | －28 | 2478 | 1179 |
| | 多向活动支座 | 73 | －73 | 1513 | 776 | －234 | 117 | －28 | 2478 | 1179 |
| 中墩支座 | 纵向活动支座 | 176 | －176 | 6629 | 1794 | －167 | 27 | －116 | 8626 | 6170 |
| | 纵向活动支座 | 176 | －176 | 6629 | 1794 | －167 | 27 | －116 | 8626 | 6170 |

（12）梁支座位移。梁支座位移的计算考虑了预应力效应、恒载与活载的作用、温度以及收缩徐变的影响，具体数值见表 6-26。

表 6-26　梁支座位移（顺桥向）　　mm

| 荷载工况 | 预应力 | 自重、二期恒载与活载 | 温度 | 收缩徐变 | 总和 |
|---|---|---|---|---|---|
| 左侧边墩 | 5.1 | 2.5 | −6.4 | 20.9 | 22.1 |
| 右侧边墩 | −18.0 | 3.7 | 15.4 | −54.1 | −53.0 |

注：墩编号见图 6.35，支座位移以向大里程方向为正。图 6.35 中，$H$ 表示墩柱高度，$L$ 表示桩长度。

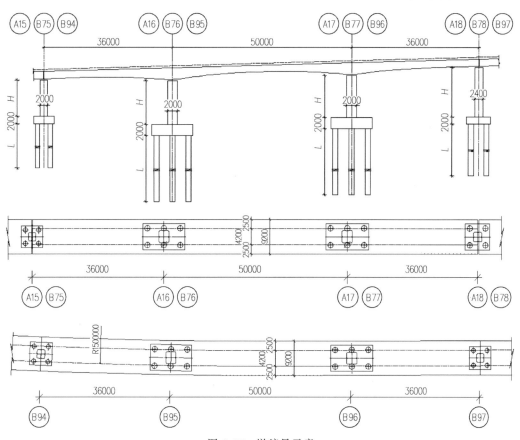

图 6.35　墩编号示意

### 6.5.1.6　横向梁计算

1）恒载

混凝土自重：$26kN/m^3$；二期恒载及主梁上部结构所传递的恒载为 13258kN。

2）活载

活载为 3588kN。

3）荷载组合

主力（恒载＋活载）。

4）截面验算位置（图 6.36）

5）计算结果

端横梁横向配筋采用 $\Phi 32@100$；底板

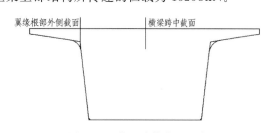

图 6.36　截面验算位置示意

横向配筋采用 ⌀28@100;强度及裂缝计算结果如表 6-27 所示,由计算结果可以看出,强度及裂缝满足要求。

表 6-27 横梁强度、裂缝验算

| | 一、基本数据 | 横梁翼缘根部外侧(顶拉) | 横梁跨中运营(顶拉) |
|---|---|---|---|
| 1 | 截面恒载弯矩合计 $M_d$ | 6388.00kN·m | 6352.00kN·m |
| 2 | 截面活载弯矩 $M_L$ | 1364.00kN·m | 1347.00kN·m |
| 3 | 附加力引起的弯矩 $M_f$ | 0.00kN·m | 0.00kN·m |
| 4 | 桥面板计算宽度 $b_f'$ | 2000mm | 2000mm |
| 5 | 桥面板厚度 $h_f'$ | 3200mm | 3200mm |
| 6 | 钢筋弹性模量与混凝土的变形模量之比 $n$ | 10 | 10 |
| 7 | 混凝土强度等级 | C50 | C50 |
| 8 | 混凝土的弹性模量 $E_c$ | $3.55\times10^4$ MPa | $3.55\times10^4$ MPa |
| 9 | 混凝土弯曲受压及偏心受压容许应力 $[\sigma_b]$ | 16.8MPa | 16.8MPa |
| 10 | 受拉钢筋的强度等级 | HRB335 | HRB335 |
| 11 | 受拉钢筋的弹性模量 $E_s$ | $2.00\times10^5$ MPa | $2.00\times10^5$ MPa |
| 12 | 受拉钢筋直径 | 32 | 32 |
| 13 | 受拉钢筋的设计间距 $s$ | 100mm | 100mm |
| 14 | 受拉钢筋的根数 $n$ | 0 | 0 |
| 15 | 受拉钢筋重心至受拉区边缘的距离 $a$ | 70mm | 70mm |
| 16 | 最外侧受拉钢筋重心到受拉区边缘距离 $c$ | 70mm | 70mm |
| 17 | 受压钢筋直径 | 28 | 28 |
| 18 | 受压钢筋的设计间距 | 100mm | 100mm |
| 19 | 受压钢筋的根数 | 0 | 0 |
| 20 | 受压钢筋到受压区边缘的距离 $a'$ | 70mm | 70mm |
| | 二、正截面受弯承载力计算 | 横梁翼缘根部外侧(顶拉) | 横梁跨中运营(顶拉) |
| 1 | 截面有效高度 $h_0$ | 3130.0mm | 3130.0mm |
| 2 | 一侧受拉钢筋的最小配筋率 $\rho$ | 0.002 | 0.002 |
| 3 | 最小受拉钢筋面积 $A_{min}$ | 12520.0mm² | 12520.0mm² |
| 4 | 受拉钢筋的截面面积 $A_s$ | 16085.0mm² | 16085.0mm² |
| 5 | 受压钢筋的截面面积 $A_s'$ | 12315.0mm² | 12315.0mm² |
| 6 | 混凝土的受压区高度 $X$ | 587.6mm | 587.6mm |
| 7 | 受压区换算截面对中性轴的惯性矩 $I_a$ | $1.68208\times10^{11}$ mm⁴ | $1.68208\times10^{11}$ mm⁴ |
| 8 | 受压区换算截面对中性轴的面积矩 $S_a$ | $4.08952\times10^8$ mm³ | $4.08952\times10^8$ mm³ |
| 9 | 受压区合力点到中性轴的距离 $y$ | 411.31mm | 411.31mm |
| 10 | 内力偶臂 $Z$ | 2953.76mm | 2953.76mm |
| 11 | 在主力作用下钢筋与混凝土的应力检算 | | |
| 12 | 1)混凝土的压应力 $\sigma_c$ | 3.77MPa | 3.74MPa |
| 13 | 2)混凝土的容许压应力 $[\sigma_b]$ | 16.80MPa | 16.80MPa |
| 14 | 验算结论 | 混凝土应力满足要求 | 混凝土应力满足要求 |
| 15 | 3)最外侧钢筋的拉应力 $\sigma_s$ | 163.16MPa | 162.05MPa |
| 16 | 4)最外侧钢筋的压应力 $\sigma_s'$ | 33.21MPa | 32.99MPa |
| 17 | 5)钢筋在主力作用下的容许应力 $[\sigma_s]$ | 180.0MPa | 180.0MPa |
| 18 | 验算结论 | 钢筋应力满足要求 | 钢筋应力满足要求 |

续表

| 三、截面裂缝宽度计算 | | 横梁翼缘根部外侧（顶拉） | 横梁跨中运营（顶拉） |
|---|---|---|---|
| 1 | 钢筋表面形状影响系数 $K_1$ | 0.8 | 0.8 |
| 2 | 中性轴至受拉边缘与至受拉钢筋重心的距离之比 $r$ | 1.1 | 1.1 |
| 3 | 考虑成束钢筋的折减系数 $\beta$ | 1.00 | 1.00 |
| 4 | 受拉钢筋的有效配筋率 $\mu_z$ | 0.057 | 0.057 |
| 5 | 主力作用下的裂缝宽度计算 | | |
| 6 | 荷载特征影响系数 $K_2$ | 1.465 | 1.465 |
| 7 | 受拉钢筋重心处的钢筋拉应力 $\sigma_s$ | 163.16MPa | 162.05MPa |
| 8 | 计算裂缝宽度 $w_f$ | 0.18mm | 0.17mm |
| 9 | | $<[w_f]=0.20$mm | $<[w_f]=0.20$mm |

### 6.5.2 结构设计

高架桥梁(36+50+36)m跨双线预应力混凝土连续箱梁，采用整孔预制预应力混凝土双箱单室（双线区段）和单箱单室（单线区段）两种简支箱形梁，其中单箱单室箱梁有A型和B型两种，A型为5.4m宽的单线箱梁，B型为4.5m宽的单线箱梁，预制梁横向桥之间有后浇带。所有简支梁均为预制梁，双线箱梁采用梁上运梁，架桥机架设，单线桥采用汽车运梁，门式起重机架设。等宽双线段采用右线布跨，变宽双线和单线段左右线分别布跨。双线区段混凝土箱梁标准跨度采用30m，布跨时以30m为主，辅以32m、27m、25m和22m进行调整。双线箱梁采用一线一箱方案，桥梁横断面为双箱单室截面，梁高1.8m，每片预制箱梁宽4.15m，桥宽根据线路曲线半径不同分两种，$R \geqslant 2000$m，桥宽9.2m，后浇带宽0.9m；$R<2000$m，桥宽9.4m，后浇带宽1.1m；桥宽9.6m，后浇带宽1.3m。单线区段混凝土箱梁标准跨度采用30m，布跨时以30m为主。双线箱梁采用一线一箱方案，桥梁横断面为单箱单室截面，梁高1.8m，每片预制箱梁宽5.4m。中间有几跨变宽桥，变宽桥的预制梁与双线预制梁、单线预制梁一样，只是两个预制梁之间的后浇带为变宽。预应力混凝土箱梁结构采用C50混凝土。设计图纸如图6.37～图6.44所示。

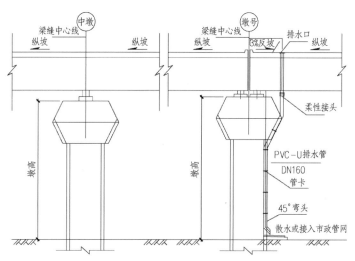

图6.37 桥梁纵剖面

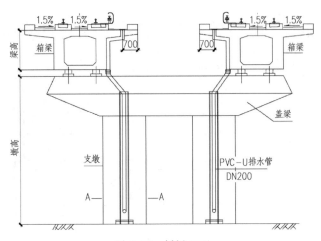

图 6.38 桥梁立面

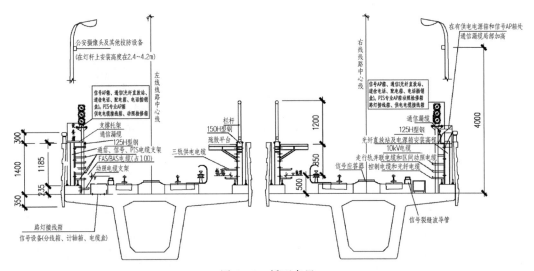

图 6.39 桥面布置

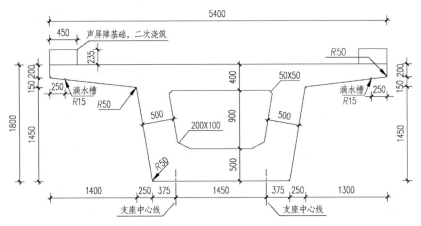

图 6.40 箱梁结构横剖面

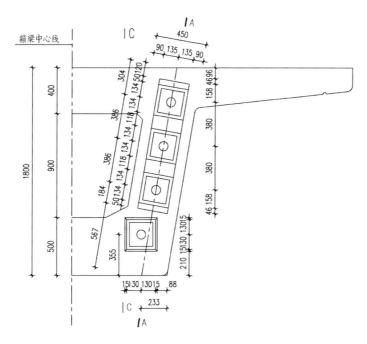

图 6.41 预应力张拉槽口布置

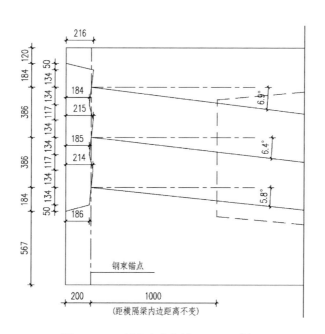

图 6.42 预应力张拉槽口 A—A 剖面

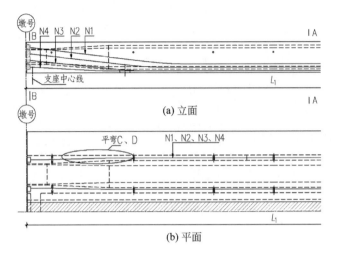

图 6.43 预应力钢束布置

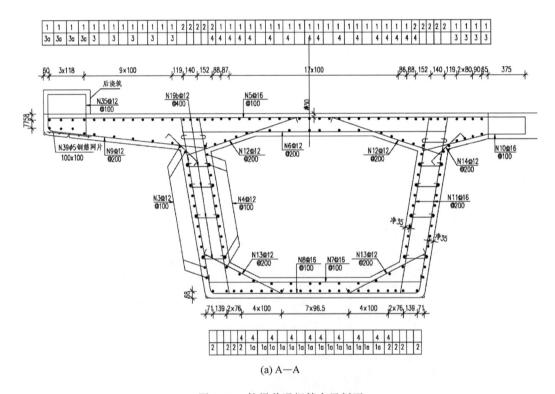

(a) A—A

图 6.44 箱梁普通钢筋布置剖面

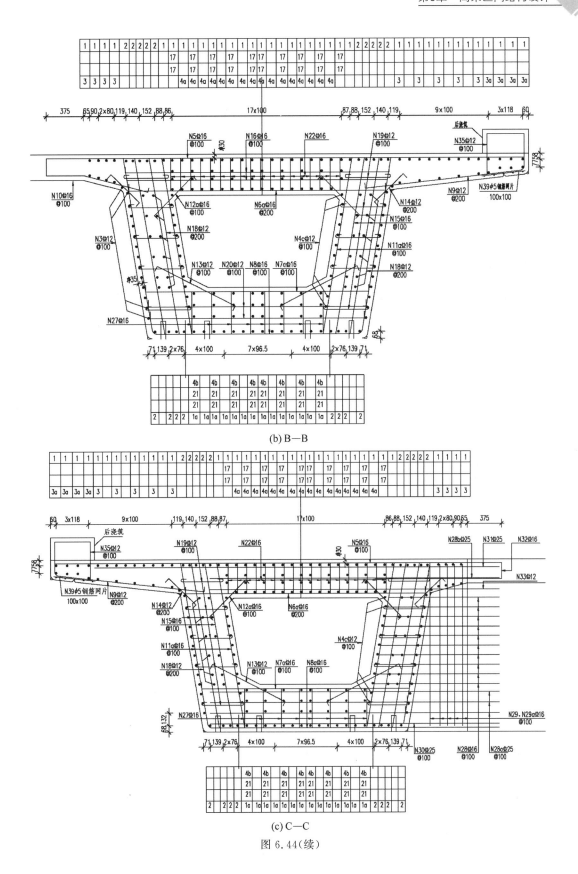

(b) B—B

(c) C—C

图 6.44(续)

# 第7章 装配式地铁车站设计

## 7.1 装配式地铁车站简介

预制装配建造技术是实现建筑模式由现场作业向工厂制造转移、由劳动密集型向机械化转变的重要基石。除盾构法隧道外,地下工程在装配式建造技术方面的研究和应用起步较晚,尤其在大型地下工程领域近乎处于空白状态。城市地铁车站是大型地下工程的典型代表,长春地铁2号线率先开展了明挖地铁车站装配式建造技术的研究和应用工作,开启了装配式地铁车站建设的先河。装配式地铁车站使我国地下工程预制装配式技术迈入新的里程碑,是继"盾构、明挖现浇、盖挖、暗挖"之后第五大工法。装配式地铁车站有如下方面优势:

(1) 装配式地铁车站较普通明挖地铁车站施工速度快,节省占道时间。目前,我国北方地区地铁标准车站建设周期为14~16个月,采用装配式结构施工工艺可以缩短工期4~6个月,从而解决了地铁车站结构在1年内无法完工的难题。解决了工期紧、征拆难、冬季施工风险高等难题。

(2) 材料堆放、加工等厂区面积小,对周边单位影响降低。

(3) 预制装配式结构在现场基本为拼装的工序,无大量混凝土施工,无须采用大面积保暖等措施,有效地保证冬季施工质量,消除火灾等隐患。

(4) 节省钢筋、混凝土等材料用量,不消耗木材,减少建筑垃圾产生(可减少80%),这种新工艺具有绿色、环保、节能的特点,在减少施工用地,特别是在现场施工劳动力的使用上可以节省50%以上,安全风险较低。

## 7.2 装配式地铁车站形式

### 7.2.1 施工工法划分

1) 盾构法装配式地铁车站

地下工程预制装配建造技术起源于国外,盾构法隧道是最早应用预制装配技术的地下结构。1869年泰晤士河底修建了第1条盾构隧道,该隧道首次采用装配式衬砌结构。盾构隧道衬砌均为全预制装配式结构,接头干式连接,目前已广泛应用于世界各国的铁路、公路、地铁、市政管线、综合管廊等地下工程,并由单一的圆形结构发展到双圆、三圆及类矩形结构等多种形式,以适应不同的工程用途。在国外,莫斯科用9~10m直径的盾构建成三条平行的车站隧道,在中间隧道与两侧隧道间修建通道形成三拱塔柱式车站,也可用盾构修建三拱立柱式车站。日本用盾构建成的两条平行车站隧道,在两隧道之间修建通道,便形成眼镜形地下车站,图 7.1 所示为采用双圆盾构修建的日本 JR 京叶线京桥站,图 7.2 为采用三圆盾构修建的东京 7 号线白金台站。

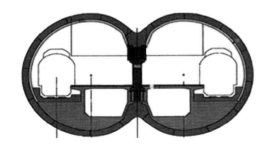

图 7.1 双圆盾构车站

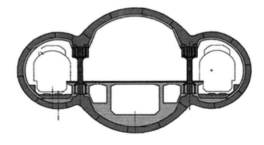

图 7.2 三圆盾构车站

2) 矿山法装配式地铁车站

俄罗斯圣彼得堡体育馆站为双层地铁换乘站,位于 60m 深的黏土层中,采用矿山法施工(图 7.3)。在进行装配施工前,先行施工 2 个辅助隧道,在隧道内通过现浇混凝土的方式形成顶拱和仰拱的反力支座,然后开挖车站主体隧道并拼装预制衬砌结构。法国奥贝尔车站也是在矿山法隧道内拼装预制衬砌,车站拱部结构由预制构件装配而成,利用机械装备进行拼装施工(图 7.4)。

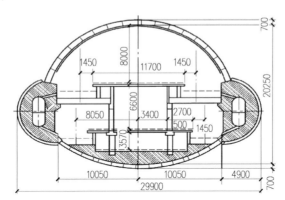

图 7.3 俄罗斯圣彼得堡体育馆站矿山法拼装地铁车站

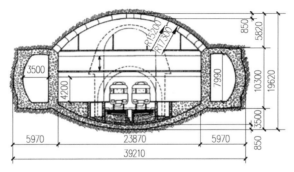

图 7.4 法国奥贝尔车站矿山法拼装地铁车站

### 3) 明挖法装配式地铁车站

明挖条件下地下结构预制装配技术的应用起源于 20 世纪 70 年代,当时的苏联为了解决冬季施工问题,在明挖地铁车站和区间工程中研究应用了预制装配技术。早期的装配式车站基本为体系较为复杂的矩形框架结构,底板结构要么整体现浇,要么采用现浇湿式连接的装配整体式结构,上部结构一般为搭接式装配,后期部分车站采用单拱大跨结构,衬砌结构也基本采用装配整体式结构建造,如明斯克地铁车站装配式结构,顶、底板部分分别用 3 块预制构件通过接头湿式连接,侧墙设置钢筋混凝土现浇段(图 7.5)。

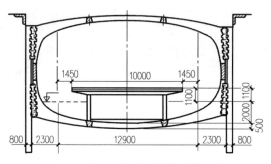

图 7.5 明挖法装配式拼装地铁车站

## 7.2.2 主体结构形式划分

### 1) 全预制装配式结构

以长春地铁为代表的全预制装配式结构,其主体结构全部采用预制构件装配而成,预制构件之间为干式连接,接头接缝采取密封防水措施,以实现结构的高性能防水,结构外不设置全包防水层(图 7.6),目前长春、青岛和深圳地铁的装配式车站采用单拱大跨全预制装配式结构。

青岛地铁 6 号线有 6 座车站采用全预制装配式,为地下 2 层单拱大跨结构,青岛地铁装配式车站基本上应用了长春的全预制装配技术,但在结构断面优化、内部结构装配、内支撑体系装配技术等方面也进行了相关的研究和应用工作。主体衬砌结构环宽仍为 2m,每 1 结构环由长春地铁的 7 块构件调整为 5 块,其中,底板由 3 块调整为 1 块,内部结构的板、梁、柱由长春地铁的现浇结构调整为装配式结构(图 7.7)。另外,青岛地铁 6 座装配式车站,有 5 座车站基坑采用桩+锚支护体系,1 座车站采用桩+内支撑体系,这也是国内首次在桩+内支撑体系下进行全装配式地铁车站施工。

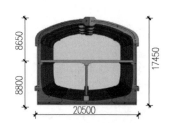

图 7.6 长春全预制装配式地铁
车站结构断面示意

图 7.7 青岛全预制装配式地铁
车站结构断面示意

深圳的装配式地铁车站有2种结构形式,其中,6座车站采用图7.8所示的结构形式1;1座车站采用图7.9所示的结构形式2;7座车站的基坑均采用地下连续墙+内支撑支护体系,这是国内首次在连续墙+内支撑体系下开展全装配式地铁车站的建造。

结构形式1是在长春地铁和青岛地铁装配式方案的基础上,根据当地的建设条件进行了进一步的优化调整,即对结构断面进行优化,采用地下2层单拱大跨结构,结构环宽2m,衬砌结构环由4块大型预制构件拼装而成,内部板、梁、柱仍为装配结构(图7.8)。另外,还研发了预制轨顶风道和预制站台板结构。

结构形式1为深圳地铁3号线西坪站采用的,是在长春地铁装配式方案的基础上进行了优化调整,衬砌结构和内部结构采用一体化设计,侧墙与轨顶风道整合为1块构件,顶、底板则分别拆分为3块构件,站台层不设中间立柱(图7.9)。

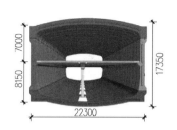 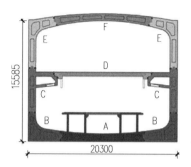

图7.8　深圳全预制装配式地铁车站结构形式1断面示意　　　图7.9　深圳全预制装配式地铁车站结构形式2断面示意

构件的接头连接大部分采用注浆式榫槽接头,顶板和中楼板接头为搭接接头,并在全部接头部位设置了水平开尾销连接装置,即在两构件连接部位预埋C形钢,构件拼接后再用H型钢插入,辅助两构件的连接。这种水平开尾销连接装置曾在日本的盾构隧道衬砌中有过应用。

2) 叠合装配式结构

叠合装配式结构是由预制混凝土构件(或既有混凝土结构构件)和后浇混凝土组成,主体结构采用以叠合结构+现浇混凝土结构为主的叠合装配式结构。叠合结构在地面装配式建筑工程中应用广泛,并已建立完善的技术体系和规范标准。叠合结构有叠合拱、叠合板、叠合墙、叠合柱、叠合梁等多种形式。目前上海、广州、济南、哈尔滨、无锡等城市的地铁装配式车站采用了这一类结构。

上海市地铁15号线吴中路站为地下2层岛式站台车站,单拱大跨结构,主体结构长170m,结构横断面为变宽度,由19.8m变化至21.6m。吴中路站拱顶结构采用叠合结构建造(图7.10)。预制车站拱盖拼装完成后,进行上部叠合层的钢筋绑扎和混凝土现浇作业,形成叠合结构。拱顶以下的底板、楼板、侧墙等结构为现浇混凝土结构。拱顶叠合结构的预制构件由2块预制拱盖组成,预制拱盖为带有2道肋的π形构件,拱盖拼装时,其拱脚置于侧墙顶

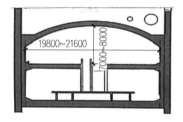

图7.10　上海市地铁15号线吴中路站

部现浇好的拱座上,在拱脚与拱座之间安装楔形止推支座,2个楔形块就位压紧后,通过焊接方式进行固定。拱盖顶接头节点处,在2道梁肋端部埋设钢板,拼装时通过定位销安装入孔,预埋钢板靠齐顶紧并连接。

广州地铁11号线上涌公园站(图7.11)为明挖地下3层岛式站台车站,矩形框架结构,该站顶板采用叠合结构,除顶板采用叠合结构外,楼板采用装配式结构,其他为现浇混凝土结构,为各种形式相混合的装配式结构。该站还在站台板、轨顶风道和设备用房等方面应用了预制装配技术。施工步序如下:

① 地面施作基坑支护地下连续墙,并利用连续墙作为主体结构的单墙使用;

② 中间立柱采用钢管混凝土柱,基坑开挖前从地面施作柱下桩基础,并将钢管柱插入桩基础内;

③ 开挖基坑至内支撑标高处,内支撑中部段采用预制混凝土构件,两端分别通过现浇腰梁与连续墙连接,与中间立柱相交处通过现浇节点与钢管柱连接,基坑内支撑体系建立;

④ 基坑开挖至基底标高后,回筑主体结构,底板结构采用现浇混凝土施作;

⑤ 中楼板结构通过在内支撑构件上铺设预制板装配而成,并将内支撑作为中楼板的横梁加以利用;

⑥ 顶板则在内支撑构件上设置叠合结构,同样将内支撑作为横梁加以利用,顶板覆土回填后,整个结构体系施工完毕。

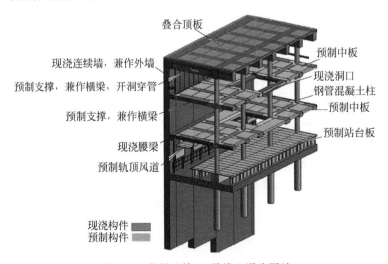

图 7.11　广州地铁 11 号线上涌公园站

该装配式车站的建造方式在国内也属首次,除了叠合结构的应用外,最主要的特点就是永临结合的设计方案。将基坑支护体系中的绝大部分构件,包括地下连续墙、混凝土内支撑、腰梁等作为永久结构的一部分加以利用(图7.12)。

济南地铁在R1线和R2线的3座车站也采用装配式车站建造技术,任家庄站为地下2层双跨岛式站台车站,车站总长210.1m,结构标准段宽19.5m,采用明挖顺作法施工,结构横断面如图7.13所示。

该站将部分现浇混凝土结构改为预制构件,如基坑支护结构采用预制方桩,中间立柱采

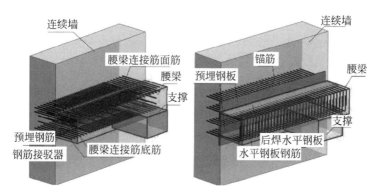

图 7.12 接驳连接节点示意

用预制方柱+外包混凝土结构,顶板采用叠合结构。方案如下:

① 基坑支护体系永临结合。基坑支护结构采用 700mm×700mm 预制方桩,基坑自上而下设置 3 道支撑,第 1 道为钢筋混凝土支撑,另外 2 道为钢管支撑。其中,第 1 道混凝土支撑后期与顶板结构相结合,替代叠合顶板的一部分预制构件加以利用,不需要拆除。

② 预制立柱永临结合。主体结构中间立柱采用 400mm×400mm 的预制混凝土方柱,基坑开挖前,从地面插入柱下灌注桩基础内;基坑开挖期间,此预制立柱作为第 1 道混凝土支撑的临时立柱使用。待基坑开挖后、主体结构回筑时,再外包混凝土形成永久叠合立柱。叠合立柱与各层结构的连接关系如图 7.14 所示。

③ 叠合结构。主体结构的底板及纵梁为现浇混凝土结构;侧墙与预制方桩之间通过预埋接驳器设置拉结筋,形成叠合墙结构,顶板和顶纵梁均为叠合结构,如图 7.14 所示。

图 7.13 任家庄站结构横剖面

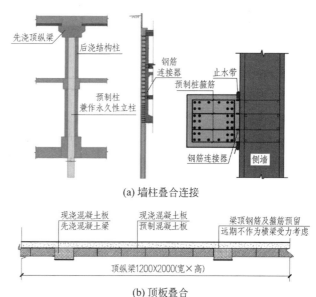

图 7.14 任家庄站叠合结构示意

该站永临结合设计方案具有一定的创新性,利用预制立柱作为基坑内支撑的临时立柱,并实现永临结合,同时利用第 1 道混凝土支撑替代顶板叠合结构的预制构件,避免了临时混凝土立柱和支撑的拆除,有效减少了施工环节和建筑垃圾。类似立柱永临结合的做法一般在盖挖逆作法工程中常用,且一般为钢管柱,或采用型钢柱后外包混凝土形成组合柱。

哈尔滨地铁 3 号线丁香公园站采用叠合结构装配式车站,预制块标准宽度 2m,顶板预制块厚度 0.2m,跨度 5.95m;中板预制块厚度 0.15m,跨度 6.95m;上排热风道预制块厚度 0.15m,宽度 2.85m,高度 1.0m;侧墙预制块厚度 0.12m,地下一层墙高 3.75m、地下二层墙高 4.31m(图 7.15)。该站利用各叠合结构的预制构件取代传统的混凝土临时模板,局部盘扣支架取代满堂支架。在结构横断面受力方向,预制构件内的主筋与现浇结构的主筋采用套筒灌浆方式连接,实现等同现浇性能,但由于连接钢筋量大,施工难度大、效率低。轨顶风道 U 形结构也采用整体预制技术,在中楼板叠合结构中预留了连接条件,在车站结构封顶后安装。

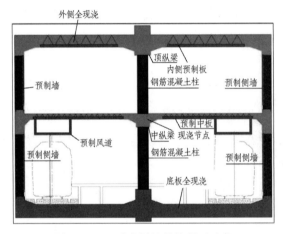

图 7.15　丁香公园站结构断面示意

## 7.3　装配式地铁车站设计实例

### 7.3.1　全预制结构装配式地铁车站设计

(1) 长春地铁 2 号线装配式车站简介。

目前装配式地铁车站成功应用于长春地铁 2 号线工程。长春 2 号线一期工程线路全长 20.5km,工程总投资 129.66 亿元。全线共设车站 19 座,全部为地下车站,其中有 15 个车站为明挖法车站,5 座车站为预制装配式车站,分别是袁家店站、西湖站、西兴站、西环城路站、建设广场站 5 座车站,这是全国首次将装配式工法运用到地铁车站主体施工当中(图 7.16、图 7.17)。

(2) 长春地铁 2 号线装配式车站结构设计。

长春地铁 2 号线建设广场站车站为地下 2 层两跨岛式车站,车站长 179m,其中现浇段位于车站两端,总长度为 58.2m,现浇段车站主体宽度 22.3~23.4m,站台宽度为 10.5m,采用明挖法施工,装配段基坑设计为围护桩+竖向五道锚索支护;一桩一锚,间距 1.3m(图 7.18、图 7.19)。预制装配段位于车站中部,总长度为 118m,预制装配段车站主体宽度

图 7.16　长春地铁 2 号线建设广场站拼装式车站示意

图 7.17　长春地铁 2 号线建设广场站拼装式车站示意

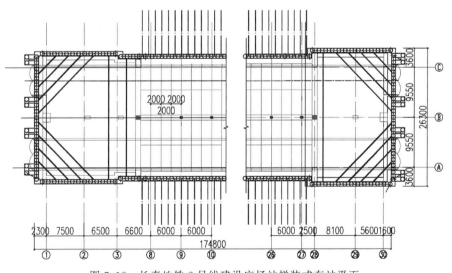

图 7.18　长春地铁 2 号线建设广场站拼装式车站平面

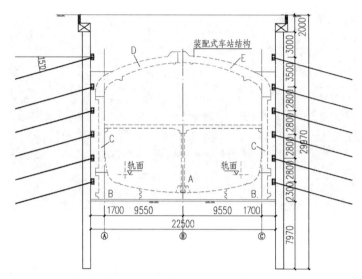

图 7.19 长春地铁 2 号线建设广场站基坑围护横剖面

为 20.5m,高度为 17.45m,环宽 2m,沿车站纵向共布置 59 环,其中标准环为 51 环,出入口环为 8 环,每环由 7 块预制构件组成,分别为:1 底板 A+2 底板 B+2 侧墙 C+顶板 D+顶板 E(图 7.20),A、B、C、D、E 块单片质量分别为:37.6t、39.5t、31.0t、48.3t、54.3t(每环约 112m³ 混凝土钢筋,约 17t)。预制构件块与块、环与环之间均采用榫接的方式并用精轧螺纹钢拉紧,榫槽内设置定位抗剪销。A 与 B、D 与 E 均采用错缝拼装,其余均为通缝;"公""母"榫间隙采用改性环氧树脂填充。楼板采用现浇结构,构件内埋直螺纹接驳器与楼板钢筋机械连接,地下防水由结构自防水及接缝防水两部分组成,口部采用预制洞口环梁的结构形式,两端盾构始发及接收井采用现浇结构。

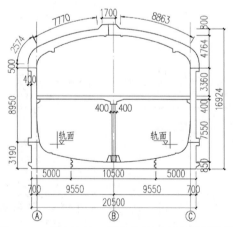

图 7.20 长春地铁 2 号线装配式车站预制结构

(3) 长春地铁 2 号线装配式车站施工工法和施工步序(图 7.21)。

① 施工围挡平整场地,打设施工降水井,施作钻孔灌注桩及桩顶冠梁;开挖基坑至锚索设计标高处,打设第一道锚索(图 7.21(a))。

② 开挖基坑,随开挖随打设锚索,至基坑底设计标高处;铺设素混凝土垫层并设置定

位条带找平(图 7.21(b))。

③ 吊装 A1、A2 块就位,并校正位置,施作纵向预紧装置,将前后 A1、A2 块锁紧(图 7.21(c))。

④ 分别吊装 B1、B2 块就位,通过背后丝杠千斤顶及纵向预紧装置校正位置,将 B1、B2 块纵向锁紧,同时将 A1、B1 块之间、A2、B2 块之间通过螺栓锁紧(图 7.21(d))。

⑤ 对 B1、B2 块背后下部进行素混凝土回填,而后铺设钢轨、架设模板台车(图 7.21(e))。

⑥ 分别吊装 C1、C2 块从竖向与 B1、B2 对正就位,施作纵向预紧装置将 C1、C2 块锁紧,同时施作 C1、C2 块顶部背后限位装置,施作 B1、B2、C1、C2 块环向预紧装置,然后对 C1、C2 块底部回填 1m 高素混凝土(图 7.21(f))。

⑦ 通过液压系统抬升上部模板台车,吊装 D1、E1 块于模板台车上就位(图 7.21(g))。

⑧ 通过上部可移动模板台车将 D1、E1 块向车站中心线移动,施作环向预紧装置将 D1、E1 块锁紧(图 7.21(h))。

⑨ 下降上部模板台车液压系统,控制 D1、E1 块下落距离,移动模板台车向前,于前一环顶拱即将靠紧前下降模板台车,将 D1、E1 块落在 C1、C2 块上,而后通过纵向预紧装置将前后 D1、E1 块锁紧,施作 C1、C2 块与 D1、E1 块环向预紧装置,同时施作背后限位装置(图 7.21(i))。

⑩ 侧墙背后进行分级混凝土回填,同时移走模板台车(图 7.21(j))。

⑪ 回填拱顶覆土并恢复路面至地面设计标高(图 7.21(k))。

⑫ 施作中板及站台板等内部结构(图 7.21(l))。

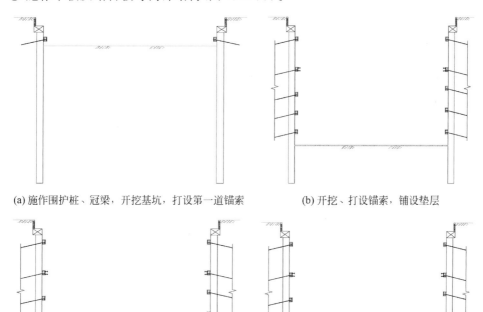

图 7.21 长春地铁 2 号线装配式车站施工工法及步序

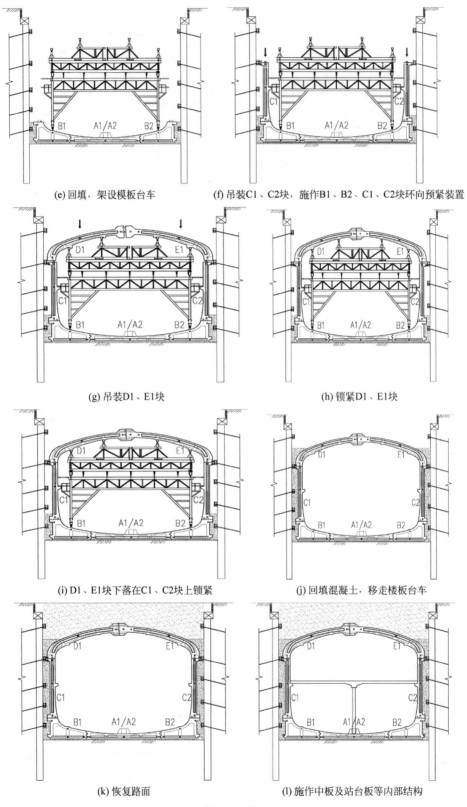

(e) 回填，架设模板台车　　(f) 吊装C1、C2块，施作B1、B2、C1、C2块环向预紧装置

(g) 吊装D1、E1块　　(h) 锁紧D1、E1块

(i) D1、E1块下落在C1、C2块上锁紧　　(j) 回填混凝土，移走楼板台车

(k) 恢复路面　　(l) 施作中板及站台板等内部结构

图 7.21（续）

(4) 全预制结构防水

长春全预制结构车站外不设置全包防水层,接头连接是全预制装配式结构最关键的技术,采用榫槽式插入连接方式,接头榫槽面咬合对接,结构整体拼装完成后,进行接缝注浆作业,使接缝接触面充分弥合。根据接头的位置、截面高度、受力特点、拼装工艺等要求,共采用 3 种接头形式,其中,单榫长接头和双榫长接头用于环内构件连接,并设置外部螺栓连接装置,单榫短接头用于环与环的纵向连接(图 7.22)。

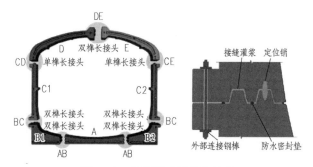

图 7.22 接头形式及构造示意

由于地下结构长期浸没在水土之中,接头接缝防水技术对防水性能的要求很高。而装配式地铁车站结构存在大量接头接缝是防水的薄弱点,长春地铁 2 号线装配式车站接头接缝防水措施如图 7.23 所示,接缝部位共设置"两垫一注一嵌"4 道防线,即 2 道橡胶密封垫、1 道接缝填充注浆、1 道结构内侧接缝嵌缝。

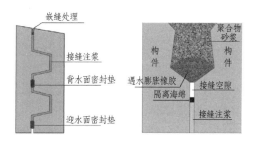

图 7.23 接头接缝防水措施

### 7.3.2 叠合结构装配式地铁车站设计

1) 哈尔滨地铁 3 号线装配式车站简介

哈尔滨地铁 3 号线二期工程丁香公园站为地下二层标准岛式车站。车站内包尺寸为 264.4m(长)×18.3m(宽),高 13.56m,车站站台宽度 11.0m,地下一层为站厅层,地下二层为站台层。有效站台中心里程处轨面标高为 103.64m,底板埋深约为 17.96m,顶板覆土厚约 3.8m,车站两端地面标高差异不大,车站纵向设置 2‰ 单坡。车站两侧区间均采用盾构法施工,站内大小里程端设置盾构井。车站底板为现浇混凝土结构,顶板、楼板和侧墙,除底板、节点和纵梁区域外均采用了叠合结构(图 7.24、图 7.25)。

车站采用装配式范围长度约 237m,两侧端头井、板开孔处、负一层附属开孔段采用现浇混凝土。上排热风道 U 形整体预制,通过预制板块预留的插筋孔锚入中板现浇层内。在

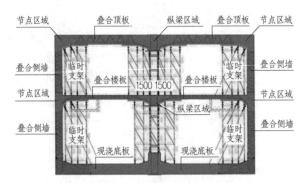

图 7.24　丁香公园站结构断面示意

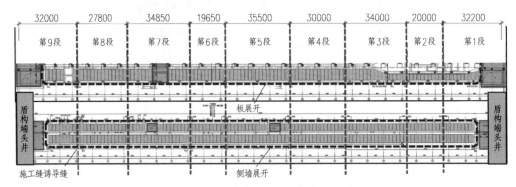

图 7.25　丁香公园站装配式范围划分

侧墙及中板、顶板以标准宽度 2m 为模数沿车站纵向分块设计预制构件，预制构件采用钢筋桁架叠合板。

叠合板在施工阶段可以作为混凝土施工模板，在后浇混凝土凝固达到设计强度后共同受力；构件内预埋钢筋接驳器、吊钩、支撑固定埋件等；墙、板预制构件兼做模板，采用简易可调节拉杆代替传统侧墙定型钢模板，墙边及梁下设盘扣支架代替满堂支架体系。侧墙内皮预制厚度 0.12m，高度为侧墙施工缝间有效高度，内外侧主筋及分布筋通过桁架筋连接为整体，底部受力钢筋通过灌浆套筒与现浇段连接，纵向设 U 形螺栓固定，侧面设可调节简易支架固定。顶、中板预制厚度分别为 0.2m、0.15m，受力钢筋通过预埋钢筋接驱器连接后锚入侧墙及纵梁内，两端腋角下部设简易支架。墙、板带桁架筋预制，块间设加强构造筋；上排热风道 U 形预制(0.15m 厚)，通过中板预留预埋在结构封顶后安装。

侧墙预制块内上下边缘及侧墙现浇面以下 0.12m 处预埋 M24 螺母(纵向间距为 1m，根据钢筋间距可微调，但必须确保上下左右对应)，固定现浇腋角定型模板。

单面叠合墙板安装后，在现浇部分紧贴预制墙板内侧拼缝处布置补强附加短钢筋(钢筋直径及间距与同向分布筋相同，单边长度 $\geqslant 15d$ )，用以增强接缝强度，提高叠合结构整体性。预制板钢筋桁架布置如下，上弦钢筋 $\Phi 20$，腹杆钢筋 $\phi 10@400$，钢筋材料强度等级为 HRB400(图 7.26)。

2) 工程材料

(1) 混凝土。

车站主体底板、侧墙、顶板：C35 混凝土，抗渗等级为 P8；中板：C35 混凝土；中隔墙：

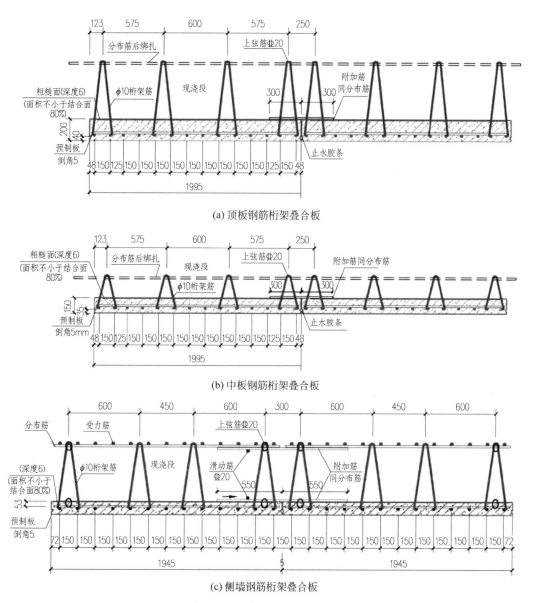

(a) 顶板钢筋桁架叠合板

(b) 中板钢筋桁架叠合板

(c) 侧墙钢筋桁架叠合板

图 7.26 预制板钢筋桁架布置

C35 混凝土；柱：C45 混凝土；底板下垫层：C20 早强混凝土。

(2) 钢筋和钢材。

钢筋：HPB300、HRB400。

钢材：Q235B 钢。

(3) 焊条。

用电弧焊接 Q235B 钢板和 HPB300 级钢筋时采用 E43 焊条，焊接 HRB400 级钢筋时采用 E50 焊条。

3) 叠合装配式地铁车站结构施工步序(图 7.27)

① 施工底板垫层、防水层施工；

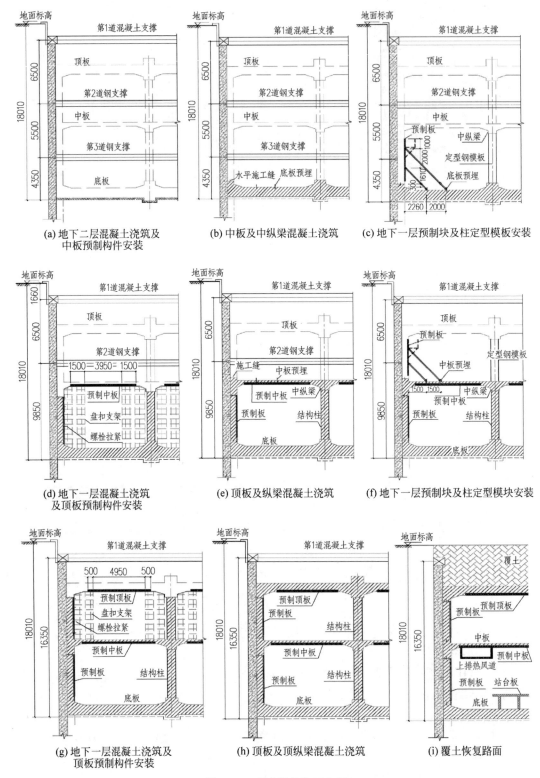

图 7.27 叠合车站施工步序

② 底板预埋及混凝土浇筑;
③ 地下二层侧墙预制板、柱定型模板安装;
④ 地下二层混凝土浇筑及中板预制块安装;
⑤ 中板及中纵梁混凝土浇筑;
⑥ 地下一层侧墙预制块及柱定型模板安装;
⑦ 地下一层混凝土浇筑及顶板预制块安装;
⑧ 顶板及顶纵梁混凝土浇筑;
⑨ 覆土恢复路面,风道及站台板等二次结构施作。

4) 叠合车站防水

采用自防水混凝土,全包防水、节点防水为重点(图 7.28、图 7.29)。

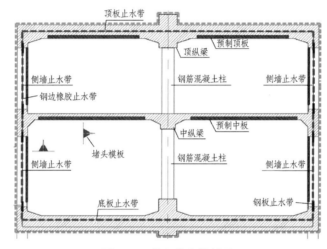

图 7.28　外包防水横剖面

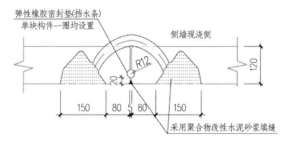

图 7.29　拼装缝防水节点

# 参 考 文 献

[1] 国家铁路局.铁路隧道设计规范:TB 10003—2016[S].北京:中国铁道出版社,2016.
[2] 中华人民共和国建设部.铁路工程抗震设计规范(2009年版):GB 50111—2006[S].北京:中国计划出版社,2009.
[3] 王梦恕.地下工程浅埋暗挖技术通论[M].合肥:安徽教育出版社,2004.
[4] 宋成辉.叠落盾构隧道受力分析及管片配筋工[J].工程地质学报,2017,25(3):880-884.
[5] 宋成辉.软土地层地铁盾构通用环管片结构设计研究[J].地下空间与工程学报,2011,7(4):733-740.
[6] 朱伟,胡如军,钟小春.几种盾构隧道管片设计方法的比较[J].地下空间,2003,23(4):352-356.
[7] 土木学会.隧道标准规范(盾构篇)及解说[M].牛伟,译.北京:中国建筑工业出版社,2001.
[8] 杨秀仁.我国预制装配式地铁车站建造技术发展现状与展望[J].隧道建设(中英文),2021,41(11):1849-1870.
[9] 勿拉索夫.俄罗斯地下铁道建设精要[M].钱七虎,戚承志,译.北京:中国铁道出版社,2002.
[10] 李太惠.明斯克地铁单拱车站设计施工经验[J].地铁与轻轨,1995(2):44.
[11] 张弛.法国大跨度隧道预制管片装配法施工技术[J].世界隧道,1997(2):10.
[12] 杨秀仁.明挖地铁车站预制装配结构理论与实践[D].北京:北京交通大学,2021.
[13] 杨秀仁,黄美群,林放,等.2019.地铁车站预制装配式结构注浆式榫槽接头试验方案研究[J].都市快轨交通,32(5):83.
[14] 杨秀仁,黄美群,林放.地铁车站预制装配式结构注浆式单榫短接头抗弯承载性能试验研究[J].土木工程学报,2020,53(5):57.
[15] 中华人民共和国住房和城乡建设部.混凝土结构设计规范:GB 50010—2010[S].北京:中国建筑工程出版社,2010.
[16] 宋成辉.列车作用下高架车站内力分析及配筋研究[J].中国铁路,2017(1):71-77.
[17] 许小波.铁路桥梁规范和建筑规范在城市轨道交通高架车站结构设计中的应用[J].城市轨道交通研究,2014,17(9):128-130.
[18] 中华人民共和国住房和城乡建设部.地铁设计规范:GB 50157—2013[S].北京:中国建筑工业出版社,2013.
[19] 中华人民共和国住房和城乡建设部.建筑抗震设计规范:GB 50011—2010[S].北京:中国建筑工业出版社,2010.
[20] 刘小刚.TBM在岩石城市轨道交通建设中的应用研究[J].现代隧道技术,2012(5):21-28.
[21] 黄美群.一次扣拱暗挖逆作法修建地铁车站新技术[J].都市快轨交通,2009,22(6):6.
[22] 宋顺龙.河道开挖对下伏地铁盾构隧道的影响及保护[J].工业建筑,2017,47(Ⅱ):485-507.
[23] 宋顺龙.宁波轨道交通车站基坑变形特征统计分析[J].都市快轨交通,2017,30(4):71-75.
[24] 宋顺龙.椭圆钢管混凝土受扭性能及抗扭承载力计算[J].合肥工业大学学报:自然科学版,2017,40(7),952-959.
[25] 宋顺龙,章晓鹏,李文波.新型盖挖法在上海地铁车站的应用[J].都市快轨交通,2009,22(6):71-75.